精品课程新形态教材
21世纪应用型人才培养系列教材
新时代创新型人才培养精品教材

大学体育与健康

主编　林宏牛　蔡瑞宝

北京工业大学出版社

内 容 简 介

在编写过程中，编者以习近平新时代中国特色社会主义思想为指导，坚持"健康第一"的教育理念，以服务学生全面发展、增强综合素质为目标，根据大学生年龄特点和身心发展规律，突出"教、学、练、赛"一体化的要求，围绕课程目标和运动项目特点，精选教学素材，丰富教学资源，强化教学适用，力争使教材成为价值引领、科学健身、强健体魄的锻炼指导书。本教材分理论、实践两大部分，共十三章。内容包括体育与素质教育，体育锻炼与身心健康，体育锻炼与卫生保健，运动损伤的预防和康复，体育竞赛的组织与欣赏，田径，球类，游泳，技巧，健美操，体育舞蹈，武术与搏击，围棋，拔河，休闲运动和定向运动。

图书在版编目（CIP）数据

大学体育与健康 / 林宏牛，蔡瑞宝主编. -- 北京：北京工业大学出版社，2024.9. -- ISBN 978-7-5639-8700-9

Ⅰ．G807.4；G647.9

中国国家版本馆 CIP 数据核字第 2024D8L319 号

大学体育与健康
DAXUE TIYU YU JIANKANG

主　　编：	林宏牛　蔡瑞宝
责任编辑：	张明林
封面设计：	尤岛设计
出版发行：	北京工业大学出版社
	（北京市朝阳区平乐园 100 号　邮编：100124）
	010-67391722（传真）bgdcbs@sina.com
经销单位：	全国各地新华书店
承印单位：	北京俊林印刷有限公司
开　　本：	787 毫米 ×1092 毫米　1/16
印　　张：	18
字　　数：	374 千字
版　　次：	2024 年 9 月第 1 版
印　　次：	2024 年 9 月第 1 次印刷
标准书号：	ISBN 978-7-5639-8700-9
定　　价：	49.00 元

版权所有　翻印必究

（如发现印装质量问题，请寄本社发行部调换 010-67391106）

《大学体育与健康》编委会

主　编　林宏牛　蔡瑞宝

副主编　乔　斌　毕存箭　孙建中

前言

  党的二十大报告指出："促进群众体育和竞技体育全面发展，加快建设体育强国。"这是对我国今后一个时期体育事业发展和体育工作安排提出的总体要求和重要部署，是我国体育战线工作的重要指导方针。学校体育是实现立德树人根本任务、提升学生综合素质的基础性工程，是加快推进教育现代化、建设教育强国和体育强国的重要工作，对于弘扬社会主义核心价值观，培养学生爱国主义、集体主义、社会主义精神和奋发向上、顽强拼搏的意志品质，实现"以体育智、以体育心"具有独特功能。

  本教材以习近平新时代中国特色社会主义思想为指导，坚持"健康第一"的教育理念，以服务学生全面发展、增强综合素质为目标，根据大学生年龄特点和身心发展规律，突出"教、学、练、赛"一体化的要求，围绕课程目标和运动项目特点，精选教学素材，丰富教学资源，强化教学适用，力争使教材成为价值引领、科学健身、强健体魄的锻炼指导书。2023 年 11 月，"大学体育与健康"获批池州学院校本一流教材立项（2023XYLJC02）。

  本教材分理论、实践两大部分，共十三章，由林宏牛、蔡瑞宝担任主编，乔斌、毕存箭、孙建中担任副主编。感谢汪海滨、曹红敏、元晓华、刘德森、杨广艳、林潺、薛天庆、戴园园、金丽丽、邢嫚丽参与本书的编写。

  在本教材的编写过程中，编者参阅了国内外大量有关教材和资料，并引用了部分资料和图表，在此向原作者表示衷心感谢。

  由于编写组成员水平有限，书中难免有疏漏之处，恳请广大读者和同人批评指正。此外，编者还为广大一线教师提供了服务于本教材的教学资源库，有需要者可致电 13811187534 或发邮件至 1176142336@qq.com。

编 者

2024 年 6 月

目 录

第一部分 体育理论

第一章 体育与素质教育 ··· 2
  第一节 体育概述 ·· 2
  第二节 体育的产生与发展 ···································· 5
  第三节 素质教育与学校体育改革 ······························ 9
  第四节 学校体育与终身体育 ·································· 13

第二章 体育锻炼与身心健康 ····································· 17
  第一节 健康概述 ·· 17
  第二节 体育锻炼对人体器官系统的影响 ························ 20
  第三节 体育锻炼对心理健康的影响 ···························· 23
  第四节 体育锻炼与人的全面发展 ······························ 25

第三章 体育锻炼与卫生保健 ····································· 28
  第一节 体育锻炼的意义、内容和方法 ·························· 28
  第二节 体育锻炼与营养、饮食、卫生 ·························· 31
  第三节 运动处方的制定 ······································ 35
  第四节 体育锻炼与环境 ······································ 40

第四章 运动损伤的预防和康复 ··································· 43
  第一节 运动损伤概述 ·· 43

第二节　运动损伤的预防 ·· 47
　　第三节　常见运动损伤 ·· 49
　　第四节　运动损伤的康复训练 ·· 53

第五章　体育竞赛的组织与欣赏 ··· 55
　　第一节　学校体育竞赛的组织及要求 ······································ 55
　　第二节　小型体育竞赛的编排方法 ··· 58
　　第三节　体育竞赛欣赏的知识和方法 ······································ 62

第二部分　运动实践

第六章　田径 ··· 66
　　第一节　田径运动概述 ·· 66
　　第二节　跑 ·· 69
　　第三节　跳跃 ··· 71
　　第四节　投掷 ··· 75
　　第五节　竞赛规则 ·· 77

第七章　球类 ··· 81
　　第一节　篮球 ··· 81
　　第二节　足球 ··· 95
　　第三节　排球 ··· 111
　　第四节　乒乓球　羽毛球　网球　木球 ·································· 128

第八章　游泳 ··· 152
　　第一节　游泳概述 ·· 152
　　第二节　泳姿介绍 ·· 153
　　第三节　技术练习 ·· 155
　　第四节　水上救护 ·· 162

第九章　技巧　健美操　体育舞蹈 ·· 164
　　第一节　技巧 ··· 164
　　第二节　健美操 ··· 170
　　第三节　体育舞蹈 ·· 174

第十章　武术与搏击 　　182
第一节　武术基本功 　　182
第二节　初级长拳第三路 　　189
第三节　二十四式简化太极拳 　　208
第四节　跆拳道 　　226

第十一章　围棋　拔河 　　235
第一节　围棋 　　235
第二节　拔河 　　245

第十二章　休闲运动 　　246
第一节　台球 　　246
第二节　保龄球 　　248
第三节　轮滑 　　251

第十三章　定向运动 　　254
第一节　定向运动概述 　　254
第二节　定向运动的基础知识 　　260
第三节　定向运动的基本技能 　　267
第四节　定向运动的组织与裁判 　　274

参考文献 　　278

第一部分　体育理论

第一章
体育与素质教育

内容提要

本章介绍了体育概念的历史演变以及体育的产生与发展，重点论述了学校体育教育与素质教育、终身体育的关系，以及学校体育教育如何去适应新时代所面临的重要任务和巨大挑战。

思政目标

通过体育理论知识学习，培养学生文化自信。

第一节 体育概述

一、体育的基本概念

"体育"一词有狭义和广义两种含义。它随着社会生活和生产的不断发展而逐步建立和发展起来，受一定的社会政治、经济的影响和制约，也为一定的社会政治、经济服务。体育是以身体活动为媒介，以谋求个体身心健康、全面发展为直接目的，并以培养完善的社会公民为终极目标的社会文化现象或教育过程（如图1-1所示）。

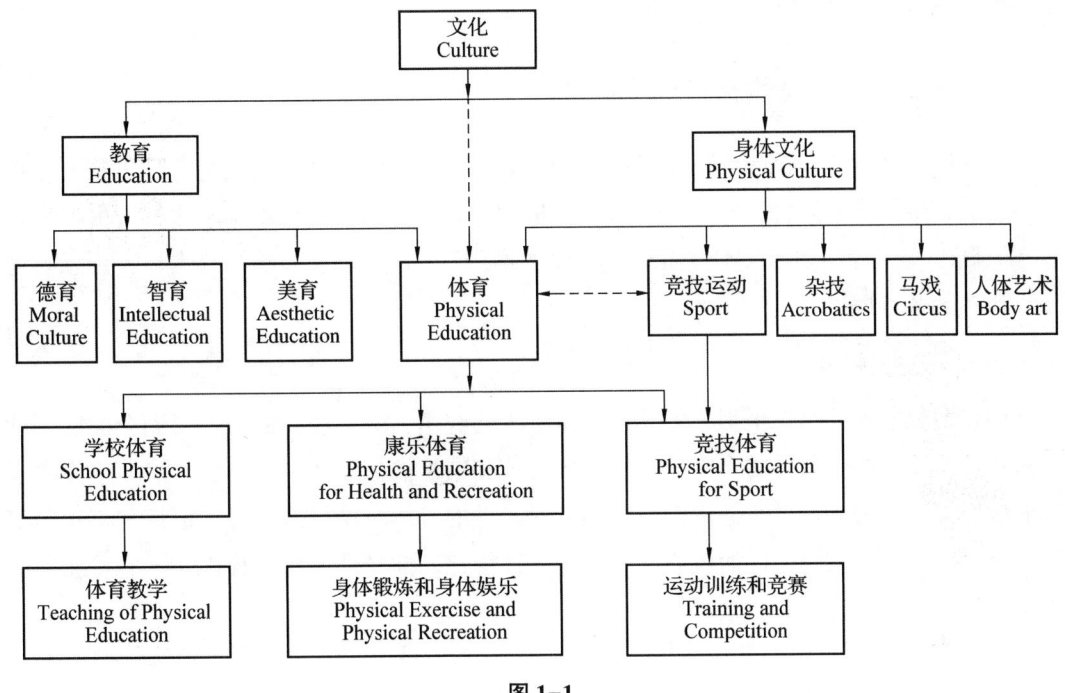

图 1-1

二、体育概念的历史演变

体育虽然有悠久的历史，但是"体育"一词却出现得较晚。在"体育"一词出现之前，世界各地对体育这一活动过程的称谓都不一样。

在古希腊时期，体育活动往往用"体操"表示，其含义不同于现在的体操。据史料记载，在1760年法国的一些报刊上发表的有关文章中出现了"体育（Physical Education）"和"肉体教育（Corporelle Education）"的字样。1762年，卢梭《爱弥儿》一书出版。他使用"教育"一词来描述对爱弥儿的身体教育过程。由于这本书激烈地批判了当时的社会教育，在世界上引起了很大反响，因此，"教育"一词在世界各地渐渐流传开来。由此可知，"体育"一词最初来自"教育"一词。它最早的含义是指教育过程中的一个专门领域。到19世纪初，世界上教育发达国家普遍使用了"体育"一词，19世纪中叶以后，德国和瑞典体操传入我国。20世纪初，在日本的中国留学生将"体育"这一术语引入中国。1923年，北洋政府公布的《中小学课程纲要草案》中，正式把"体操科"改为"体育课"。

20世纪50年代以后，随着世界各国经济、文化、科学技术的迅速发展和人们生活水平的不断提高，体育也得到了很大发展，而且深入社会的各个角落，成为我们日常生活不可或缺的组成部分。体育的内容、形式以及它的影响和作用也远远超出了原来作为学校教育中的身体教育范畴。

三、体育本质与体育的各种属性

辩证地看,本质与属性有联系也有区别。通常来说,一件事物在与另一件事物发生关系时便会表现出多种属性,只有反映这一件事物与另一件事物的根本区别之特有的属性才是本质属性,才是事物的根本性质——亦称"本质"。故而力求理解体育本质,则须首先认识体育的各种属性。

(一)健身性

体育的根本目的在于增强人的体质、增进人的健康,进而使人的身心得到全面协调的发展,成为适应社会需要的合格的劳动者。身体和精神的相互联系和作用,贯穿于体育过程的始终,表现为人通过有意识的身体运动对自己的身体所进行的培育、锻炼和养护等实践活动,体育通过健身,进而健心,最终使人社会化。健身是体育过程中一个不可忽略的基础阶段,也是体育的一个基本属性。

(二)文化性

体育作为社会文化现象已越来越多地被人理解和接受。现在有不少学者把"文化性"作为体育的一个基本属性。我国早期把 physical culture 直译为"身体文化",而这里文化 (culture) 一词也有开发与教育之意。1974年出版的《体育运动词汇》(尼古·阿莱克塞等著,熊斗寅、卢先吾译)中明确指出:"体育文化是广义文化的一个组成部分,它综合各种利用身体锻炼来提高人的生物学和精神潜力的范畴、规律、制度和物质设施。"20世纪80年代以后,我国体育界掀起了体育文化研究热,这是关注体育文化属性探讨的结果。

(三)竞赛性

竞赛性无疑是体育的一个重要特征。但是,我们也不宜将竞赛性这个特点拔得太高,体育并不像有的人所说的"没有竞赛、竞争,体育运动不仅没有活力,而且没有存在的价值"。体育和运动,既有竞赛方式,也有非竞赛方式。对体育来说,竞争或竞赛不见得是理想的手段和方法。从体育的根本意义上讲,非竞赛的运动方式,如中国的养生、印度的瑜伽、西方的健身体操以及个人的自由运动等,都应当是体育运动的重要手段。特别是中老年人的体育,更宜提倡从事非竞争性的或竞争激烈程度较低的运动项目。在广大的青年学生中,仅很少人具有运动天赋,可以从事运动竞技事业,而绝大多数人要通过体育教学和锻炼,才能学到终身促进健康、提高生活质量的知识、技能和方法。因此,把竞赛说成是体育的本质是不妥当的。

(四)技能性

在体育运动实践中,无论是提高运动能力,还是增强体质、增进健康,都需要学习并

掌握一定的运动技术、技能。但是，运动能力在不同社会形态里有着不同的作用，对此我们应该有清醒的认识。原始社会初期，人们常用"奔跑"来获取生产资料，在以身体的体能和技巧作为战争主要获胜因素的年代里，"快速奔跑"无疑是一种重要的战斗力；在现代战争中，由于高科技武器的大量运用，"跑得快"已不再是士兵战斗力的主要构成。竞技运动有它的教育价值，可是我们不能把竞技运动看作大家熟知的教育的组成部分，因为竞技运动不符合教育强调以"主体的人的活动"达到个体社会化和社会个性化目的的本质。所以，技能性这个特点在体育和运动中的分量是不同的。

（五）娱乐性

过去，很少有学者在体育中谈"娱乐性或休闲性"，注意研究体育中的娱乐性和休闲性特点。其实，在体育运动实践中发挥娱乐性的特点，对于调动人们参与体育的积极性，从而促使人们形成良好的体育意识、养成体育运动习惯，是非常有好处的。做游戏、娱乐不仅对少年儿童是不可少的教育手段，对成年人也是劳逸结合、增进健康、改善生活方式、提高生活质量的重要途径。

（六）社会性

体育与其他实践活动一样，除了有自然性的一面，还有社会性的特征。体育是提升人的健康意识和水平的实践活动。只要是人的活动，就必然会被打上"社会"的烙印，具有"社会性"。在体育改革和发展中，我们不仅要注意人的发展，也要关注社会对体育的需求，促进体育的社会化发展。

由以上分析可知，"以身体运动为基本手段促进身心健康发展"即为体育的本质，树立以人为中心的科学体育观，对身心关系和体育本质进行全面反思和重新认识，既能肯定体育的多种属性，又能抓住体育的本质，这是体育科学化和现代化发展的必备前提。

第二节 体育的产生与发展

体育作为一种社会现象，是随着人类社会的产生与发展而出现和演进的。

一、体育发展的历史进程

如前所述，虽然"体育"一词出现较晚，但体育活动很早就出现了。

我国古代，许多成年礼常常是由长者通过狩猎、格斗或其他繁重劳动等方式对适龄男青年进行检查，以确认他们是否具备各种技能和知识。为此，出现了专供训练用的青年营。青年们在这里学习劳动、格斗和舞蹈等技能，学习部落的历史和各种习俗，并通过一些比赛性的活动检验或促进学习。这样，竞技活动出现了。

竞技的出现表明身体活动进入了新的阶段。它是早期身体练习发展的必然结果，并与之共存而流传下来，但它和一般身体练习又有本质的区别。它不是自然和劳动的简单模仿，而是更多地使用了人为设计的身体形式，例如爬杆、球戏、抽陀螺等。

进入阶级社会以后，体育失去了那种为全社会成员所共享的原始平等性质，产生了与阶级对立相适应的社会分化，系统地接受体育训练和从事高度发达的娱乐活动，成为一部分社会成员的特权。劳动对体育发展的影响逐渐退居为间接的和次要的因素，军事和政治对体育发展的影响则相应增大。与此同时，随着人类对体育自觉意识的增强，体育的发展也就越易受到它存在于其中的整个社会文化的影响，从而使古代体育形成了更加鲜明的地域文化特征。

古代体育在发展过程中逐渐减弱了原始的性质，大体上完成了与舞蹈、戏剧、知识和伦理教育等的分化，基本上脱离了与生产劳动的直接联系，产生了专门的运动场地、器材、组织形式和规则。体育逐渐具有了区别于其他社会实践活动的相对独立的形式和意义。

源远流长的中国古代体育，在世界体育史上占有独特的位置。在夏商周时期，就形成了以体育为主的武士教育；战国秦汉时期，又形成了中国古代体育的主要价值规范、主要内容和基本形式；两晋到隋唐时期，中国古代体育以它的丰富和发达为古代世界所瞩目，这种繁荣局面一直延续到宋代。即使在明清时期，中国古代体育也仍然沿着它自身的轨道缓慢发展着。中国古代在追求长寿、身体训练、技能培养等方面都留下了丰富的实践经验与精辟的理论概括。

近代体育的发生发展过程是资本主义生产和生活方式的产物。以文艺复兴为开端的资本主义文化革命，确立了人、人体和体育的新价值观，近代实验科学和教育科学的发展，使体育在很大程度上成为可以依据某种标准进行事先设计然后实践验证的科学活动。这样，体育就逐渐具备了一种使自身不断趋于完善的外在动力，以前相对孤立发展的各种体育活动，逐渐在理论的指导下被组织成为有机的整体。资本主义经济、政治和文化、教育、生活的发展，不断产生出近代体育发展的客观需要和条件。近代体育逐步突破了阶级和民族的界限，表现出国际化和社会化的一致性。

中国近代的体育，就时代而言，民国时期较清末进步很大，国民政府时期比北洋政府时期亦有明显进步；就地区而言，先沿海地区和中心城市，继而向内地和边远地区发展；就项目而言，先体操进而田径、球类等；就部门而言，先军队、教会学校进而普通学校，又由学校进而社会。但是，由于近代中国政治腐败、经济落后，因此，同世界先进水平相比，当时中国的体育水平是相当低的。

二、现代体育的发展趋势

现代体育从形成、发展到今天,已经走过了漫长的历史,下面将从宏观的视角出发,对体育发展的未来趋势进行阐述。

(一)国际化

早在1894年,现代奥林匹克运动会的奠基人顾拜旦男爵就提出了"体育运动国际化"的主张。这一主张曾对现代体育的迅速发展起到了较大的推动作用。今天,通信与信息系统的发展,缩小了宇宙的空间,改变了世人的观念。这就使不同种族和不同民族的人民更加热心于具有和平意义和公平竞争特性的文化活动,体育的国际化趋势更为明显。近年来,国际奥林匹克委员会会员的不断增多,国际性体育学术研讨会的频繁举办,国与国之间、国家与地区之间体育交往的加强等都证明了这一点。

(二)社会化

物质生活条件的改善,休假时间的增多,人们"自我完善"的意识增强,促进了体育人口的增加。体育将遍及社会的各个角落,而社会的进步,必将为体育功能的拓展和延伸提供更为广阔的前景和优良的环境。可以说,体育将会"无处不在"。

(三)科学化

新的科学技术和理论的产生,为体育特性的充分展开提供了广阔的前景。场地设备的更新和教学方法的改进,为体育教学效率的提高提供了保证;计算机进入运动场,使竞技比赛中某些项目的评分更为公正和客观;而新型健身器械的发明和使用,使身体锻炼更加有效。不断发展的体育科学理论,必将为体育功能的充分发挥提供更大的可能。

(四)多样化

社会生活和科学发展的多维性,带来了体育手段和内容的多样化,而这种多样化也正符合人们的观念、生活方式和兴趣爱好等多样化发展的趋势。奥林匹克运动的正式比赛项目和表演项目日趋增多,体育教学内容和手段也有了更大的灵活性,身体锻炼和娱乐活动的形式和内容愈来愈丰富多彩。非奥运会项目的民族、地域、民俗性的大众体育活动更加千姿百态。

(五)终身化

体育不仅会"无处不在",而且将会"无时不有"。每个人都希望自己幸福而快乐地度过一生。幸福和快乐离不开健康,而健康既包括心智,又离不开身体。对于人的健康和幸福生活来说,要"活到老,锻炼身体到老"。生命在于运动,健康快乐的一生离不开体育。

三、体育产生与发展的几种学说

第二次世界大战以后,无论国际局势和各国的社会制度、政局发生什么变化,都未能阻碍体育运动高速发展的趋势。关于体育的产生有如下几种学说。

(一)劳动说

人们今天所熟悉的那些体育的具体表现形式,无论是跑步、打球还是做体操等,都与人类最基本的活动技能"走、跑、跳、投、攀、爬"紧密相连。如果离开了走、跑、跳、投、攀、爬等基本活动技能,人类的体育就不复存在了。而人类这些基本活动技能,是在人类早期生产劳动中形成和发展起来的。追逐野兽的奔跑,越过沟壑的跳跃……无一不是适应人类早期生产劳动的结果。即便是游泳运动,也无疑是从古人为了劳动而掌握泅水本领演化而来的。没有人类早期的生产劳动,就不会形成人类的基本活动机能;没有人类基本活动机能的参与,就不能产生体育的各种运动形式,所以说体育起源于原始的生产劳动。

(二)教育说

远古的教育内容是较简单的,也是直接为生产劳动服务的。儿童为了掌握制造和使用工具的方法,就需要看、听、说、练,需要成年人对其做某些指导,这样便产生了教育。这种教育的内容,大多为如何制造和使用工具,如何猎取野兽和采撷野果,这样自然就同人类原始的体育初级形式有机地结合在一起。人类原始的体育初级形式,与人类原始的生产劳动形式是不能分开的,即父辈教下一代在进行狩猎时如何奔跑、跳跃和投掷,下一代将奔跑、跳跃、投掷技能既用在狩猎之时又用于相互嬉戏玩耍之中。因而,人类原始的教育形式产生了人类原始的体育初级形式,得到一代又一代的延续和发展,使其本身体育特征因素不断增加,为后来与生产劳动的分离创造了条件、奠定了基础,所以说体育起源于教育。

(三)战争说

人类进入原始氏族社会后期,战争出现了。开始是规模较小的,以血亲复仇为目的的争斗厮杀;阶级出现后,进一步发展成为掠夺奴隶、财富和领土的大规模战争。战争的出现,势必刺激着军事训练和拼杀格斗技能的发展。于是各种用兵器的(矛、刀、箭、剑等)和不用兵器的(摔、打、擒、拿等)格击技术竞相发展,对掌握这些格击技术所必需的运动技能也提出了更高的要求。在战争之间的空隙中,学习掌握这类格击技术和发展掌握格击技术所必需的运动技能,便成了教育和训练的主要内容。现代体育运动项目中的相当一部分内容,都是从远古那些格击方式和技术中延续下来的,而且又是战争使它们从人类原始的生产劳动形式中分离出来。由此可以说，体育是起源于战争的。

(四) 疗疾说

以某些体育手段治疗疾病古已有之。今天用于治疗某些慢性疾病的太极拳、八段锦之类，都可以从古人的"健身术""导引术"那里找到源头。据古籍《吕氏春秋·古乐》记载，"昔陶唐氏之始，阴多滞伏而湛积，水道壅塞，不行其原，民气郁阏而滞著，筋骨瑟缩不达，故作舞以宣导之"，足见当今体育的某些内容，与古人的医疗活动确有密切关系。

此外，尚有模仿说，如古代"五禽戏"等的诞生，亦是以人的生理舒展需要为基础而模仿动物之技的；还有游戏说，即归结为"过剩精力的发泄"产生游戏，继而转化为体育；等等。

上述关于体育起源的各种学说观点，显然是从不同角度和体育本身的不同侧面来探索体育起源的研究结果。可以看出，体育的产生与人类的生产劳动、教育、军事活动、医疗保健和娱乐活动等都有着密切的联系，并长期与这些活动共生，尽管这在一定程度上不可避免地会有某种片面性，但种种片面性并非具有孰是孰非的意义性讨论，因为它们都拥有建树本学说观点的理论依据。

第三节 素质教育与学校体育改革

如今，素质教育已经成为学校教育改革的主旋律，那么学校体育怎么办？

一、体育不仅是素质教育的重要内容，而且是素质教育的重要手段

素质教育是针对"应试教育"提出来的。所谓"应试教育"，是指在我国教育实践中客观存在的偏离受教育者群体和社会发展的实际需要，单纯为应付考试、争取高分和片面追求升学率的一种倾向。而素质教育，从本质上来说，是以提高全民族素质为宗旨的教育，素质教育是为实现教育方针规定的目标，着眼于受教育群体和社会长远发展的要求，以面向全体学生、全面提高学生的基本素质为根本目的，以注重开发受教育者的潜能、促进受教育者德智体美劳诸方面协同发展为基本特征的教育。

素质教育到底要发展学生哪些素质呢？一种观点是根据教育方针，提出五大素质，即思想素质、文化素质、身体素质、审美素质、劳动素质；《中国教育改革和发展纲要》提出的是：思想道德、文化科学、劳动技能和身体心理素质。由此可见，不管从哪个角度去研究素质教育，都离不开身心素质，而促进学生身心全面发展，提高学生的身心素质，正

是学校体育的本质功能和首要目标。因此，素质教育决不能没有体育，体育是素质教育的重要内容之一。

二、素质教育的特征及其对学校体育的要求

（一）全体性

素质教育是一种面向全体学生，提高每个学生基本素质，使每个学生都能健康成长，成为社会有用之才的教育。素质教育的这一特征要求学校体育也必须面向全体学生；要求体育课程教学目标的提出、内容的选择、学校标准的制定，都必须顾及全体学生体育学习的实际；要求课外体育活动的开展，应当尽一切可能满足全体学生的不同需要。学校体育应当使每一个学生都学有所得、学有所成。

（二）全面性

素质教育是一种全面发展的教育，是全面贯彻教育方针最有利的教育模式。素质教育的这一特征，一方面要求学校体育应当全面提高学生的体育素质，既要增进学生的健康、增强学生的体质，又要培养学生终身体育的意识和能力，还要提高学生的心理素质和体育文化素养；另一方面要求学校体育充分发挥其功能，在全面提高学生体育素质的同时，还要有利于促进学生思想道德素质、文化科学素质和生活劳动素质的提高。

（三）基础性

素质教育虽然不能完全等同于基础教育，但基础教育必定是素质教育。中小学教育就是基础教育，它必须为学生的成长打好三方面的基础：第一，打好身心健康成长的基础；第二，打好进一步学习或终身学习的基础；第三，为他们将来走向社会打好基础。素质教育的这一特征要求学校体育做到三点要求：一是在为学生打好体质基础的同时，培养学生的自信心、自尊心，提高学生的心理素质水平，为学生打好身心健康发展的基础；二是使学生认识和了解体育与健康、个人与社会的关系，提高学生的体育意识和从事体育锻炼的社会责任感；三是使学生掌握好体育的基础知识和基本技能，学会健体，为学生的终身体育打好基础。

（四）主体性

学生是学习的主体。素质教育是一种弘扬学生主体性的教育。素质教育尊重学生的人格，承认学生的个性差异，重视学生的个性发展，因此，素质教育又是一种个性化的教育。学生个性发展的核心是创造力的发展，而发展创造力的关键，就是要使学生能够主动地学习。素质教育的这一特征，要求改革压抑学生身心发展的学校体育思想、内容和方法，加强因材施教和区别对待，重视学生体育兴趣、爱好和特长的培养，尽可能为学生主

动地学习和锻炼创造条件，促进学生个性发展。

三、学校体育改革应处理好几种关系

（一）处理好育体和育心的关系

所谓育体，就是对学生进行身体培育。所谓育心，就是在学校体育中，结合不同内容与形式的体育实践，对学生进行思想品德教育和心理素质教育。

增强学生体质，使学生掌握体育知识、技能和对学生进行思想品德教育，既是我国体育教学的基本任务，也是我国学校体育的基本任务，因此一直比较受重视。随着我国现代化建设的发展和社会的进步，对现代人必备的心理素质培养，开始受到教育界的重视。特别是自实施素质教育以来，心理素质作为素质教育的一项目标被单独提出来，就更加受到人们的重视，因而也就给学校体育提出了新的更高的要求。

现代人必备的心理素质如下：

（1）自尊、自信、自立、自强。

（2）意志坚强，沉着果敢。

（3）有较强的竞争、创新意识和能力。

（4）富有团结协作和开拓进取的精神。

（5）有较强的自我控制和自我心理调节能力。

学生心理素质的培养，需要靠整个学校教育、家庭教育和社会教育的共同努力与相互配合，但学校体育对培养学生的心理素质有特殊的作用，承担着特殊的任务。

（二）处理好增强学生体质和为学生终身体育打基础的关系

增进学生健康、增强学生体质是我国学校体育的首要任务，同时也是体育学科区别于其他学科的根本标志。近年来，随着终身体育思想的逐渐普及，广大学校体育工作者开始重视追求学校体育的长期效益，既要为学生的终身体育打好基础，又要培养学生终身体育的意识、兴趣、习惯和能力。

然而，这并不意味着学校体育目标重心的转移。增进学生健康、增强学生体质，依然是学校体育所要追求的首要目标，而且，学生终身体育的意识、兴趣、习惯和能力，也必须从发展学生身体、增强学生体质的体育实践中去培养，学校体育必须把两者有机地结合起来。这种结合是学校体育区别于群众体育的重要标志。

（三）处理好多数学生和少数学生的关系

任何一个班级，学生的身心发展水平与潜能是各不相同的。学生的体育基础和体育能力，也存在着很大的个体差异。体育特别好的和特别差的学生是少数，大多数的学生处于中间状态，呈现出正态分布的规律。学校体育要适应素质教育的要求，要使每个学生都学有所得、学有所成，就必须处理好这种多数学生与少数学生的关系。

对于个别体育差生，无论是在课内还是课外，都要从他们的实际水平出发，提出适宜的目标，区别对待和加强个别辅导，热心、耐心、诚心地帮助他们一点一滴地学，一点一滴地进步，使他们学有所得、学有所成，从而逐步增强他们的自尊心和自信心。

总之，我们在照顾大多数学生的同时，决不能丢掉少数。只有正确处理好多数学生和少数学生的关系，才能真正体现素质教育面向全体学生的要求。

（四）处理好成功教育与挫折教育的关系

成功的体验是教育，而失败的体验则是更加宝贵的教育。挫折教育应该是有目的、有计划的教育行为，它以最后获得成功为目的，而不是以失败而告终。

成功的体验，绝不仅仅是愉快。成功，并不是唾手可得的囊中之物，在追求成功的道路上充满着艰辛和苦涩，伴随着挫折和失败。只有不畏艰难险阻，登上成功的顶峰，才能真正体验到成功的乐趣。因此，在学校体育中我们应当站在育人的高度上，把成功教育和挫折教育结合起来。必须指出的是，在我们过去的一些体育教学中，有些学生由于完不成众多的技术动作，或达不到某种考核与测试标准，从而反复受到挫折和失败的打击，根本看不到任何成功的希望。这种脱离学生实际与教学不得法所导致的恶果，绝不是什么挫折教育，而是对学生自尊心、自信心的扼杀，是对学生身心的摧残。这种状况必须改变。

（五）处理好教师主导作用和学生主体作用的关系

传统的体育教学模式比较强调教师的主导作用，而忽视学生的主体作用，甚至在一定程度上存在着以教师为中心的倾向。近年来，这种状况得到了不同程度的改变，学生主体作用的发挥有所加强。但对学生主体作用的认识，大多还停留在"调动学习积极性"的层面上。

实施素质教育，对发挥学生的主体作用提出了新的更高的要求。素质教育本身就是一种弘扬学生主体性的教育。在学校体育中充分发挥学生主体作用，不仅是健身的需要和调动学生锻炼积极性的需要，而且是使学生明白道理、启发自觉、提高体育意识的需要，也是培养学生体育兴趣、爱好、特长与能力的需要，更是发展学生个性的需要。因此，我们应当从素质教育的视角来加深对学生的主体作用的认识。

发挥学生的主体作用不能简单地理解为在体育课上给学生安排一定的练习时间，放手让学生自己去练，学生爱怎样练就怎样练，更不能重新回到"放羊式"教学的老路上去。强调学生的主体作用，绝不是要降低教师的主导作用。有人认为"体育教学的发展趋势，将由教师的主导型转化为学生的主体型"。这种提法是不科学的，因为在进行体育教育知识与技术教学时，教师的学识、技能、运动经验，对教学大纲和教材的理解，对教学方法、手段的钻研与掌握以及课前的准备工作等，都要先于学生和优于学生，在教学过程中，起着主持、主导的作用，这是学生无法代替的，古今中外，任何课程的教学无一例外。虽然对不同学段的学生和在不同类型的体育课上，教师的主导作用与学生的主体作用，表现形式有所不同，然而，就其本质而言，都是为了提高教学质量。为此，我们主张二者的和谐结合，而且强调在体育教学中学生主体作用的发挥，即使是由学生自主进行活动，也是在教师的精心设计、启发诱导、科学组织下开展的。因此，学生主体作用的发挥，归根到底取决于教师主导作用的发挥。

第四节　学校体育与终身体育

一、学校体育是实施终身体育的重要组成部分和基础阶段

体育应当伴随人的一生。如果我们把人生中身体锻炼活动分为若干个环节的话，那么学校体育在终身体育整体中，恰好处在连接家庭体育和社会体育的中间环节。学校体育是终身体育的重要组成部分。

学校体育是一门学科，体育课程是这门学科教学的具体反映，即"以发展学生体质、增进学生身体健康为主的，以终身受益为目的的一种特殊教育性课程"。它受益的对象是全体学生。著名的法国教育家保尔·郎格朗曾这样指出："如果将学校体育的作用看成无足轻重的事，那么，学生进入成年阶段体育后，体育运动就不存在了。如果把体育只看成学校这一段的事，那么，体育在教育中就变成了插曲。"这一论述阐明了学校体育在终身体育中的重要地位，更说明了学校体育是终身体育的一个重要过程。

高校体育作为学校体育的最高层次和最后阶段，起着承前启后的桥梁作用，在高校接受教育的学生，正处在身体发育的旺盛时期，同时，大学时期也是接受系统身体教育最长、最有时间保证的阶段，如果在这个关键阶段施以科学的体育方法，就能促进他们得到良好的发展，为一生的健康生活和工作打下良好的体育基础。学校体育还为培养学生终身从事体育的能力提供了实践的环境，并让他们认识到学校体育不是人的体育实践和身体教育过程的终结，而是人的终身体育锻炼的基础阶段，是终身体育的重要一环，使学生对学校体育的认识层次得到提高，最终成为自我锻炼的指导者和终身体育锻炼的受益者。

二、学校体育对实施终身体育的要求

终身体育思想的核心内容就是要求学校体育培养学生在走向社会前，不但能掌握锻炼

身体的理论和经常能从事体育锻炼的方法，还能养成锻炼的习惯和兴趣，为"终身体育"奠定基础。1970年的"国际教育年"联合国教科文组织讨论会提出要推进终身体育观念，1972年国际教育发展委员会在《学会生存——世界教育的今天和明天》一文中把终身体育作为发达国家和发展中国家在今后制定教育政策的指导思想，1978年联合国教科文组织在《体育运动国际宪章》第二条中明确规定"体育是全面教育体制中一种必要的终身教育因素"。从国外资料来看，苏联曾提出了0～100岁的终身锻炼身体的观念。而英国20世纪70年代初就提出："要培养学生终身进行活动的兴趣和能力。"日本1971年公布的现行体育大纲中也指出："通过必要的实践使之掌握高难度的运动技能，酷爱体育运动，养成终身为健康进行锻炼的能力和态度。"我国也提出了学校体育是终身体育的重要部分及"全民健身运动"等观点。终身体育已经成为世界体育领域的重要课题，高等学校应对培养学生终身体育的思想及实施终身体育肩负重要责任。

社会的发展、科技的进步以及物质水平的提高使我们的生活质量发生了根本的变化。温饱社会的体育与小康社会的体育有着"质"的区别，前者只是一种求生存和延年益寿的概念，是满足低层次需要的体育，是一种单纯的生物医学模式的体育，即唯生物体育观。后者则是顾及享受、谋求发展、生理需求的概念，是满足高层次需要的体育，是一种"生物—生理—社会"医学模式的体育，从而拓宽了体育在健身、娱乐、竞技、文化和社会等方面的功能。这种三维体育观的形成必然要求有新的体育指导思想与之相适应，而以唯生物体育观作为学校体育教学的指导思想，难免会把体育教学变成机械、单调的身体训练，从而使其丧失体育教育的社会、心理和文化的功能，影响学生的未来发展。因此，从20世纪80年代后期至90年代，围绕着培养学生体育运动能力、发展学生个性、养成终身进行体育运动的习惯而开展的教学改革空前活跃。

（一）培养体育意识和兴趣，树立终身体育观

体育意识是指人们对体育的目的、意义、作用和功能的认识水平。新的体育教学结构，结合身体和精神两方面内容，让学生充分了解人体生长发育的规律、人体的构造与功能，树立起健康体育观，养成良好的生活习惯和锻炼习惯，了解青春期的体育卫生，引导学生怎样学、如何练，使之从中得到体验，树立主动参与体育的意识。体育兴趣，顾名思义是指对体育的爱好、喜好的情绪。运动兴趣的培养和锻炼习惯的养成往往是坚持终身体育的动力。

学校体育正不断地社会化、生活化，是要与社会接轨的，应当加强与社会的联系；学生可选择自己所喜爱的项目进行学习，培养自发、自主进行体育活动的能力和习惯，理解运动的必要性并从中体验竞争的乐趣和胜利的喜悦。

同时，随着高校体育教学的对象——大学生的思维发展进入抽象的辩证逻辑阶段，教学也应从行为教育向理性思维教育转变，在这一转变过程中，应让学生对体育锻炼的意义

和价值有进一步的认识，激发其强烈的内在动机和对体育锻炼的兴趣，让他们在学习专业知识和技能的同时，也要学习锻炼身体的体育知识和人体科学的知识，其中包括体育运动对人体的作用、体育锻炼的原则和方法、体育保健、心理卫生以及体质测量和评价等方面的知识。在体育教学中如果能加强这方面的理论知识的传授，不仅能够激发学生因认识提高而产生的强烈内在锻炼动机，还会使他们树立正确的终身体育观。

（二）培养学生的体育能力，养成体育习惯

体育能力是指完成体育活动所要具备的素质，是知识、技能和智力的综合效应。体育能力的提高在于掌握锻炼的知识和方法。学生应当充分发挥自身的积极性、主动性和创造性，配合教师正确的指导，扎实完整地掌握各种能力。体育能力是多方面的，概括起来为：学习和掌握《学校体育教学大纲》规定的各项基本运动技术能力和各项基本运动体育知识；具备从事体育娱乐和体育欣赏的能力；具备从事身体锻炼、进行负荷调节和自我评价的能力；学会自我保健、医务监督的能力；掌握体育裁判和组织竞赛的初步能力。

高等学校要注重对学生的体育能力和习惯的培养，使他们既学到全面的体育知识与技能，同时，又能有一两项突出的、热爱的可以坚持终身锻炼的体育项目，培养学生终身喜爱体育的态度和能力，正确的体育观点和审美能力，学习独立锻炼和自我评价的能力，自我设计体育锻炼计划和自我组织与管理的能力，运用体育环境和条件的能力，在自我参与中，获得自我发展。教学内容应以发挥学生学习主动性为主，让学生在运动中能充分表现自己的运动才能，感受参加运动后自身体质不断增强的实效。因此，高校的体育教学应当把培养体育能力和养成体育习惯作为一项任务来抓，其中最重要的是体育锻炼习惯的形成，它会使高校体育教学的效果不局限于在校学习阶段，还会延伸到社会上，使学生终身受益。高校体育教学中对学生体育锻炼习惯的培养，不仅具有重要的现实意义，而且具有深远的历史意义。

（三）高校体育课应当贯彻高校教育的始终

从目前我国高校体育课的开设情况看，大多数三、四年级是不开设体育课的，或只做一些达标测试。大学生在生理上正处在人体生命力最强的高峰期，而在心理上却仍处在"断乳期"，心理学上称为"第二反抗期"，心理活动变化很大，自律能力还比较薄弱，一旦从三年级开始大学生就不接触体育课，许多大学生会不再参加体育锻炼。如果能继续开设体育课，就可以为高年级的学生在校期间参加体育锻炼创造良好的条件，这对于培养终身体育锻炼习惯是十分有益的。

社会的思想观念和生活方式正在发生变化，观赏体育竞赛和自身参加体育活动已成为人们日常生活的重要内容。在这种社会背景下培养学生爱好体育的兴趣、态度，养成终身进行体育锻炼的习惯，为他们今后走向社会奠定健身基础，已经成为学校体育的重要任务。因

此，我国学校体育的目标在终身体育思想的指导下，将沿着增进学生身心健康、增强体质、提高运动能力，培养学生终身进行体育活动的兴趣、态度、习惯这两条主线展开。

1. 简述现代体育发展的趋势。
2. 为什么说体育是素质教育的重要内容和手段？
3. 简述终身体育与学校体育的关系。

第二章
体育锻炼与身心健康

内容提要

生命在于运动。我国有许多有关运动、健康的谚语，如"强身之道，锻炼为妙""长流的水不腐，长练的人健康"等。本章将叙述和讨论健康的概念，体育锻炼对人体各器官系统的影响，以及体育锻炼对心理健康和人的全面发展的影响。

思政目标

培养学生吃苦耐劳的精神和积极向上的品质。

第一节　健康概述

一、健康的概念

何为健康？人们对其有不同的解释。以往，由于受传统观念和世俗文化的影响，往往将健康单纯理解为"无病、无残、无伤"。随着社会的发展和科学技术的进步，人们完全突破了原先的思维模式，对健康的概念有了新的认识。世界卫生组织对健康提出了一个明确和全面的定义："健康是指在身体、心理和社会各方面都完美的状态，而不仅仅是没有疾病和不虚弱"，这种对健康的评价不仅基于医学生物学的范畴，而且扩大到心理和社会学的领域。由此可见，一个人只有在身体和心理上保持健康的状态，并且有良好的社会适应能力，才算得上真正的健康。

二、现代健康观

（一）躯体健康

从一般意义上理解，躯体健康就是要有一个发育正常而又强壮的体魄，没有疾病和不虚弱；发育正常，体重合适，身体匀称而挺拔；有良好的食欲和睡眠；精力充沛，脸色好；能很好地进行日常活动，消除疲劳快；能抵抗普通感冒和传染病；眼睛明亮，反应敏锐；头发具有光泽而少头屑；牙齿清洁无龋，牙龈无出血而颜色正常；肌肤具有弹性，走路轻松有力。

关于躯体健康，人们常以是否有身体疾病作为分界线。现代对健康的科学定义是指机体与自然环境和社会环境的动态平衡，是一种身体、心理和社会适应的完美状态。实际上，大多数人不同程度上处于不完美健康又没有患病的状态。这种状态，医学上称之为"第三状态"或"亚健康状态"。"第三状态"是健康与疾病的交接地带，是健康与疾病相互转化的"中介点"。有资料显示50%～60%的人群处于轻度失调和慢性病的潜伏期，即"第三状态"或"亚健康状态"。因此，要预防疾病就必须采取有效措施，延缓"第三状态"的出现，以利于增进人民健康。

（二）心理健康

现代健康不仅要求躯体健康，而且要求心理健康。这是因为人不仅是具有生物性的有机实体，而且是具有各种复杂心理活动的社会成员。心理健康到目前为止还没有一个世界公认的、一致的标准。然而心理健康的人也有一些基本的特征，归纳起来有三点：第一，人格完整，自我感觉良好，情绪稳定，积极情绪多于消极情绪，有较好的自控能力，能保持心理上的平衡，自尊、自爱、自信，有自知之明，能正确评价自己；第二，对所处的环境有充分的安全感，且能保持正常的人际关系，受到别人的欢迎和信任；第三，对未来没有恐惧感，有明确的生活目标，切合实际，不断进取，有理想和追求。

心理因素的异常改变可诱致植物神经系统和内脏机能的变化，表现出某一器官或组织的功能性改变，称为"心身症"，如果进一步发展，将导致躯体的功能失调，同时发生组织结构损害，可引起"心身疾病"，如溃疡病、高血压病、偏头痛、支气管哮喘、甲状腺功能亢进、口吃、神经性皮炎，甚至癌症等。因此，保持心理健康对人体健康是必不可少的。

（三）社会适应

社会适应是健康组合中最活跃，涉及范围最广泛和最不确定的一部分。

人有自然人和社会人双重属性，现代健康观强调人体的整个统一性，既考虑到人的自然属性，又强调人的社会属性。人体的一切疾病和生命活动不仅是一种生物现象，更重要的是一种十分复杂的社会现象。因此，健康必须包含对社会的适应。社会适应良好是指个体对所处的社会环境有一个正确的认识，使自我与社会环境之间保持良好的协调和均衡关系，处理好人与人之间的关系、人与环境的关系是社会适应良好的主要表现。扮演好各种社会角色，如同窗、朋友、邻居、公民、恋人、配偶、子女或父母等，并承担起相应的责任是处理好人际关系的基础。

(四) 道德健康

道德健康是指人与人交往过程中应遵循的健康行为准则，它着重于健康的维护和促进。人的道德健康不仅要求对自己的健康维护和促进负责，如建立良好的生活方式、保持良好的心境等，还要求个体应对他人的健康负责，将维护和促进整个人群的健康行为转化为自觉的行为。如为拯救他人的生命，自觉履行公民无偿献血的义务；为维护他人的健康，不在公共场合吸烟、吐痰等。保障社会的存在和发展，而又能满足每个人的需要是衡量行为是否道德的基本原则。一个道德健康者起码应在不伤害社会和他人利益的前提下，满足自己的需要和发展自己的个性，如在竞争激烈的经济社会里，提倡公平竞争是符合道德原则的，否则个人乃至整个社会都将付出沉重的代价。

三、影响健康的因素

(一) 生活方式

生活方式是指人们长期受一定文化、民族、经济、社会、风俗、家庭等影响而形成的一系列生活习惯、生活制度和生活意识。人类在漫长的发展过程中，虽然很早就认识到生活方式与健康有关，但由于人们一直认为危害人类生命的各种传染病是人类死亡的主要原因，从而忽视了生活方式对健康的影响。

(二) 营养结构

适宜的营养对于增强体能和保持健康状态具有重要作用。它可以促进人体生长发育和修复机体组织，还可以满足人们每日身体活动所需要的能量。

营养吸收太少会削弱体能和引起疾病，因此，保持足够的营养应引起每个人的重视。然而，营养吸收又不能过分，暴饮暴食会导致肥胖症，肥胖症可引起心脏病和糖尿病等。

(三) 运动方式

科学家认为，人类的高血压、冠心病、关节炎、脏器下垂、痔疮等病症与过多的垂直运动有关。所以，人要健康长寿，减少疾病，就必须纠正过多的垂直运动，而采取水平运动。

什么是水平运动呢？所谓水平运动，就是仿效一种动物运动方式，以保持人体各个部位承受地心引力的一致和血液分配的均衡，减轻心脏负担，从而达到长寿健康的目的。

水平运动的方式很多，如戏水游泳是其他运动无可比拟的水平运动。除了水平的体位使心脏负担减轻、各器官充分供血外，水平刺激和压力还可改善血液供应。

爬行也不失为一种很好的水平运动。四肢着地于柔软的地毯或如茵的草坪，向前爬行，每次 20~30 min，因地制宜，简便可行。另外，每日工作 2~3 h 后，可平卧 5~10 min，这些体位的改变对改善血液循环和减轻心脏器官的引力，缓解脏器垂悬状态的紧张都十分有益。

第二节 体育锻炼对人体器官系统的影响

强身健体是体育最主要的功能。人体是一个结构十分复杂并具有多种机能的有机体，人的体质即人体的质量是人的生命活动和生活能力的物质基础，它是在遗传变异和后天获得性的基础上所表现出来的形态结构、生理功能、心理发展、身体素质、运动能力等方面综合的、相对稳定的特征。体育以身体运动的方式给器官系统以一定强度和量的刺激，对身体各个系统、组织、器官起到积极有效的影响。

一、体育运动对神经系统的作用

神经系统是人体中最重要的系统，人体的各器官活动是在神经系统的调节下进行的。经常参加体育运动，会加快全身血液循环，使单位时间内流经脑细胞的血液量增加，改善脑部的供血状况，让大脑皮质神经细胞获得较多的氧气和其他营养物质，同时促使脑部的代谢产物排出速度加快。所以经常锻炼，能促使大脑神经细胞的活动能力得到改善，提高脑细胞的工作耐受能力和效率。

运动本身需要身体完成一些比日常生活更为复杂困难的动作，这就要求神经系统能迅速动员和调节各器官、系统的机能，使之适应肌肉活动的需要。同时，身体系统的环境随大自然的条件而变化，各种外界环境的刺激使机体的应激能力受到锻炼，神经系统的兴奋、抑制的交替过程得到加强，强度和均衡性得到提高，神经系统对全身各系统的调节能力得到改善。反应速度及灵活性的提高，使人体在活动中动作灵敏、协调、准确。

各种地理、气候等自然条件对神经系统的影响是很大的。例如，当人体突然受到寒冷侵袭时，全身毛孔收缩和表层血管收缩，体内新陈代谢等防御性、保护性反射增强；在炎热的季节或环境中，人体能迅速加快全身的散热，舒展表层血管，提高皮肤温度；当遇到危险及可能给人体带来伤害的情况时，可能会迅速采取防御和保护性动作等。因此，长期参加体育运动的人，对外界自然环境的适应能力及对疾病的抵抗能力要比一般人强。

二、体育运动对心血管系统的作用

心脏是血液流动的原动力，血管是运送血液的管道，遍布全身。血液担负着运送养料和氧气、排出新陈代谢产物和二氧化碳的任务。人体就是凭借着血液循环与外界进行物质交换。循环一旦停止，生命活动就随之停止。可见心血管系统对人体生存有重要意义。

体育运动能使心肌肌红蛋白的含量增加，心肌中的毛细血管大量新生，供血量增加，组织代谢加强，其结果是心肌纤维变粗，心肌呈营养性粗壮，心脏的大小和质量都增加。由于心壁增厚，心腔增大，心脏收缩力提高，心容量就会加大。一般人的心容量为765~875 mL，而经过体育运动锻炼的人心容量可达到1 015~1 027 mL，心脏质量可达400~500 g，每搏血液输出量增加，可达100 mL左右，同时，心搏表现呈徐缓状。一般人心跳频率为70~80次/min，而经过体育运动锻炼的人心跳频率为50~60次/min。

一般人的血液总量占体重的8%左右，而经常进行体育运动的人血液总量约占体重的10%，运动时血液的重新分配机能快，这就保证了人体在从事较大的生理负荷时，在神经系统的调节下，大量血液参加循环，保证了肌肉活动时血液的供给。这样可大大提高血液运输氧气和二氧化碳的能力，同时血液中缓冲物质和碱储备含量增加，可更多地中和运动中产生的乳酸，有利于在氧气不足的情况下进行较长时间的工作，从而提高工作的耐久力和缺氧的耐受力。

经常参加体育运动的人血管壁的弹性增加，血液的外周阻力减小，安静时，收缩压可降低到85~105 mmHg（1mmHg＝0.133 kPa）水银柱，舒张压可降低到40~60 mmHg水银柱。同时由于经常从事体育运动的人肌肉活动状态良好，收缩有力，收缩与放松呈有节奏、有规律的转换，使人体的静脉血液回流心脏速度加快，回流量增多，供给心脏冠状动脉自身营养程度提高，有利于预防冠状动脉硬化。

三、体育运动对呼吸系统的作用

人体一切活动所需要的能量和维持体温的热量，都来自体内营养物质的氧化。氧化过程需要不断消耗氧气，并产生二氧化碳。人体与外界环境之间的吐故纳新以及人体内部所进行的气体交换的全过程,称为呼吸。

体育运动是比较剧烈的肌肉活动,需要消耗大量的氧气,同时组织内也产生大量的二氧化碳,这就促使呼吸系统必须大量工作,以适应活动的需要。呼吸肌由于经常性地锻炼力量增强,胸廓运动的幅度也随之增大,肺泡参与气体交换的数量也明显增多。经常参加体育运动的人,其胸围一般要比同龄的不参加体育运动的人大 3~5 cm,呼吸差也增加到 9~16 cm。

长期进行体育运动的人,呼吸深度加大,呼吸频率相对减少。由于呼吸肌的力量增强,肺泡弹性增强,肺活量、肺通气量指数明显增大,肺活量可达 45 00~5 500 mL,比一般人大 1 000~1 500 mL。肺通气量可由平时呼吸时的 9 000 mL 加大到 70 000~120 000 mL,呼吸效率明显得到改善,增加人体对坚持较长时间活动和工作的耐受力,同时对预防呼吸系统的疾病也有显著作用。

四、体育运动对运动系统的作用

人体运动是靠运动系统实现的。运动系统由肌肉、骨骼、关节组成。骨骼是人体的支架,关节是连接骨与骨之间的枢纽,肌肉附着在骨骼上,在神经的支配下,通过交替收缩和放松使关节屈伸、展收、旋转,完成各种动作。运动系统机能的高低,决定人体活动的质量。

长期参加体育运动的人,肌肉中毛细血管增粗并大量开放,血液量增大,血液供应良好,新陈代谢旺盛,酶活性提高,同时,由于肌肉中营养物质、能源物质的含量增加,肌肉纤维变粗,肌肉的生理横断面积增大,肌肉的重量与体重的比例也相应增大。肌肉收缩时的力量加强,速度加快,弹性、柔韧性都有所增强,灵活性、耐久性得到提高。

长期参加体育运动的人,由于新陈代谢过程的改善与加强,骨的结构和性能发生了变化。这些结构上的变化使骨更加粗壮、坚固,提高了骨的抗弯、抗断、抗压的性能。经常参加体育运动还能刺激骺软骨的增生,促进骨的生长,对人体身高增长有一定的促进作用。科学研究证明,经常参加体育运动的青少年比一般同龄青少年身高增长更快,身高的相对终极值也比一般青少年高 4~8 cm。

经常参加体育运动的人,关节周围的肌肉和韧带得到了增强,从而加强关节囊的力量,加固了关节,同时运动过程中关节本身做有目的的活动并得到锻炼,使关节周围的肌肉、韧带的伸展性得到改善,扩大了关节运动的幅度,提高了关节的灵活性,增强了关节的牢固性。

第三节 体育锻炼对心理健康的影响

一、体育锻炼可促进心理健康

体育锻炼对心理健康的积极影响主要表现在以下几个方面。

（一）改善情绪状态

情绪状态是衡量体育锻炼对心理健康影响的最主要指标。人生活在错综复杂的社会中，经常会产生忧愁、紧张、压抑等负面情绪，体育锻炼则可以转移个体不愉快的意识、情绪和行为，使人从烦恼和痛苦中摆脱出来。大学生常因名目繁多的考试、相互的竞争以及对未来工作分配的担忧而产生持续的焦虑反应，经常参与体育锻炼可降低他们的焦虑反应。

（二）提高智力功能

大学生经常参加体育锻炼可以提高智力功能，不仅使他们的注意、记忆、反应、思维和想象等能力得到提高，还可以使其情绪稳定、性格开朗、疲劳感下降……这些非智力成分对人的智力功能具有促进作用。

（三）确立良好的自我概念

自我概念是个体主观上对自己的身体、思想和情感等的整体评价，它是由许许多多的自我认识组成的，包括"我是什么人""我主张什么""我喜欢什么""我不喜欢什么"等。由于坚持体育锻炼可使体格强健、精力充沛，因而，体育锻炼对于改善人的身体表象和身体自尊至关重要。

身体表象是指大脑中形成的图像。身体表象障碍在正常人群中是普遍存在的。据报道，54%的大学生对他们的体重不甚满意。与男性相比，女性倾向于高估她们的身高和低估她们的体重，而且身体肥胖的个体更可能有身体表象和身体自尊方面的障碍。身体自尊包括一个人对自己运动能力的评价，对自己身体外貌（吸引力）的评价，以及对自己身体的抵抗力和健康状况的主体评价。身体表象和身体自尊与整体自我概念有关（如图2-1所示），无论男性还是女性，对身体表象的不满意会使个体的自尊变低（自尊指自我概念的积极程度），并产生不安全感和抑郁症状。有研究表明，肌肉力量与身体自尊的情绪稳定性、外向性格和自信心呈正相关，并且加强力量训练会使个体的自我概念显著加强。

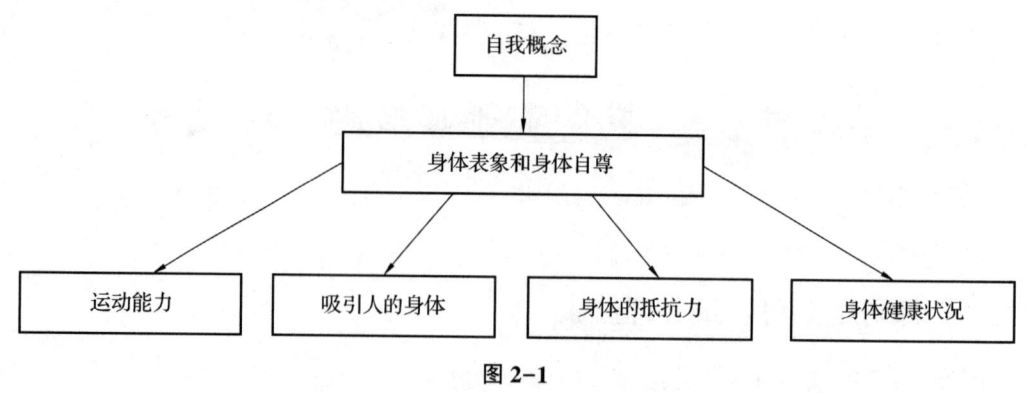

图 2-1

（四）培养坚强的意志品质

意志品质是指一个人的果断性、坚韧性、自制力以及勇敢顽强和主动独立等精神。意志品质既是在克服困难的过程中表现出来的，又是在克服困难的过程中培养起来的。在体育锻炼中要不断克服客观困难（如气候条件的变化、动作难度或意外的障碍等）和主观困难（如胆怯和畏惧心理、疲劳和运动损伤等），锻炼者越能努力克服主、客观方面的困难，也就越能培养良好的意志品质。从锻炼中培养起来的坚强意志品质能够迁移到日常的学习、生活和工作中去。

（五）消除疲劳

疲劳是一种综合症状，与人的生理和心理有关，当一个人的情绪消极，或任务超出个人的能力时生理上和心理上都会很快地产生疲劳。大学生持续紧张的学习压力极易造成身心疲劳和神经衰弱，保持良好的情绪状态和参加中等强度的体育锻炼则可以使他们身心得到放松。

（六）治疗心理疾病

体育锻炼被公认为是一种心理治疗方法。在大学生中，少部分人由于学习和其他方面的挫折而患有焦虑症和抑郁症，通过体育锻炼可以得到减缓或消除。

二、决定体育锻炼产生良好心理效应的因素

决定体育锻炼产生良好心理效应的因素主要有以下几点。

（一）喜爱体育锻炼并从中获得乐趣

这是体育锻炼产生良好心理效应的最重要因素。如果锻炼者不喜爱或者不能从中获得乐趣，就不可能产生满足感和良好的情绪体验。

(二) 体育锻炼应以有氧活动为主，避免激烈的竞争

有氧活动包括散步、跑步、游泳、骑自行车、跳绳、健美操等。当然，对于年轻人或大学生来说，从事自己喜爱的球类运动也是很有益的。

(三) 运动量应以中等强度为宜

研究表明，在体育锻炼过程中，心率最好控制在最大心率的 60%~80%，每次活动时间不少于 20~30 min，每周 3 次或 3 次以上，这样才有利于心理健康。

(四) 持之以恒地进行体育锻炼

体育锻炼对心理健康的积极效应只有在有规律的锻炼的基础上才能显示出来。有人在查阅了 80 篇研究报告后指出，随着身体锻炼总时间的增加，体育锻炼所产生的良好心理效应就会随之得到增强。

第四节 体育锻炼与人的全面发展

人的全面发展，就个人而言，是指人的整体素质的和谐发展，个人潜力和智能的最大限度地发挥，个人需要的全面丰富和满足，人的本质的真正实现。关于人的全面发展的主张，是针对个人的片面发展被提出来的。个人的片面发展，在人类社会发展的一定历史阶段上，是一种不可避免的必然现象，并且是发展生产力所必需的。随着大工业生产的进一步发展，个人的片面发展成了社会前进的障碍，它必然要被个人的全面发展所取代。人的全面发展是人类社会发展的必然趋势，社会化生产的发展，要求人的素质全面提高；科学技术的发展，为个人的全面发展提供了可能；生产力的高度发展，为个人的全面发展提供了物质基础。

体育对人的全面发展的作用主要体现在以下几个方面。

一、健身、益智功能

体育具有强身健体的作用，能够满足人们增强体质、防病治病、延年益寿的生物学需求。体育以自己特有的运动方式使人的机体各部分能够更协调、均衡发展，使人的身体的各种机能在活动中得到保持和增强，从而提高人改造生存环境的能力，为人能够更充分展示自己的力量奠定最重要的根基。众所周知，身体是人们一切活动的物质基础，也是知识和能力的载体。身体素质是其他一切素质的基础，没有良好的身体素质，思想道德素质和

科学文化素质难以发挥应有的作用。唯有发展体育运动，使人们广泛参与体育活动，通过体育活动组织广大群众锻炼身体，才能促进国民身体的正常生长发育，以及身体各器官、系统和身体素质的全面发展，改善人体生理功能，提高身体基本活动能力、对自然环境的适应能力和对疾病的抵抗能力，提高人的健康水平，不断增强人民体质。

体育能促进学生智力的发展与提高。健康的身体、健全的神经系统是智力发展的物质基础。研究表明，一个人聪明与否与大脑的物质结构有关。经常坚持体育锻炼，能改善大脑细胞的发育水平，而且不同性质的体育活动能给大脑和神经系统提供各种信息刺激，提高大脑皮层细胞活动的强度、均衡性和灵活性，使整个大脑和神经系统的结构、功能得到改善与提高。此外，体育认识能力的培养与提高，如敏锐的观察能力，良好的注意力与记忆力，丰富的想象力与灵活的思维能力，特别是战术思维能力的形成与发展等，可直接促进学生智力的发展。

二、教育功能

体育能有效地对学生进行思想品德教育。健康的身体不仅是智力发展的物质基础，也是思想品德发展的物质基础。因此通过多种多样、丰富多彩的体育活动，有效地增强体质，则有利于世界观、人生观、价值观的形成与发展。体育作为一种文化，具有很强的政治功能，自古以来就是德育的重要方式和手段。体育可以激励民族精神。多年来，我国体育健儿提出的"从零开始""人生能有几回搏""冲出亚洲，走向世界"等体育精神，因其富有时代特点、人生哲理而为社会所承认和运用，成为中华民族共同的精神财富。体育能够促进观念更新，鼓励人们公平竞争、永不满足、敢于拼搏、超过前人、战胜自我。通过体育活动，可以培养人们的情感和意志品质，对广大群众进行爱国主义、集体主义和共产主义道德品质的教育。

体育还是促进友谊、增强团结的重要手段。通过体育活动，可以增进人们的情感交流，增加相互了解，改善人际关系，创造文明和谐的社会环境。发展体育运动，引导人们开展丰富多彩的体育活动，有利于人们培养和形成良好的生活方式和习惯。体育的德育功能往往是通过各种具体的体育活动实现的，寓教于乐，把意识与动作，理论与实践自然和谐地统一起来，易于为广大群众所接受。

三、美育功能

体育通过丰富多彩的内容和形式，强健体魄、匀称体形、端正姿态、矫健动作，培养学生的形体美、动作美、姿态美。另外，体育具有观赏性、趣味性和审美价值，能够促进人的审美能力发展。体育运动中蕴藏着丰富的美育因素，多少年来，艺术大师们总是从运动健儿的形体上捕捉美的精灵。著名雕塑家米隆的代表作《掷铁饼者》，历经两千多年仍使观赏者流连忘返。随着社会的发展，越来越多的人把参加或观赏体育活动当作审美享受。经常参加体育活动，观赏体育比赛，对培养和提高人们感受美、理解美、鉴赏美的能力具有十分积极的作用。

综上所述，体育与德育、智育、美育密切相连，并在其中发挥重要作用，促进人的身心全面发展。体育在实现人的全面发展中具有特殊的、不可替代的地位和作用。我们应该重视体育，切实加强体育工作，通过广泛开展体育活动，使人民群众在德、智、体、美等方面得到充分的、均衡的、协调的发展，成为和谐社会建设的生力军。

思考题

1. 什么是健康？
2. 简述水平运动为什么能延年益寿。
3. 简述体育运动对心理健康的积极影响主要表现在哪些方面。

第三章
体育锻炼与卫生保健

内容提要

　　本章阐述了体育锻炼的主要内容与方法，对运动营养、饮食、卫生和自然环境提出了具体要求，着重介绍了运动处方基本知识和评价细则，并重点叙述保健班学生的体育康复疗法。

思政目标

　　培养学生健康文化思想和良好的体育锻炼习惯。

第一节　体育锻炼的意义、内容和方法

一、体育锻炼的意义

　　体育锻炼是指人体运用各种体育手段，结合自然界（如阳光、空气、水）因素，配合卫生保健措施，以达到发展身体、促进健康、增强体质、调节心理、消除疲劳、振奋精神以及预防和治疗某些疾病等目的的身体活动。它对改善全民族体质、提高健康水平都有着十分重要的意义。

二、体育锻炼的内容

体育锻炼的内容丰富，形式多样。为了便于练习者在练习时有针对地选择，一般把体育锻炼内容分为六大类。

（一）竞技运动

竞技运动是通过系统、科学的训练，采用竞赛方式，发挥个人或集体的最大潜力，取得优异成绩的一种运动。多以大负荷为主，具有较高锻炼价值，拥有集观赏性、趣味性、竞赛性与国际性于一体的特征。运动项目较多，如冬季和夏季奥运会各类项目，练习时，可根据具体情况有计划地选用。一般青年人采用较多。

（二）健身运动

健身运动是为了增强体质、增进健康、促进身体的协调发展、提高身体素质和身体活动能力、改善人体器官功能而从事的身体锻炼。

健身运动一般多以有氧代谢为主，练习时应根据年龄、性别、健康状况的不同，合理地选用。青年人应选用多种体育活动项目，如田径、体操、球类、游泳、武术等，但在运动量的自控上多以中强度或次大强度为宜。老年人则应选用相对运动量较小的项目，如太极拳、行走、慢跑、骑单车、游泳等。

健美运动是塑造健美体态、保持良好体型的身体锻炼，如肌肉练习、力量练习、形体姿态练习、健美操运动等。

（三）娱乐体育

娱乐体育是人们追求丰富的文化生活，健康地度过余暇时间所进行的愉悦身心、振奋精神、体现快乐情绪的身体锻炼。一般多以游戏、民间传统项目、现代流行体育为主。例如：游戏——活动类游戏、球类游戏、田径游戏等；民间传统体育——踢毽子、放风筝、跳绳等；现代流行体育——体育舞蹈、登山、旅游、欣赏体育比赛等。

（四）医疗与矫正体育

医疗与矫正体育是指治疗身体某些疾病和矫正身体上、功能上的缺陷，以促进身体恢复而进行的身体锻炼。运动时应遵照医嘱严格控制运动量及强度，同时应在医嘱的指导下与医疗手段相互配合进行锻炼。例如肩周炎患者，应多练习以上肢为主的运动，如"导引养身"功、"太极拳"等类活动；再如驼背患者，可采用站桩形式练习身体基本姿态、舞蹈基本动作予以矫正。

（五）格斗性体育

格斗性体育是指人体运用格斗攻防技术进行防身自卫、抗击外来突变而进行的身体练习，如擒拿、散打、空手道、拳击、武术对练和某些军事体育等。练习时，应注意安全防护措施，保证身体免受伤害。

（六）探险运动

探险运动是近几年才发展起来的一项运动。探险运动是以惊险、刺激来锻炼人的胆量，追求探险知识来满足心理需要的一种身体锻炼，如蹦极、登岩等。探险运动有一定的危险性，练习前应充分做好各项准备，确保安全措施的完备；练习时要从自己的实际出发，量力而行，不要单纯追求冒险而盲目进行运动。

三、体育锻炼的方法

体育锻炼的方法是指根据人体发展规律，采用科学的锻炼手段和途径，进行不同的身体练习形式。体育锻炼方法甚多，一般可归纳为七个方面。

（一）重复练习法

重复练习法是指练习者在相对固定的条件下，按原计划、原要求反复练习同一内容的方法。此方法适合短跑项目、难度大的项目、进行肌肉群练习的健美项目。练习时，应注意重复次数、运动量和运动强度的合理性。要保证所练动作是同一质量水平，不要过度疲劳，不可消极练习，可穿插游戏调节。

（二）变换练习法

变换练习法是指在变换条件下进行的练习法。如变换跑速、变换距离、变换环境、变换高度等。练习时，应注意变换安排要有针对性，要根据具体情况加以变换调整，但不要失去健身功效，变换练习也不宜过多，时间不宜过长。

（三）间歇练习法

间歇练习法是指固定练习间隔时间而进行的练习方法。如 200 m 短跑，练习 8 次，每次间隔 6 min。间歇时间的长短应因人而异，体质强的间歇时间可短些，体质差的间歇时间可长些。练习时要注意"间歇"不代表静止，应通过走或其他积极休息的方式进行。

（四）游戏、比赛法

游戏、比赛法是指通过游戏和比赛的形式进行练习的方法。如篮球项目中的运球练习，可采用运球接力、运球倒退以及传运球投篮比赛等方法进行。此方法可提高练习者的兴趣，培养团结协作精神，有利于智力开发和意志品质的提高。

（五）有氧练习法

有氧练习法是指在练习中采用有氧代谢，没有出现负氧债的方法。如长跑运动、健美

操、竞走、骑单车、远足等。练习时，应注意运动量不宜过大，运动强度控制在70%即可，脉搏保持在130~150次/min。此方法是现代健身较为普及及常用的方法，它既可达到消肥减脂的作用，又可提高心血管和呼吸肌的功能，以促进新陈代谢的提高。在练习时，应注意持续时间不宜太短。

（六）消遣练习法

消遣练习法是指欢度余暇、寻求身心满足的练习方法，如观看比赛、垂钓、日光浴、游山玩水等。此方法悠闲自得，令人心情舒畅，可消除疲劳之感。

（七）养生练习法

养生练习法是指运用医疗手段与运动相结合的练习方法。如导引养身功、行气功、静功、太极拳、按摩术等。此方法要求内外合一，即外练身形、内练通气，可达到强身祛病、延年益寿的目的。

第二节 体育锻炼与营养、饮食、卫生

一、体育锻炼与营养

营养是获得和利用食物的综合过程，是促进机体生长发育、生命活动、增强体能、提高智力的重要来源。体育锻炼与营养都是促进健康的重要因素，体育锻炼可促进内脏功能的提高，合理的营养有助于稳定体内环境的平衡，使机体健康发展。两者相辅相成，不可分割。

在体育锻炼中人体消耗的热量大，通常人们会根据不同的运动需要安排饮食，使食物中热量的摄取量与消耗量相平衡，以保持良好的机能和运动能力。人体所需要的能量，主要来源于食物中的碳水化合物，即糖类，其次是食物中的脂肪和蛋白质。糖类、脂肪、蛋白质的摄入比例一般为7∶2∶1，如耐力项目可增加糖和脂肪的摄入量。而维生素作为维持人体生命活动、保持人体健康的物质是不可或缺的。因此营养的摄入要合理，摄入过多会导致肥胖，过少会影响健康，导致身体消瘦，所以掌握正确的膳食是十分必要的。

（一）蛋白质

蛋白质是生命的物质基础，是组成人体结构，以及抗体、激素、酶等特殊功能物质的主要物质，是人体内部进行代谢活动的物质基础。它有促进生长发育、修复体内组织、维护神经系统正常以及供给机体热量的功效。它的基本组成是氨基酸。人体所需氨基酸有三类，第一类12种，第二类8种，第三类2种，第一类和第三类氨基酸分别为人体非必需氨基酸和半必需氨基酸，只有第二类8种氨基酸为人体必需氨基酸。这些氨基酸须从食物中摄取。营养学家研究表明，蛋白质摄入量受运动员训练类型、训练负荷、运动项目等多种因素影响。一般来说，每人每天蛋白质摄入量为60~80 g（1~1.5 g/kg体重）。高水平运动员或负荷大的运动者，蛋白质摄入量可多些，反之则少些。

蛋白质对运动能力的发展有着重要作用。它能增加肌肉力量，预防运动性贫血，提高中枢神经兴奋性以及保护体力，稳定情绪，提高运动能力。人体所需的蛋白质主要通过动物性、植物性食物获取。动物性食物如鱼、肉、奶，称完全蛋白，包含了几乎所有基本氨基酸；植物性食物如蔬菜、粮食、水果，称不完全蛋白。两类食物要相互搭配食用，才可获得高价值的完全蛋白质。

（二）脂肪

脂肪是高产热能、储存热能的重要物质。每克脂肪在体内氧化可产热能37.7 kJ。但脂肪只有在供氧充足的情况下，才被氧化释放能量，因此耗氧量较大。

脂肪可促进脂溶性维生素A、维生素D、维生素E、维生素K的吸收和利用，可维持体内热量的散发和外界热量的传入，起着保护内脏、刺激食欲的作用。脂肪主要从动物性食物中获取，如猪油、羊油，其次从一些植物性食物中获取，如豆油、花生油等，和人体内部相互作用而成。脂肪摄入过多会使体内储备过量，增加心脏和器官负担，可引发高血压、糖尿病、肥胖等病症，因此应严格控制脂肪摄入量。据营养学研究表明，一般人食物中脂肪占总热量的17%~25%为宜；从事大强度的运动可最高为35%。

（三）糖类

糖类是由碳、氢、氧三种元素组成的碳水化合物，是人体内最广泛、最经济、分解最完全的供能物质，具有保肝、解毒、维持心脏和神经系统功能，可促进蛋白合成及帮助脂肪在体内氧化。人体中每天摄入的热量有一半以上取自糖，糖分解迅速，易被消化吸收，耗氧少，产热快。无论在有氧还是在无氧状态下均可分解放出热量，是肌肉运动最佳能源。

人的运动能力与糖的储备有密切关系，中枢神经99%的能量来自糖，低血糖会影响中枢神经功能。长时间剧烈运动的人血糖供应不足，会导致机能紊乱，出现机体过度疲劳，降低运动能力。因此长时间运动的人，每小时应补充适量的含糖饮品，运动后也应尽早摄入糖。

糖的来源主要依靠多糖，如淀粉、糖原、膳食纤维等；也需要单糖如葡萄糖、果糖、半乳糖，以及双糖如蔗糖、麦芽糖等补充。

（四）维生素

维生素是维持人体正常生命活动所必需的有机化合物。其种类有20多种，主要为脂溶性和水溶性两类。脂溶性维生素主要有维生素A、维生素D、维生素E、维生素K；水溶性维生素主要有维生素B1、B2、B6、B12及维生素C、尼克酸、叶酸等。它们对人体

生命活动和大脑的活动影响十分重要。运动会使维生素损失较多，这是由于运动时机体代谢功能增加，酶的活性、激素的分泌加强，胃肠对维生素的吸收功能随之下降，从而导致肢体汗液、维生素排出量增加，使维生素损失较多。因此运动后应增加维生素的补充量，使机体快速恢复，增强体能。

对运动影响较多的维生素主要有维生素 B（B1、B2、B6、B12）、维生素 C 和维生素 E。维生素 B 能促进新陈代谢、维护神经系统健康、抗疲劳，以及增进消化和食欲功能，其主要来源是粮食、豆、奶、绿叶菜。维生素 C 能促进钙、铁吸收，具有解毒、造血、促进蛋白合成以及维护机体正常功能、降低血胆固醇、增强耐力、增强机体抵抗力的功效，其主要来源是蔬菜和水果。维生素 E 有抗氧化、延缓衰老、改善肌肉营养、保持细胞完整性、促进心肌活动的功能，其主要来源是植物油、麦胚、硬果及谷类食物。

除上述营养物质外，人体必需的营养物质还有钙、碘、磷。鸡蛋、鱼、虾、绿叶菜、豆腐含钙高；海带、紫菜含碘多；豆制品、蛋黄含磷高。因此人体在补充营养素的同时，不可忽略钙、碘、磷。

二、体育锻炼与饮食

(一) 合理的膳食制度包括饮食质量、饮食分配、饮食时间

1. 饮食质量

饮食要做到定量、定时进餐，不可暴食暴饮。一日三餐不宜吃得过饱，吃得过多会增加胃部负担，吃得过少则机体营养跟不上，不利于身体健康。那么怎样的膳食才合理呢？一般来说，一日三餐是早餐好、午餐饱、晚餐少。早餐好对大学生来说十分重要，因为他们正是长身体和学知识的年龄，早餐好有利于使营养素保持生理活动效能，保证体内热量的需要，使人精力充沛，工作和学习效率高。不吃早餐会打乱身体生理活动规律，造成代谢紊乱，长时间不吃早餐会产生胃肠疾病。午餐饱，是保证机体一天的能量供给。晚餐少，有助于睡眠的稳定。

2. 饮食分配

合理分配三餐，做到膳食科学合理是养成良好饮食习惯的重要标志。食物包括酸性（如米、面、肉）、碱性（豆、瓜、菜）、中性（水果、蛋）三大类。人类食用酸性食物过多会导致血液的酸性增强，使机体易疲劳。食用碱性食物过多，会导致血液中碱储备量增高，不利于营养的吸收。因此，合理的饮食分配应是主食、蔬菜、水果、奶制品多，油脂、肉类、油炸食品少，做到粮食中有粗粮与细粮搭配，菜中有荤菜与素菜搭配，以保证机体的酸碱平衡。

3. 运动与饮食时间

运动的目的是促进健康，健康须符合卫生要求。人体在运动中由于体内血液供给运

动器官,胃肠系统则处于相对抑制状态,不易进餐。进餐会导致胃肠紊乱,影响运动能力。一般应在运动后 30 min 再进餐。大运动量时最好休息 45 min 以后再进餐。进餐后应休息 1.5~2.5 h 才可剧烈运动,这是因为进餐后胃肠食物充盈,膈肌上顶,消化系统已开始工作。若立即进行运动,血液则由消化系统向骨骼转化,使肠胃血量减少,同时由于运动时胃受到强烈震动和牵拉,影响胃肠蠕动,导致消化不良,引发腹痛和呕吐。剧烈运动后也不能立即进餐,由于运动的兴奋尚未消退,这时进餐会增加胃肠负担,影响消化。因此,合理遵循运动与饮食的卫生要求,是促进人体健康必不可少的环节。

(二) 运动对饮水的要求

水是生命之源,是人体不可缺少的重要成分。它可调节体能,支持腺体分泌。运动时由于人体耗能大,机体分泌大量汗液,会造成机体缺水现象,产生口干舌燥、全身无力、疲劳等状,影响了正常的生理活动。因此,运动时与运动后要适度补水,以利于体力的恢复。一般水分摄取量应与失水量相适应。补水不宜过度集中,要采取少量多次的补水方法,切不可一次暴饮。暴饮水虽解一时之渴,但增加了出汗量,使体内盐分进一步丢失,如短时间大量饮水,还会增加心脏负担,使胃扩张,影响呼吸。运动后暴饮水则会稀释胃液,影响消化系统功能。在运动前提倡适度饮水,以保证体内在运动时的水合作用,促进运动能力的提高。

三、体育锻炼与女子卫生

人体生理学表明,女子进行体育锻炼应考虑其自身特点,在运动量和项目上要与男子有差异,在体育锻炼时尤其要注意体育卫生要求,特别是经期体育卫生。

(一) 女子生理特点

(1) 女子皮下脂肪和组织含水量较男子高,而无机盐含量少,故韧性大。

(2) 女子下肢短,上肢长,骨盆较男子宽,易于做平衡练习。而肩窄、臂力弱、力量小,又不利于做支撑、悬垂、力量性练习。

(3) 女子椎间盘软骨较厚,关节、韧带弹性比男子好,易做柔软性练习。

(4) 女子心脏容积小,心脏重量较男子轻,因此女子心脏输血量小。加上女子以胸式呼吸为主,频率快,深度浅,肺活量小于男子,故承受力差。

(5) 女子经期受腹胀、痛经等影响,不宜进行剧烈运动,可进行适度活动,增加血液循环,减轻经期的生理反应。

(二) 女子体育锻炼基本要求

1. 加强耐力练习,提高心肺功能

女子生理特点表明,女子的心肺功能比男子差,因此,加强女子的心肺功能练习是十分必要的。练习时可采用有氧代谢，强度不宜过大，持续时间可长些，如慢跑、游泳、远足等可增强其心肺功能。

2. 加强腹肌和骨盆底肌练习

腹肌和骨盆底肌位于腹腔周围及骨盆底部下口处，主要有维持腹压、保持子宫正常位置的功效，对女子而言，在生产和孕育胎儿过程中起着十分重要的作用。所以加强女子腹肌与骨盆底肌训练，是必不可少的。

3. 加强形体与健美操练习

根据女子柔软性好的特点，女子进行形体与健美操练习最为合适。它可塑造健美形体，保持良好身段，所以女子应多加强形体与健美操练习。

(三) 体育锻炼与经期卫生

月经是女子发育正常的生理现象。在经期和经期来潮前身体都有不适之感，如腰酸、腹痛、疲倦、头痛等。只要经期正常，在经期可进行适度活动，有利于经血排出，减轻生理反应。女子在经期运动应充分注意卫生要求，具体如下：

(1) 经期参加体育运动，应注意运动量的控制，时间不宜过长，负荷不宜过大，以轻微活动为主，注意循序渐进，培养运动习惯。

(2) 经期应避免剧烈运动、腹压过大的运动和震动过大的跳跃练习，以免子宫受压使经血过多或造成子宫位置改变。

(3) 经期应注意局部保暖，避免寒冷刺激，不宜进行游泳运动，以免引起子宫内膜感染，导致炎症。

(4) 轻度痛经、月经不调的学生在经期应做一些轻微活动。

(5) 体弱和严重的痛经者则应停止运动。

第三节 运动处方的制定

一、运动处方概述

(一) 运动处方的概念

运动处方是医生或教练给运动者按其年龄、性别、健康状况用处方的形式规定其运动内容、量的大小而制订的体育锻炼计划。它对指导人们有目的、有计划地科学健身有着重要意义。

(二) 运动处方的种类

运动处方分类很广,一般可分为四类,即针对竞技运动者的竞技性运动处方,针对普通运动者的健身性运动处方,以老年预防疾病者为对象的预防性运动处方,以慢性病、急性病和康复患者为对象的治疗性运动处方。

(三) 运动处方的内容

运动处方的内容包括运动项目、运动强度、运动时间、运动频率及注意事项。

1. 运动项目

运动项目可根据运动者锻炼目的的要求来确定。一般性健身可进行太极拳、慢跑、健身操、跳绳等;发展耐力可进行长跑、游泳、登山、远足等;发展肌力可选择杠铃、举重等;针对性治疗某些疾病和矫正缺陷,可选择医疗保健操、矫正体操。

2. 运动强度

运动强度是制定和执行方案的关键。它对运动效果和安全有着重要作用。运动时,运动强度应为达到和不宜超出的强度。反映运动强度的生理指标通常用心率来表示,一般运动强度分为大强度、中强度和小强度,心率分别为 130~150 次/min、110~120 次/min、100 次/min 以下。

运动强度的设定要因人而异,要根据锻炼者的实际情况进行量化。对体质好、经常进行体育锻炼的人,运动强度可适当大些;对体弱、年龄较大的人,运动强度可小些。

3. 运动时间

运动时间是指每次锻炼所持续的时间。一般以有氧代谢为主的健身运动项目,可持续 15~60 min,但要保持适应心率须在 5 min 以上。

运动量的大小是由运动强度和持续时间决定的。选择运动强度大的运动,持续时间短,如速度练习;选择运动强度小的运动,持续时间长,如耐力练习。一般来说,体质好的年轻人可采用运动强度大、持续时间短的运动;体质弱的中老年可采用运动强度小、持续时间长的运动;对治疗保健者来说,运动持续时间可自行安排。

4. 运动频率

运动频率是指每周的锻炼次数。运动者最好坚持每天锻炼,养成良好的习惯。运动次数根据运动量大小而定。运动量大,休息间隔长,运动次数相应少些,如力量训练,以隔日 1 次效果为佳;运动量小,休息间隔短,运动次数相应多些,如耐力训练,以每天锻炼为宜。

总之,任何强度的运动者应在机体消除疲劳后,再进行下次训练为宜。

5. 注意事项

（1）运动要循序渐进，量力而行，注意安全。

（2）在参加强度较高的运动项目时，应注意自我观察；出现身体异常指标时，应立即停止运动。

（四）运动处方的程序

制定运动处方首先要进行系统的体格与功能检查，了解身体状况，根据检查结果开出处方进行身体锻炼。运动者根据处方锻炼一段时间（数周或数月）后，重新接受检查，评定健身效果，并为制订下一阶段计划提供真实依据，使之更加符合现行健身实际，不断提高健身水平，达到强身健体的目的。

二、运动处方的格式

运动处方，可根据不同运动者的需要，采用不同的处方格式。它一般由两部分组成：一是运动处方内容，二是自我检查。运动处方格式见表3-1、表3-2。

表 3-1

姓名_____ 性别_____ 年龄_____

处方项目	处方内容	备注
健康情况		
功能检测	3 台阶试验　12 min 跑测验	
测试结果		自选一项
锻炼内容		
锻炼时最高心率（次/min）	每周次数　锻炼持续时间	
注意事项		
禁忌运动项目		
自我检查项目		
复查日期		

医生、教练签名_____　　　　　　　　　　　　　　　年　　月　　日

表 3-2

锻炼日期	锻炼情况	身体机能反应

签名_____　　　　　　　　　　　　　　　　　　　年　　月　　日

三、制订个人处方计划

个人处方计划，应根据自身的需要和自身情况而定。一般分为三个方面，具体如下。

(一) 计划内容

1. 内容选择

可选择自己擅长、有兴趣、有利于达到锻炼要求的运动。

2. 目标的制订

目标应有短期和长期两种，要易于完成和达到。

(二) 计划方法

计划可分为阶段计划和每次锻炼计划。阶段计划是指一段时间进行系统锻炼的安排，如对于学生来说，可以一学期作为一个阶段，制订出具体的指标和任务。在制订计划时应考虑每周练习次数、练习时间。

每次锻炼计划是指对一次锻炼主要内容的安排，如速度练习，应具体制订出速度练习的形式、方法及练习次数等。

(三) 计划要求

（1）计划要循序渐进，要考虑到身体的全面发展，如速度、耐力、灵敏度、协调性等。

（2）计划要有实际效果，要持之以恒。

（3）计划要从自己的具体情况出发，如运动能力、健康情况、场地、设备情况等，要制订出可行的计划。

四、运动处方之锻炼效果评价

锻炼效果评价是为了让运动者了解身体发展状况，分析处方计划的利与弊，及时修改方案，达到最有效的健身目的。锻炼效果评价方法一般有以下几种。

(一) 自我监督法

自我监督法是评价锻炼效果中最为简便、实用的方法，它对预防运动伤害、疲劳等状况有着十分重要的作用。一般可从以下两方面监督。

1. 主体感觉方面

可通过身体感觉、不良反应、睡眠与食欲来观察。

（1）身体感觉：健康者主要表现为精力充沛、心情愉快、动作灵活、反应敏捷以及工作和学习效率高。如果有四肢无力、精神不振、动作迟缓、注意力不集中等情况，说明肢体运动过量，有疲劳现象，应及时调整计划。

（2）不良反应：运动性疲劳通过适当调整休息即可恢复体力。如果有长时间疲劳不消，运动时出现头痛、腹痛、恶心、胸闷等不良反应，应及时找原因并进行调整休息，如此类情况长时间不消，应立即去医院诊断。

（3）睡眠：体质好、身体健康者睡眠表现一般较好，其入睡快，睡得香，早起身体轻松有力。如果出现失眠、惊梦、早起身体乏力等情况，应及时调整运动强度，降低运动量。

（4）食欲：对健康者来说，由于运动使体力消耗过大，产生饥饿感快，食欲较好。若出现食欲不佳，应检查健康状况和负荷安排。

2. 客观检测方面

测脉搏（心率）、体重、血压、肺活量等指标，并将其作为参考值评定锻炼效果。

（1）脉搏：脉搏是检测心肺功能的指标。在运动时，由于运动强度、运动水平不同，心率也发生相应变化，通常运动后脉搏恢复快，安静时为正常心率者即为健康者。一般健康的成人脉搏为 70~80 次/min，优秀运动员低于 60 次/min。如果出现脉搏不稳或脉搏长时间较高，应及时找出原因，调整运动训练。

（2）体重：运动时体重的变化一般分三个阶段，运动初期体重有明显下降趋势，运动中期体重保持稳定状态，运动后期体重恢复正常。通过测定运动前后的体重差数，来观察体育锻炼对机体的影响。如果长时间出现体重持续下降，应及时找原因，调整练习强度或去医院检查。

（3）血压：血压是推动血液在血管内流动的压力。它随年龄、性别的不同而变化。血压可分为收缩压与舒张压。一般正常成年人安静时舒张压为 60~90 mmHg，收缩压为 90~140 mmHg。运动时血压可有一定升高，但运动后均恢复安静时血压。如果出现血压较高，应及时调整计划，降低强度。

（4）肺活量：肺活量是评价人体肺功能的指标。它同年龄、性别、身高等因素有关。肺活量如以毫升计算，一般成年男子肺活量为 3 500~4 000 mL。肺活量越大，表明肺功能越强，反之则弱。

（二）对比法

以人体体质和身体锻炼各项指标为参数，进行对比研究，分析锻炼前后体质变化情况。

（三）体能评定法

一般以 12 min 跑的最长距离作为评定体能状态的方法。它能直观地反映运动者心肺功能水平（如表3-3）。

表3-3

单位：m

年龄	性别	很好	良好	一般	不好	很差
30岁以下	男	2 800以上	2 400~2 780	2 050~2 380	1 600~1 950	1 600以下
	女	2 650以上	2 200~2 600	1 850~2 150	1 500~1 800	1 500以下
40岁以下	男	2 650以上	2 150~2 600	1 850~2 100	1 500~1 800	1 500以下
	女	2 480以上	2 100~2 450	1 860~2 050	1 350~1 650	1 350以下
50岁以下	男	2 480以上	2 080~2 450	1 680~2 050	1 350~1 650	1 350以下
	女	2 320以上	1 850~2 300	1 550~1 880	1 200~1 500	1 200以下

（引自教材《体育学》）

第四节　体育锻炼与环境

环境包括自然环境和社会环境。自然环境有阳光、空气、水等自然界各种因素，是人类赖以生存和发展的必要条件。社会环境由经济条件、劳动条件、生活方式等因素组成。本节主要介绍体育锻炼与自然环境的关系。

一、体育锻炼与气候变化

人的体温是恒定的温度，当人体运动时受外界气候变化的影响（温度升高或降低），人体自身体温开始对机体进行调节，但自身体温的调节是有一定限度的，只能维持短时间的稳定。当进行剧烈运动和外界温度急剧变化时，机体内酶的活动随之降低，导致机体紊乱。这时机体的产热与散热过程不能平衡，使机体产生某些机能的改变，甚至会产生呕吐、痉挛、眩晕等病理现象。所以锻炼与气候变化对人体健康十分重要，下面将阐述如何在高温或低温下进行体育锻炼及注意事项。

（一）高温下的体育锻炼

在炎热的夏天，由于外界温度高，人体在运动时产热量也随之升高，这时机体处于长时间的高温状态，使体内新陈代谢失去平衡，导致中枢神经衰弱，机体功能下降，甚至产生中暑、休克等现象危及生命。因此，在高温下运动应注意下列问题。

(1) 运动时间不宜过长，运动负荷不宜过大，一般保持在 30 min 左右，负荷为中等强度。

(2) 运动前、运动中、运动后应注意适当补水，以保持体内的水合作用。

(3) 运动时间应安排在较凉爽的时刻进行，如早晨和下午太阳下山时进行。

(4) 运动时应穿宽大、透气性好的服装，有利于机体散热。

(二) 低温下的体育锻炼

在寒冷的冬天进行体育锻炼，应注意外界环境对机体产生的不利影响。冬天外界温度较低，机体产热不足以抵偿热量的散发，这是因为在低温下骨骼肌的黏滞性增大，肌肉的伸展性与肌肉的弹性降低，机体的工作能力和运动能力受到影响，人体正常体温得不到维持。机体正常温度的下降，机体代谢功能减慢，导致神经系统、呼吸系统及循环系统功能的下降，严重者会导致衰竭而死亡。因此，在冬天进行体育锻炼应注意以下几个方面。

1. 冬天体育锻炼，应合理选择运动项目

由于冬天外界气候的严寒，运动时应选择运动量较大、活动频率高的项目，如长跑、篮球、足球、健美操等。而对运动量小、活动频率低的项目，应注意加大练习次数以保证供热与散热平衡，否则容易导致身体局部的冻伤，对身体造成伤害。

2. 冬天运动时，应注意充分的准备活动

气候严寒，使骨骼肌黏滞性增大，肌肉的伸展性、灵活性以及弹性相对较差，机体代谢减慢，机体的运动功能不易被很快调动，如果运动前不充分做好准备活动，会导致肌肉、韧带的拉伤。因此，在冬天运动时，准备活动时间要长些，要让身体充分活动后才可剧烈运动，否则会对机体造成损伤。

3. 冬天运动时，应注意防寒、防冻

冬天运动时，由于气温较低，运动者应穿保温性能好、散热较慢、透气性较强的防寒服。运动时要特别注意机体局部的防冻保护，如手、脚、耳朵、面颊等，应做到在运动的同时不断活动易冻部位，使这些部位血液循环加快，以防冻伤；在运动后，应立即擦去汗水，换上干爽衣服，避免机体受寒而引起感冒。

4. 冬天运动时，应注意控制在户外的持续时间

冬天，由于机体的产热量远远小于散热量，机体热量的供给得不到平衡，特别是对一些运动量较小的项目，如果在户外停滞时间长，就容易造成冻伤，所以在冬天进行运动时，应控制在户外运动的持续时间。

5. 冬天运动时，应注意采用正确的呼吸方法

冬天天气寒冷，人体运动时，应采用鼻式呼吸法，切莫张口呼吸。这是因为鼻内有丰富的毛细血管，加上鼻子构造的弯曲状，易使吸入的冷气逐渐变温，避免寒气直接刺入咽喉和呼吸道。如果张口呼吸，则寒气通过口腔直接刺激咽喉和呼吸道，易导致咽喉发痒，产生干咳现象，严重者会导致呼吸道的感染，从而引发支气管炎、喉炎等病症。

二、体育锻炼与空气污染

空气污染主要是指有害气体和悬浮颗粒物所造成的污染。

在运动时应注意以下几个方面。

（1）避免在紫外线辐射最强烈的中午进行运动。

（2）应注意在远离污染源的地方进行运动，如选择空气清新的绿荫处。

（3）要切记不要在烟雾（电光）或尘土飞扬时持续进行体育锻炼。

总之，做到自我防范与保护，相信你会拥有健康的体魄。

思考题

1. 怎样选择符合自己的体育锻炼内容与方法？
2. 试述高温、低温下运动应注意的问题。

第四章 运动损伤的预防和康复

内容提要

随着社会的发展和物质生活水平的提高，人们日益认识到体育锻炼对健康的重要性，要想获得理想的锻炼效果，就得遵循科学的锻炼方法。本章叙述了运动损伤的原因、预防和康复训练等，指导学生科学有效地进行体育锻炼。

思政目标

提高学生思考问题的能力，培养学生勇敢、顽强的意志品质。

第一节 运动损伤概述

一、运动损伤的分类

体育运动过程中由机械性和物理性等因素所造成的伤害，称为运动损伤。运动损伤的分类方法很多，概括起来有以下几种。

（一）按损伤组织的种类分类

运动损伤可分为肌肉韧带的扭伤、撕裂、挫伤，四肢骨折，颅骨骨折，脊椎骨折，关节脱位，脑震荡，内脏破裂。根据北京运动医学研究所的统计，严重的创伤很少，大部分属于小创伤，其中肌肉、筋膜、肌腱腱鞘、韧带和关节囊伤最多。

（二）按运动损伤轻重分类

运动损伤可分为以下几类。

（1）不损失工作能力的轻伤。

（2）失掉工作能力 24 h 以上，并需要在门诊治疗的中等伤。

（3）需要长期住院治疗的重伤。

（三）按运动能力丧失的程度分类

运动损伤可分为以下几类。

（1）受伤后能按锻炼计划进行练习的"轻度伤"。

（2）受伤后不能按锻炼计划练习，需停止患部练习或患部活动的"中度伤"。

（3）完全不能锻炼的"重度伤"。

（四）按损伤组织是否有伤口与外界相通分类

运动损伤可分为开放性损伤与闭合性损伤。

此外，根据发病的缓急，还可分为急性损伤和慢性损伤；根据病因，又可分为原发性损伤和继发性损伤等。

二、运动损伤的原因

运动损伤的原因是复杂的，也是多方面的。根据国内外有关运动损伤的资料分析，可以分为基本原因与诱因两方面。

（一）基本原因

1. 思想因素

事实证明，运动损伤的发生常与体育教师、教练员和体育运动参加者对预防运动损伤的认识不足有关。不遵守科学的锻炼方法，思想上麻痹大意，忽视循序渐进和量力而行的原则，盲目或冒失地进行锻炼，急于求成而不顾一切。在练习中缺乏信心与勇气，产生畏难、恐惧、害羞心理，动作犹豫不决，过分紧张，而对熟悉的动作又不重视，这些常是造成运动损伤的重要因素。

2. 有关准备活动的原因

准备活动的目的是人体进入正式运动前，经过多种练习，可以提高神经系统的兴奋性，克服机体惰性。缺乏准备活动或准备活动不当，是造成运动损伤的重要原因之一。常见的有以下几个方面。

（1）不做准备活动或准备活动不充分。人体进入运动时，神经系统和内脏器官的机能没有充分调动起来，肌肉温度没有提高，肌肉韧带的力量、弹性和伸展性都不够，身体缺乏协调性。在这种情况下就投入正式的运动，很容易发生肌肉拉伤和关节扭伤，这种现象常见于课外体育活动中。

（2）准备活动的内容与正式运动的内容结合得不好，或缺乏专项的准备活动，运动负荷较重部位机能没有得到充分的改善，也容易造成局部损伤。

（3）准备活动的量过大。身体在进入正式运动前，由于准备活动的量过大，到进入正式运动时，身体已经疲劳，身体机能不是处于良好状态，而是有所下降，在这种情况下运动必然容易引起损伤。

（4）准备活动离正式运动时间太长。当身体进入正式运动时，准备活动所起的作用已经减弱或消失，等于没有做准备活动。在这种情况下运动，也容易引起损伤。这种现象多见于比赛或替补队员临时上场等。

3. 身体素质

力量、速度、耐力与灵敏度等素质差，致使肌肉力量和弹性差，关节的灵活性和稳定性不够，反应迟钝，都可成为损伤的原因，例如，肩关节周围肌肉力量不足或柔韧性差，容易引起肩关节脱位等。

4. 技术动作的缺点和错误

体育参加者对技术动作掌握不熟练，在技术动作中存在缺点和错误。如果技术动作违反了身体结构与功能特点以及运动力学原理，就容易使身体受伤，这是初从事运动训练或学习新动作时发生损伤的主要原因。例如排球传球时，手形不正确会引起指关节挫伤和扭伤。

5. 运动负荷（尤其局部负担量）过大

安排运动负荷时，没有根据运动者的生理特点，运动负荷超过了运动者可能承受的生理负荷量，尤其是局部负担量过大，这是运动训练中，特别是专项训练中造成运动损伤的重要原因。例如刚参加体育锻炼者，跑跳练习过多会造成胫腓骨疲劳性骨膜炎等。

6. 身体的功能状况不良

在睡眠或休息不好时、患病带伤或伤病初愈阶段以及过度疲劳的情况下，生理机能和运动能力相对下降，这时如果参加剧烈活动，将会因肌肉力量弱、反应迟钝、身体协调性差而导致损伤。

7. 心理状态

运动时心情不好，情绪不高，对训练和比赛缺乏自觉性和积极性，思想不集中，急躁、胆怯、犹豫等都容易导致动作失常而引起损伤。而赛前过于紧张，损伤的发生率会更高。

8. 教学、训练

在教学和训练中不遵守循序渐进和区别对待的原则，教师负责指导的学生过多而缺乏正确的示范和耐心细致的指导，缺乏必要的保护和自我保护的能力，教师对学生的组织纪律要求不严，允许伤病学生参加剧烈活动等都易发生意外运动损伤。

9. 动作粗野或违反规则

在比赛中不遵守规则，不服从裁判，动作粗野，故意犯规或搞小动作；在教学训练中相互逗乐，不守纪律。这些常是篮球、足球运动中发生损伤的重要原因。

10. 场地设备和服装的卫生要求

运动场地不平，有碎石杂物，跑道太硬或太滑，器械的高低、大小与轻重不符合锻炼者的年龄、性别和训练水平的特点；缺乏必要的保护器具，运动时服装和鞋袜不符合体育卫生要求等。这些都是受伤的原因。

11. 气候条件

气温过高，湿度过大，容易发生中暑和疲劳，或大量出汗造成体内水盐不平衡，可引起肌肉痉挛或虚脱，从而引起肌肉拉伤；光线不良影响视力，使锻炼者在运动中反应迟钝；等等。这些都是引起损伤的原因。

（二）诱因

诱因即诱发因素，它必须在直接原因的同时作用下，才可能成为致伤的因素，表现为以下两方面。

1. 各项运动技术的特点

由于各项运动项目都有自己的技术特点，人体各部位的负担量不尽相同，因此，不同运动项目会导致人体不同部位的损伤。例如，网球运动易使锻炼者造成"网球肘"，长跑运动会导致锻炼者膝外侧疼痛症，等等。

2. 解剖生理特点

某些组织由于所处的特殊解剖位置，在运动中易与周围组织发生摩擦和挤压，如"肩袖"在运动中由于相互间力学关系的改变，可导致负荷最大的组织发生损伤；如踝背伸60°~70°角发力跖屈时跟腱处于极度紧张状态，但胫后肌及腓骨肌则比较松弛，若突然用力踏跳，可能发生跟腱断裂等。

综上所述，由于各项运动都有其自身特殊的技术要求，加之解剖生理学的特点，在直接原因的作用下，各项运动中所发生的运动损伤都具有一定的特点和规律（如图4-1、图4-2所示）。了解这些特点和规律，对于预防、诊断和治疗运动损伤有着重要的意义。

第四章 运动损伤的预防和康复

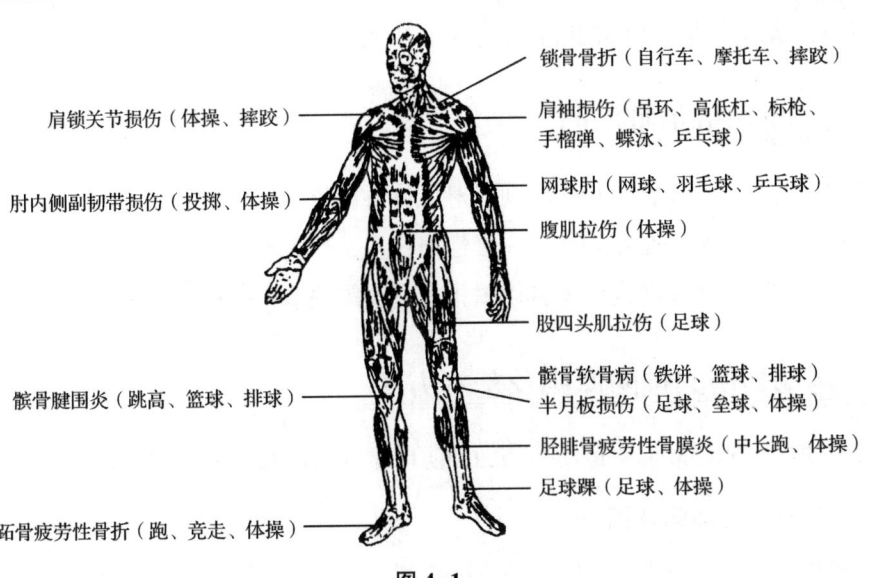

图 4-1

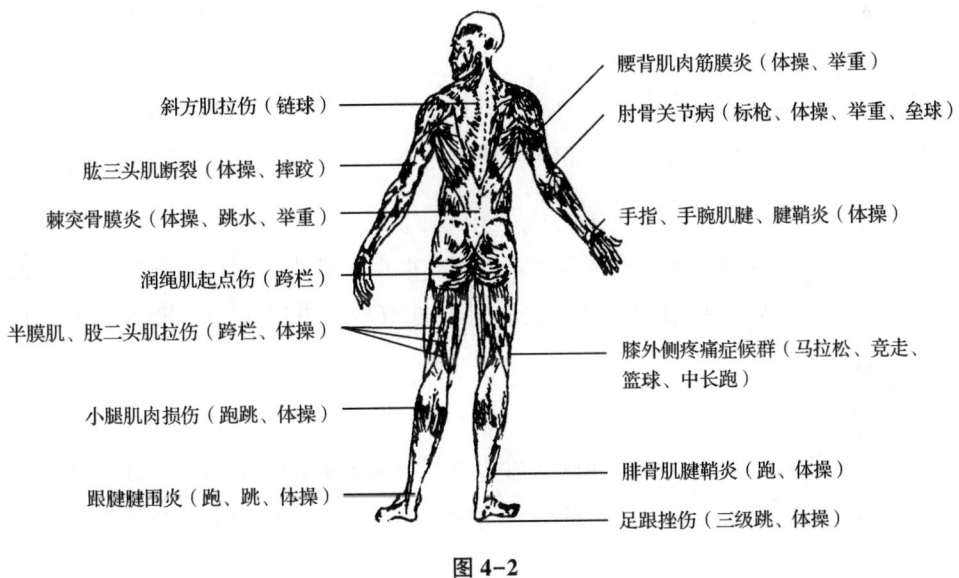

图 4-2

第二节 运动损伤的预防

参加体育锻炼的目的是增强体能、促进身心健康，运动损伤的发生往往会使锻炼者的身心都受到一定的伤害，因此，防患于未然就显得特别重要。锻炼者应采取一些运动损伤的预防措施，从而使体育锻炼健康安全而富有成效。

一、运动损伤的预防重点

运动损伤的种类很多，各种运动项目对人体各部位的运动伤害各不相同。根据国内有关资料，运动员总的来说是小损伤多、慢性损伤多，严重损伤及急性损伤少。此外，学生锻炼中关节扭伤的发生率较高，尤其以掌指关节及踝关节扭伤最为多见。

二、运动损伤的预防原则及基本方法

一般来说，在体育锻炼中运动损伤的预防应做好以下几个方面的工作。

（一）在思想上加强认识

要从思想上对运动损伤的预防给予重视，并遵守体育锻炼的一般原则。

（二）使身体处于良好的运动状态

1. 锻炼前做好充分的准备活动

准备活动不但能使体温升高、肌肉深部的血液循环增加、肌肉的应激性提高和关节柔韧性增强，也能减少锻炼前的紧张感和压力感，这在很大程度上可以预防损伤的发生。

2. 锻炼后应注意放松活动

放松活动是指在锻炼后通过放松方法使体温、心率、呼吸、肌肉的应激反应恢复到锻炼前的正常水平。根据不同的运动项目进行针对性放松，可以防止锻炼后出现的肌肉酸痛，这有助于解除精神压力。

3. 自我保护

锻炼者除了认真做好准备活动和放松活动外，也应了解和懂得初步处理锻炼后肌肉酸痛、关节不适的方法。在运动中针对各种运动项目的特点，有效地进行自我保护，避免运动损伤的发生。

（三）创造锻炼的安全环境和条件

体育器具、设备、场地等在锻炼前都应进行严格的安全检查。例如参加有身体对抗的运动项目时锻炼者不能佩戴项链、耳环等锐利物品；锻炼者应根据运动的项目、脚的大小、足弓的高低选择一双弹性好的运动鞋。

（四）注意科学锻炼

科学锻炼包括五大要素，即全面性、渐进性、个别性、反复性和意识性。前三个要素对预防损伤较为重要。

全面性是指锻炼者应对体能进行全面训练，而不是单纯针对某一特定动作反复练习。

渐进性是指锻炼者应逐步提高运动负荷和增加锻炼时间，以防机体一时不能适应而导致损伤。

个别性是指锻炼必须因人而异。性别、年龄、体力、技术训练程度不同，活动量和方法也不同。

（五）加强易伤部位和相对较弱部位的训练

加强易伤部位和相对较弱部位的训练，提高它们的功能，是预防运动损伤的一种积极手段，例如，为了预防腰部的损伤，应加强腰腹肌的训练，提高腰腹肌的力量，并增强其协调性和平衡性。

第三节 常见运动损伤

一、闭合软组织损伤

闭合软组织损伤指局部皮肤或黏膜完整，无裂口与外界相通，损伤时的出血积聚在组织内。常见的有关节韧带、关节囊、肌肉筋膜、肌腱腱鞘和滑囊的挫伤、拉伤、扭伤及撕裂伤。对于这些损伤，按其不同的病理过程，可分急性软组织损伤和慢性软组织损伤两大类。

（一）急性软组织损伤

根据急性软组织损伤的病理发展过程，处理的方法大致可分为早、中、晚三个时期。

1. 早期

早期指伤后 24 h 或 48 h 以内，组织内出血或局部出现红、肿、痛和机能障碍等。此时处理的原则是制动、出血、防肿、镇痛及减轻炎症。

2. 中期

中期指伤后 48 h 以后，主要特点是肉芽组织已经形成，血凝块正在被吸收，坏死组织逐渐被消除，组织正在修复。该期处理的原则主要是改善局部的血液和淋巴循环，促进组织的新陈代谢，加速瘀血和渗出液的吸收以及坏死组织的清除，加快组织的修复，防止粘连形成。

3. 晚期

晚期损伤组织已基本修复，肿胀已经消失，但机能尚未完全恢复，锻炼时仍有轻微痛感、酸胀和无力，个别严重者，因组织粘连与瘢痕收缩，出现伤部僵硬或活动受限等。因此，该期处理的原则是恢复和增强肌肉、关节的机能。

（二）慢性软组织损伤

慢性软组织损伤一般是由急性损伤后处理不当转变而来的，或由局部长期负荷过度引起劳损，由微细损伤积累而成。

处理的原则主要是改善局部的血液循环，促进组织的新陈代谢，合理安排运动负荷。治疗方法与急性损伤中、后期大致相同。

二、关节韧带扭伤

关节韧带扭伤在运动损伤中最为常见。在体育运动中各个关节都参与活动，如稍不注意，就有可能造成关节韧带扭伤。

（一）损伤原因

关节韧带损伤多数是由场地不平、准备活动不充分、技术不熟练以及在外力的作用下关节发生超范围的活动等造成的。

（二）损伤征象

关节韧带损伤有轻重之分，轻度损伤只是关节周围的韧带部分纤维撕裂，有轻微疼痛感，伤部外表无异常，关节活动无障碍，一般不需急救处理，休息一两周后伤处疼痛就可以逐渐消失而痊愈。

重者可出现关节周围韧带、肌腱和血管断裂。伤后感到剧烈疼痛，关节不能活动；伤后几个小时，受伤部位逐渐肿大并变为青黑色。

三、关节脱位

由于暴力的作用使关节的关节面失去正常的连接关系，称关节脱位。

（一）脱位原因

运动关节脱位，一般由间接外力所致。如果突然摔倒、肘关节伸直、前臂旋后位时，手掌撑地，肘关节过伸，容易引起肘关节脱位。如果摔倒时，上臂外展，用手或肘部着地，都有可能发生肩关节脱位。

（二）脱位征象

（1）关节疼痛、肿胀和压痛：关节脱位的当时疼痛较轻，随后因软组织损伤和关节囊

破裂，出现剧痛和明显压痛。

（2）关节活动机能丧失：由于关节正常结构受到破坏，失去了正常活动的机能。

（3）畸形：由于关节正常位置改变，正常关节隆起处塌陷，平常凹陷处隆起或突出，肢体变长或缩短等。

（4）X线检查：可发现关节脱位的方向、位置以及有无骨折。

四、肌肉拉伤

肌肉是由大量肌纤维组成，在体育运动中有不同程度的纤维撕裂或断裂，称肌肉拉伤。

（一）拉伤原因

（1）主动拉伤：肌肉做主动的猛烈收缩时，其力量超过了肌肉本身所承受的能力。

（2）被动拉伤：肌肉用力牵伸时，超过了肌肉本身特有的伸展程度，从而引起拉伤。

（二）拉伤征象

（1）轻度拉伤：只有少数的肌纤维被拉伤。

（2）中度拉伤：有较多数量的肌纤维断裂。常可摸到肌肉与肌腱连接处有缺失和下陷。撕裂处周围由于出血可能有水肿发生。

（3）重度拉伤：肌肉完全被撕裂。受伤后首先产生剧烈的疼痛，但疼痛会很快消退，因为神经纤维也被损伤。

五、骨折

骨折可分为完全性骨折（骨完全断裂为两块，如横断骨折、螺旋骨折）和不完全性骨折（骨未完全断裂，如裂缝骨折）。

（一）骨折的原因

第一种是直接暴力，如踢足球时，小腿被踢伤而发生的胫骨骨折，跪倒在地面引起的髌骨骨折。第二种是间接暴力，如自单杠上摔下并用手扶地时发生的肱骨骨折，足球守门员扑球时摔倒引起的锁骨骨折。第三种是牵拉力，如由肌肉强烈收缩引起骨折，举重时提起杠铃突然进行翻腕动作，前臂屈肌附着在肱骨上，肱骨可因肌肉突然收缩而产生撕脱骨折。第四种是积累性暴力，如由劳损的积累导致疲劳性骨折（如胫骨疲劳性骨折）。

（二）骨折的症状

骨折后的症状一般比较严重，主要表现为疼痛、肿胀、皮下瘀血、功能丧失、出现畸形，有压痛和震痛感等。

（三）骨折的预防

在剧烈的运动中，尽量减少冲撞性的动作，尤其是作用时间短、强度大的动作是骨折发生的最危险因素，比如足球运动中腿部受到冲撞，胫腓骨极易发生骨折；进行体操动作练习时腕部舟状骨容易发生骨折。总之，避免剧烈运动中的碰撞，骨折的发生率将大大降低。

六、肌肉痉挛

肌肉痉挛，俗称抽筋，是肌肉持续不自主地强直收缩。在体育运动中最容易发生痉挛的肌肉是小腿腓肠肌，其次是足底的屈拇肌和屈趾肌。

（一）肌肉痉挛的原因

（1）体育活动中大量排汗使体内电解质丢失。这些电解质在人体内的浓度水平与肌肉神经的兴奋性有关，当电解质丢失过多时肌肉兴奋性增高，肌肉容易发生痉挛。这种情况多见于天气炎热或进行长时间剧烈活动时。

（2）运动时，肌肉快速地连续收缩，放松的时间太短，导致肌肉收缩与放松的协调关系遭到破坏，从而发生痉挛。

（3）在寒冷的环境中，若未做准备活动或准备活动不充分就进行体育活动，肌肉会受到寒冷的刺激而发生痉挛。

（4）局部肌肉疲劳或有微细损伤时，也可引起肌肉痉挛。肌肉发生痉挛时，局部肌肉坚硬或隆起，剧烈疼痛，且一时不易缓解。

（二）肌肉痉挛的预防

（1）为了预防肌肉痉挛，锻炼前应做充分的准备活动，对容易发生痉挛的肌肉可事先做适当按摩。

（2）冬季户外锻炼要注意保暖。

（3）夏季锻炼时要注意适当补充淡盐水及维生素 B1 等。此外，疲劳和饥饿时，最好不要进行锻炼。

七、胫腓骨疲劳性骨膜炎

（一）胫腓骨疲劳性骨膜炎发生的原因

由于跑跳的时间过长，小腿肌肉在胫腓骨的附点受到过分的牵拉，刺激骨膜引起非细菌性的炎症。

（二）胫腓骨疲劳性骨膜炎的症状

症状有疼痛、压痛、骨膜下水肿等。

（三）胫腓骨疲劳性骨膜炎的预防

（1）初参加体育锻炼的人在练习跑跳时要遵循循序渐进的原则，防止过度疲劳。

（2）剧烈跑跳前要做好准备活动，使肌肉和肌腱充分活动开来。

（3）要脚尖着地跑和脚掌着地跑交替进行。

第四节 运动损伤的康复训练

康复训练是指锻炼者遭受损伤后进行有利于恢复或改善功能的身体活动。对锻炼者来说，除严重的损伤需要休息外，一般的损伤是不必绝对停止身体练习的，而且，通过适当的、有目的的身体练习和功能锻炼，对于损伤的迅速愈合和促进功能的恢复有着积极的作用。

一、康复训练的目的

（1）保持锻炼者已经获得的良好身体状态，使其一旦伤愈便能立即投入正常的体育锻炼中去。

（2）防止因停止锻炼而引起的各种疾病。这是因为个体在长期的体育锻炼中建立起来的各种条件反射性联系，一旦突然停止锻炼便可能遭到破坏，进而产生严重的机能紊乱，如神经衰弱、胃扩张、胃肠道机能紊乱（功能性腹泻）等，即出现所谓的"停训综合征"。

（3）锻炼者伤后进行适当的锻炼，可加强关节的稳定性，改善伤部组织的代谢与营养，加速损伤的愈合，促进功能、形态和结构的统一。

（4）通过伤后的康复训练，可以使机体能量代谢趋于平衡，防止体重的增加，缩短伤愈后恢复锻炼所需的时间。

（5）康复训练可恢复损伤在思想上和心理上所造成的负面影响，消除心理障碍。

二、康复训练的原则

（1）伤后的康复训练以不加重损伤、不影响损伤的愈合为前提。

（2）在进行康复训练时，要根据自己的年龄、损伤的部位和特点来选择伤后锻炼的手段和内容，安排好局部和全身的锻炼时间和活动量。

（3）康复训练时的活动量安排，必须遵守循序渐进原则。

（4）康复训练应注意局部专门练习与全面身体活动相结合。

三、康复训练的内容和方法

（一）主动运动

主动运动是由患者自己主动完成的一种训练，它包括静力练习、动力练习和等动练习。

（1）静力练习时肌肉的收缩方式属于等长收缩，练习时只是肌肉保持在一个固定的长度上，关节不活动。

（2）动力练习时，关节要产生活动，收缩时肌肉缩短，其产生的活动属于等张运动。

（3）等动练习是利用一种特殊的器械"等动练习器"所进行的一种肌肉练习法。练习时肌肉以最大的力量做全幅度的收缩运动。该练习依靠器械的作用，将运动的速度限制在适宜的水平上，使肌肉在运动的过程中保持高度的张力，从而获得更好的锻炼效果。它兼有等长与等张收缩两者的优点。

（二）被动运动

被动运动适用于伤后的各类功能障碍。通过各种被动运动，使痉挛的肌肉得到放松，挛缩的肌肉韧带和关节囊得到牵伸，增大关节的活动度，恢复关节功能。

（三）渐进抗阻运动

该练习可以增强肌力和耐久力，增加关节的活动范围与柔韧性，对愈后从事正常的锻炼时防止损伤也有益处。

思考题

1. 怎样预防运动损伤？
2. 如何进行康复训练？

第五章 体育竞赛的组织与欣赏

内容提要

本章重点介绍了体育竞赛的组织、编排及欣赏方法。学生学习本章,可以开阔视野,增强参与体育运动的兴趣。

思政目标

培养学生爱国主义精神和集体主义精神及团队合作精神。

第一节 学校体育竞赛的组织及要求

学校体育竞赛是促进学校体育普及和提高的重要措施,是实现我国学校体育目的和任务的基本途径之一。学校体育竞赛,能起到良好的示范、宣传作用。学校体育竞赛还可以检查学校体育教学和训练工作,总结和交流经验,促进互相学习。另外,可以发现和培养优秀的体育人才,并有助于培养学生良好的思想品德和体育道德风尚,陶冶情操,丰富和活跃校园课余文化生活。

按竞赛的形式和任务可分为单项赛、测验赛、选拔赛、等级赛、表演赛、友谊赛、邀请赛和综合性运动会等。

一、体育竞赛的组织

（一）制订体育竞赛计划

学校体育竞赛，应根据上级教育、体育主管部门的竞赛计划，结合本校的传统项目、重点项目开展的要求以及场地器材情况予以全面计划，统筹安排。要形成竞赛制度，在时间和项目上要相对固定，如每年春、秋两季召开田径运动会，冬季举行越野赛跑，夏季举行游泳比赛等；其他项目比赛可以根据季节或节假日进行安排。在组织体育竞赛时要注意以下几点。

（1）要以增强广大学生体质为目的，使竞赛项目、内容和参赛单位及人数充分体现群众性。

（2）竞赛的时间、次数不宜过于集中，要有重点、有节奏地使各项比赛均匀地分布在两个学期中；每年都举行的运动会和重要比赛，应安排在比较固定的时间；小型、简便的比赛尽量安排在课外活动时间。

（3）体育竞赛以校内为主，同时与必要的校外竞赛结合起来，以便促进和推动学校体育工作的开展。

（4）竞赛计划按日期、项目分类排列顺序，并与学校有关部门，如教务处、总务处、团委等协商，最后经学校分管领导批准。

（5）体育竞赛计划在学期初向全校师生公布，然后实施。

开展学校体育竞赛要成立相应的组织领导机构。全校性规模大的运动会，必须成立以学校为主，并由各有关部门负责人参与的组织委员会。组织委员会可设下列办事机构：

①秘书组：组委会的执行机构。

②宣传组：负责思想教育、宣传报道。

③竞赛组：负责编排竞赛秩序、竞赛裁判、成绩记录、统计评分、审查记录等各种技术性工作。

④后勤组：负责编制经费预算、比赛的后勤保障、医务卫生等工作。

⑤场地组：负责场地平整、画线、器材摆设。

⑥保卫组：负责比赛期间的安全保卫、维持秩序等工作。

（二）制定体育竞赛规程

为了保证竞赛工作的顺利进行，竞赛的组织领导者或主办单位根据竞赛日程和比赛规则，制定出竞赛规程，这是体育竞赛的法规性文件和重要依据。在拟定竞赛规程时，应立足于吸引更多的人参加竞赛，同时也要有利于创造优异运动成绩。

竞赛规程的内容一般包括以下几个方面：竞赛的名称，举办竞赛的目的、任务及要求，竞赛的日期和地点，参加单位，竞赛项目，参加办法，竞赛方法，奖励办法，特别规定及注意事项。

二、开展学校体育竞赛的基本要求

（一）加强思想教育工作

在竞赛中要注意培养学生的社会主义核心价值观，促进社会主义精神文明的建设。体育竞赛不仅是参赛者之间技术、力量的比赛，而且也是运动员思想、作风、意志的较量。尤其是在学校开展的各种竞赛活动，不仅要提倡争取好成绩、好名次，更要以教育鼓励为主，重视比赛的教育功能，在赛前和比赛期间，要采用各种宣传教育手段，宣传比赛的目的、意义，及时报道和表扬比赛中涌现出的好人好事，制止和批评比赛中出现的不良现象及风气。

（二）依靠群众、发动群众

学校体育竞赛是学校体育工作的一个重要组成部分，学校要确保竞赛有组织、有计划地进行，抓好竞赛的准备、实施、总结工作。同时，要广泛发动学校各部门的参与，充分发挥它们的作用，以争取各有关部门的支持和密切配合。

（三）坚持艰苦奋斗精神，勤俭办竞赛

学校体育竞赛在当前教育经费比较少的条件下，应注意经济性和实效性，争取少花钱多办事，因陋就简，修旧利废，勤俭节约。

（四）体育竞赛要以课余、业余为主，坚持经常化、制度化、小型多样的原则

比赛尽量安排在课外活动时间内进行，使学生利用课外活动时间坚持锻炼和训练。

（五）做好裁判的选拔培训工作

由于学校体育竞赛的门类多，裁判工作量比较繁重，只依靠体育教师是不够的，需要动员和发挥学校各方面的力量，根据比赛的特点和要求，利用业余时间培训其他专业的教师和学生骨干，学习掌握竞赛规则和裁判法，熟悉裁判工作操作程序，组织裁判实习，以便在运动竞赛中发挥他们的作用。

第二节　小型体育竞赛的编排方法

体育竞赛的秩序册是全面、具体地安排运动竞赛的基本文件，其中内容包括组织者、裁判员、工作人员和运动员名单、竞赛规程、比赛日程表和分组表等。学校体育竞赛基本以球类、田径项目为主，下面就简单地介绍编排方法。

一、田径运动会秩序册的编排

（一）注册

审查单位报名单，检查是否合乎竞赛规程。

（二）编排号码

按报名单位和报名秩序，编排每名运动员的号码，然后编制运动员姓名、号码对照表。

（三）编组

编组的方法是用跑道数除以项目参加人数，同时要考虑各组在比赛时录取多少和是否符合决赛的人数。有决赛的比赛在预赛和复赛时，尽量不将同一单位的运动员安排在同一组内；短跑和跨栏跑都要分组，中长跑和田赛一般不分组。

（四）编排比赛日程和程序

比赛的日程和程序是运动会全部比赛项目的比赛依据，在编排时要详细了解场地、设备、裁判员的组织情况；考虑运动员参加项目的情况（事项）；径赛各项的赛次尽量隔开；估计开幕式、闭幕式和各项比赛的时间；不同组别或不同性别的相同径赛项目，尽量连排在一起；相同组别不同比赛项目应分开排，并注意间隔时间；对费时的项目和需要临时场地的项目，要充分考虑、适当安排，并编出程序表。

（五）检查

对以上的注册、编排号码、编组、编排比赛日程和程序等工作进行详细检查、校对，看编得是否合适，有无遗漏或重复等现象。

（六）编排秩序册

（1）运动会的组织者、裁判员和工作人员名单；

（2）开幕式和闭幕式程序；

（3）竞赛规程和各项须知；

（4）比赛日程表和竞赛分组表；

（5）各单位领队、教练员和运动员姓名、号码对照表；

（6）特殊项目的比赛方法和规则；

（7）运动场平面示意图和简略说明，运动会各项记录。

二、球类比赛的编排方法

球类比赛一般常用的比赛方法有：淘汰制、循环制、混合制等。

（一）淘汰制

此种方法是在比赛过程中逐轮淘汰失败者，只有胜者才能进入下一轮的比赛，直到最后确定优胜者。失败一次即被淘汰，其优点是比赛场数相对较少，参赛者很多时，能在较短时间内完成比赛任务。但缺点是机遇性强，有时影响比赛结果的客观性。

1. 淘汰制的编排方法

首先根据报名参赛的队（人）数，制定比赛轮次表，由各队（人）进行抽签，确定在比赛表中的位置，然后把队（人）名填入比赛表中，使第二轮比赛的队（人）数为2的乘方数。现将8个队（人）参赛的淘汰轮次列于图5-1中。为了不使较强的队（人）过早相遇而被淘汰，可将强的队（人）定为种子队排在两头，如有轮空的机会，应先使其轮空，如图中的①⑧为种子，②⑦为轮空位置，除种子队外其余队按抽签排定。

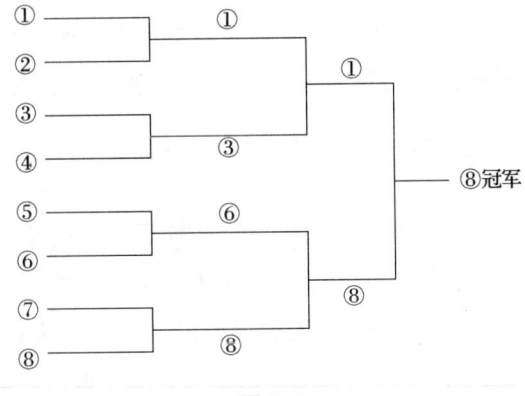

图 5-1

2. 单淘汰的场数计算

单淘汰比赛中，每一场比赛就淘汰1队（人），所以其比赛场数计算公式为参加队（人）数-1=场数，例如，有8队（人）参赛，场数为8-1=7，以此类推。

(二) 循环制

循环制分为单循环、双循环和分组循环三种，可视参赛队（人）数的多少和比赛期限的长短而分别采用。

1. 单循环

单循环就是所有参赛的队（人）都互相比赛一次，最后按各队（人）在比赛中胜负场数和得分多少排列名次。这种比赛方法能反映出各队的技术实力和水平，增加相互学习的机会，对名次的确定较合理，但竞赛的场数多，所需的竞赛时间较长。

单循环比赛的场数：如果参赛队数是单数，轮数等于队数；如果是双数，轮数等于队数减1；比赛的场数＝队数×（队数－1）÷2。例如，有6个队参赛，则比赛的场数为6×（6－1）÷2＝15。也就是说，有6个队参赛，比赛轮次见表5-1。

表5-1

第一轮	第二轮	第三轮	第四轮	第五轮
1-6	1-5	1-4	1-3	1-2
2-5	6-4	5-3	4-2	3-6
3-4	2-3	6-2	5-6	4-5

即1不动，其他数按逆时针方向轮转。如果只有5个队参加，则将6换成0，凡是与0相遇的队，即为轮空。

然后，由各队抽签，按抽签的号码，将队名填入轮次表，再排定比赛日程。

2. 双循环

这是在参赛队（人）数较少，时间充裕，有意增加参赛队的比赛机会时所采用的方法。编排方法与单循环相同，只是各队间比赛2次，所以比赛轮次和场数比单循环多1倍。

3. 分组循环

这是在参赛队（人）数较多而竞赛时间有限的情况下常用的竞赛方法。把整个比赛分为预赛和决赛两个阶段。预赛阶段，把参赛队平均分成若干小组，分组时尽可能列出种子队，分别编入各组，避免强队过于集中而失去小组出线机会，以单循环法赛出各组名次。决赛阶段，根据预赛的组数的需要决出名次，采用同名次分组，以单循环进行决赛。如预赛只有两组，可采用同名次决赛，亦可用交叉赛决出名次，例如，各组的前2名交叉比赛，决出第1~4名，各组的后2名以同样方法决出第5至8名，往下类推。

(三) 混合制

将淘汰制和循环制两种方法配合运用，则称为混合制。这是目前国际国内的一些大赛

中常用的方法。如世界杯足球赛就是采用混合制，第一阶段小组赛分8组进行单循环，第二阶段进行单淘汰，最后半决赛的2个胜队决冠军、亚军，两个负队决第3、4名。

(四) 循环赛记分方法和名次排列方法

1. 篮球赛

胜一场得2分，负一场得1分，弃权为0分，按积分多少决定名次。如果遇两队积分相等，则按两队相互比赛的胜负决定名次，胜者名次列前。如两个以上的队积分相等，则仅以这几个积分相等队之间的比赛成绩排列名次。如果仍相等，则按它们之间比赛时的得失分率（即总得分与总失分之比）排列名次。如果再相等，则按它们在全组内所有比赛的得失分率排列名次。

2. 排球赛

胜一场得2分，负一场得1分，弃权0分，积分多者名次排前。如果遇两队或两队以上积分相等，则按照 C 值 [A（胜局总数）÷B（负局总数）= C 值] 确定名次，C 值高者名次列前。如果 C 值相等，则按照 Z 值 [X（总得分数）÷Y（总失分数）= Z 值]，确定名次，Z 值高者名次列前。

3. 足球赛

胜一场得3分，负一场为0分，积分高者名次列前。若踢成平局不再加时赛，也不互罚点球，则胜一场得3分，平一场得1分，负一场为0分。如两队或两队以上积分相等，则按其在同一循环全部比赛中的净胜球多少决定名次，净胜球多者名次列前。如仍相等，则按其在同一循环全部比赛中的进球总数决定名次，进球多者名次列前。

4. 乒乓球赛

先根据获胜次数决定名次，胜次多者名次列前。如两队（人）或两队（人）以上获胜次数相同，则根据他们之间相互比赛中的胜负比率来决定：先按比赛次数的胜负比率；如相等，则按比赛场数的胜负比率；仍相等，则按比赛局数的胜负比率；再相等，则按分数的胜负比率。胜负比率计算公式为胜次数÷负次数=胜负比率。胜负比率值高者名次列前。

5. 羽毛球赛

按获胜场数决定名次。如两名（对）运动员获胜场数相等，则两者间比赛的胜者名次列前。三名（对）或三名（对）以上运动员净胜局数相等，则两者间比赛的胜者名次列前。计算净胜局数后，如还剩三名（对）或三名（对）以上运动员净胜局数相等，则按该组比赛的净胜分数决定名次。计算净胜分数后，如还剩两名（对）运动员净胜分数相等，则两者间比赛的胜者名次列前。计算净胜分数后，如还剩三名（对）或三名（对）以上运动员净胜分数相等，则以抽签决定名次。

第三节 体育竞赛欣赏的知识和方法

体育欣赏是一种高层次的精神活动，建立在客观存在的体育价值基础之上。当代社会，体育以其独有的鲜明生动形象，表现出巨大的感染力。体育欣赏作为人们参与体育的一种主要形式和手段吸引了越来越多的人。随着人们综合素质的不断提高，体育欣赏的主体构成不再仅限于青少年，而是涉及社会的各个层面。体育欣赏以不断满足人们逐步增长的精神需求，构成现代人生活方式，而为越来越多的人所认识和喜爱。

一、体育欣赏的目的和作用

体育欣赏的目的主要表现在两个方面：一是愉悦身心，美化生活；二是开阔视野，陶冶情操，提高人们的综合素质。前者表现为对人的娱乐作用，后者则主要表现为对人的教育作用。在实际的体育欣赏过程中，由于欣赏主体的不同，所以对人的影响也不同。体育欣赏的作用主要表现在以下四个方面。

（一）愉悦身心，丰富文化生活

随着社会的发展，人们的闲暇时间会逐步增多，体育欣赏作为人们闲暇娱乐生活的主要方式，日益发挥着积极的作用。体育以其多方位力与美的展示而使人们的身心得到力与美的感受。

（二）开阔视野，丰富和扩大体育科学文化知识

体育是人类文明的重要组成部分，体育知识也是人类科学文化知识的宝库中不可缺少的部分。通过体育欣赏，不仅可以了解体育科学文化知识，还可以通过体育竞赛了解相关的人文、地理等方面的知识。

（三）合理消费，交流信息

体育欣赏积极、合理、有效地引导人们进行体育消费，在一定程度上，客观地起到了体育商品的广告宣传、交流信息的作用，同时为加强人们的联系、交往，建立和改善人际关系起到桥梁作用。

（四）激发体育意识，振奋民族精神

体育竞赛向人们充分展示了体育的功能和作用，体育欣赏可以启迪和激发人们增进健康、竞争拼搏、团结创新等方面的意识，同时还可以强化集体观念，激发爱国热情，振奋民族精神。

二、体育欣赏的对象、内容和形式

体育欣赏的对象通常是指体育的客体，即体育运动。体育欣赏的内容包括一切围绕以体育运动为主题的体育比赛、体育表演、体育文学、体育摄影、体育集邮、体育建设、体育电视等。在欣赏领域里，体育的内容极为丰富，内涵极为深刻，具有很高的欣赏价值。体育欣赏的形式有直接欣赏和间接欣赏两种。直接欣赏即欣赏者本人亲临其境，耳闻目睹；间接欣赏则主要是通过大众传播媒介，如电视、录像、广播、报刊等形式进行的。

三、体育欣赏的方法

随着人们生活方式的变化，体育欣赏作为一种文明高尚的精神生活，已为越来越多的人所喜爱。体育欣赏的价值是客观存在的，但如何欣赏却是一个值得欣赏者十分注意和研究的问题。体育欣赏的内容十分广泛，但由于体育竞赛的最大魅力在于永恒的竞争，这种竞争充满了真实性、娱乐性、新奇性、健美性和向上性，所以最普遍、最有代表性的还是对运动竞赛的欣赏。

运动竞赛是体育欣赏中内容最为丰富、最吸引人、最精彩的部分。比赛是运动员长期训练所获得的技术、战术、身体素质、心理素质、思想道德的综合、集中、高度的发挥和表现。比赛又按一定的规则、方法，在裁判员的主持下进行。运动竞赛的欣赏包含着对运动员的上述表现，以及竞赛方法、规则和裁判法的了解。

（一）运动员在比赛中的技术、战术表现，首先作用于观众的感官，它是运动员训练水平的外在表现

运动技术是运动员合理地运用身体能力和动作来提高运动成绩的有效方法。技术美是人体美和动作美的综合体现，具有准确、协调、连贯、节奏感强以及实效性高等特点。它的特有魅力使人们欣喜、愉悦、惊奇和赞叹。而战术美是在复杂多变的运动竞赛中正确调配力量，扬己之长、克敌之短来获取胜利，无数的巧妙战术创造的以弱胜强的战例能让欣赏者久久回味。欣赏者对技术、战术的理解能力要努力达到与运动员的表现相互一致，这样才能充分理解运动员的表现，这是体育竞赛欣赏的前提。

（二）身体素质是运动技术、战术的物质基础和支撑力所在

人体活动是由一个个动作组成的，动作的完成能否准确、敏捷、协调、富有节奏，这与运动员的身体素质有很大关系。在体育竞赛欣赏中，只有洞察运动员身体内在潜力（速度、力量、灵敏、柔韧、协调），才能从本质上真正理解运动员的表现，获得深刻的精神上的满足。

（三）心理素质是运动员表现的内在精神潜力，它默默地伴随着技术、战术的表现反映在比赛中

运动员高度的时空感、敏锐的观察力和准确的判断力，承受比赛的内外干扰和受到胜

负考验时的稳定、沉着的情绪，坚强的毅力等都是运动员内在美好的心理素质的表现，也是欣赏对象的内容。

（四）运动员的思想道德品质，随时随地反映在比赛的每一瞬间，很容易被人们所感受

同伴之间的相互配合，全队协作精神，严明的组织纪律性，尊重裁判、尊重观众的行为方式，都是运动员在比赛中思想道德品质的具体体现。人们通过对这些方面的欣赏，会更加理解和崇尚美好的心灵。因此，一支队伍、一个运动员的精神风貌、仪表、气质、风度等都是我们欣赏比赛的内容，只有主动、积极地去发现、感受，才能获得最大的欣赏效果。

（五）在体育竞赛的欣赏过程中，要熟悉和懂得比赛规则和裁判法

"严肃、认真、公正、准确"是比赛规则和裁判法在比赛中伴随着裁判员的自身行为和裁决结果的具体表现。在这一过程中，需要观众的尊重、信任、理解和配合。由于各种技术，在激烈紧张的比赛中偶尔的误判、漏判是难免的，因而只有及时调整、协调观众和裁判员在比赛中的人际关系，才能保证欣赏活动的和谐进行。

（六）体育欣赏不仅仅局限在运动竞赛本身，还渗透到很多方面

东道主对一次比赛的组织能力，在比赛前后或进行中所表现出来的精神风貌和基本素质已成为欣赏者津津乐道的一个话题。体育场地、器材、设施的建设不仅仅满足了比赛的需要，也越来越成为欣赏者关注的对象，可以从中看到，先进的场馆、器材，给运动员提高运动成绩带来影响的同时，也给我们带来了美的感受。作为欣赏者，我们不能忽视体育文化。体育邮票记录着历史和某个辉煌的瞬间，可以让欣赏者永久珍藏并欣赏；大型比赛的会徽、吉祥物，寓意深刻，让欣赏者的情感得到渲染；为体育比赛而提出的口号、格言充满了时代精神和人生哲理，激励欣赏者积极向上、努力进取……所有这些表明，作为文化层次较高的大学生，把体育欣赏仅仅当成娱乐活动是不够的，我们还要在欣赏中深入地思考，使我们的观念、思维、情趣都能得到启迪和升华。

鲁迅先生有一句名言："我每看运动会时，常常这样想：优胜者固然可敬，那虽然落后而非跑至终点不止的竞技者和见了这样的竞技者而肃然不笑的看客，乃正是中国将来的脊梁。"

思考题

1. 单循环比赛轮次和比赛场数怎样计算？比赛秩序册又怎样编排？
2. 谈谈你怎样进行体育欣赏。

第二部分　运动实践

第六章 田 径

内容提要

> 田径运动是现代体育运动的主要项目之一。本章分节简述了田径运动的基本知识，着重介绍了练习方法和比赛基本规则。

思政目标

> 弘扬中华优秀传统文化，培养学生的毅力和坚持不懈的精神。

第一节 田径运动概述

一、田径运动的概念

田径运动由人们进行竞技和锻炼身体的走、跑、跳跃、投掷等身体练习组成。田径运动分田赛和径赛两大部分，通常把以高度和远度计算成绩的项目叫田赛，把以时间计算成绩的项目叫径赛。

二、田径运动的产生与发展

田径运动产生于人类长期社会实践过程之中。在原始社会，人们为了生存，在同自然和各种野兽的斗争中，经常奔跑和跳过自然障碍，投掷木棒和石块，逐步提炼成了走、跑、跳跃、投掷等技能，随着社会的发展，逐渐形成了现今的田径运动。据史料记载，公元前776年第1届古代奥运会中，短跑比赛就是一个项目。公元1896年，经法国教育家皮埃皮德·顾拜旦提议，恢复和召开了以田径运动竞赛为主要内容的第1届现代奥运会。1912年，国际业余田径联合会成立，对田径运动发展起到了积极的推动作用。到目前为止，奥运会的田径运动项目由第1届的男子项目11项（无女子项目）发展到第26届的男、女项目共46项。如今世界的田径运动得到迅速发展，运动成绩不断提高。

中华人民共和国成立后，特别是改革开放以来，随着我国社会经济、科技的发展，群众性田径运动也得到了蓬勃的发展，尤其是在学校体育中，田径项目开展更普遍，在大、中学校体育教材总学时中田径教材学时的比重为25%以上，田径运动会是学校每年度必不可少的运动竞赛。在竞技体育中，涌现出一大批取得优异成绩的运动员。1992年，第25届奥运会上，我国运动员陈跃玲获得女子10 km竞走金牌，实现了我国田径运动员在奥运史上金牌零的突破。1996年，第26届奥运会上，王军霞荣获女子长跑5 000 m金牌和10 000 m银牌。2004年，在雅典举办的第28届奥运会上，刘翔在男子110 m栏比赛中夺得了我国短距离径赛项目在奥运史上的首枚金牌。

三、田径运动分类

国内外通常进行的成人各类竞赛项目和我国进行的少年甲组（16岁、17岁）、乙组（15岁）各类竞赛项目见下表，竞走类见表6-1，跑类见表6-2，跳跃类见表6-3，投掷类见表6-4，全能运动类见表6-5。

表6-1　竞走类

类别	成人		少年			
	男子/m	女子/m	男子甲组/m	男子乙组/m	女子甲组/m	女子乙组/m
场地	20 000	5 000 10 000	5 000 10 000	3 000 5 000	5 000 10 000	3 000 5 000
公路	20 000 50 000	10 000				

表 6-2　跑类

类别	成人		少年			
	男子/m	女子/m	男子甲组/m	男子乙组/m	女子甲组/m	女子乙组/m
短距离跑	100 200 400	100 200 400	100 200 400	60 100 200	100 200 400	60 100 200
中距离跑	800 1 500 3 000	800 1 500 3 000	800 1 500	400 800	800 1 500	400 800
长距离跑	5 000 10 000	5 000 10 000	3 000		3 000	
超长距离跑	马拉松 (42195)					
跨栏跑 (栏高)	110 (1.067) 400 (0.914)	100 (0.84) 400 (0.762)	110 (1.00) 200 (0.762) 400 (0.914)	110 (0.914) 300 (0.84)	100 (0.84) 200 (0.762) 400 (0.762)	100 (0.84) 300 (0.762)
障碍跑	30 000					
接力跑	4×100	4×100	4×100	4×100	4×100	4×100

表 6-3　跳跃类

类别	成人		少年			
	男子	女子	男子甲组	男子乙组	女子甲组	女子乙组
高度	跳高 撑杆跳高	跳高 撑杆跳高	跳高 撑杆跳高	跳高	跳高	跳高
远度	跳远 三级跳远	跳远 三级跳远	跳远 三级跳远	跳远	跳远	跳远

表 6-4　投掷类

类别	成人		少年			
	男子	女子	男子甲组	男子乙组	女子甲组	女子乙组
推铅球/kg	7.26	4	6	5	4	3
掷标枪/g	800	600	700	600	600	
掷铁饼/kg	2	1	1.5	1	1	
掷链球/kg	7.26					

表 6-5　全能运动类

组别	项目	内容和比赛顺序
成人男子	十项全能	第1天：100 m、跳远、推铅球、跳高、400 m 第2天：110 m栏、掷铁饼、撑杆跳高、掷标枪、1 500 m
成人男子	五项全能	跳远、掷标枪、200 m、掷铁饼、1 500 m

第二节　跑

一、短跑

短跑是田径运动径赛项目中距离最短、速度最快、人体运动器官在大量缺氧情况下完成的极限强度的周期性运动项目。短跑的正式比赛项目有 100 m、200 m、400 m 等项。

经常练习短跑，能有效地提高学生快速奔跑的能力，增强学生的体质，培养学生坚毅、顽强和勇往直前的意志品质。

（一）基本技术

短跑技术由起跑、起跑后加速跑、途中跑和终点跑等四个紧密相连的阶段组成。

（二）主要练习方法

1. 原地摆臂练习

成弓步姿势，做前后摆臂练习。摆臂时以肩为轴，上臂带动前臂屈肘做前后摆动。注意摆臂的方向，肩部要放松。上体正直，两眼平视。

2. 小步跑

体会上下肢放松和腿的前摆"扒地"技术，增加频率。先原地做脚尖提踵换步，逐步过渡到慢节奏的小步跑，再由慢到快转为加速跑。

3. 抬腿跑

体会摆动腿前摆高抬技术，发展抬腿肌群力量和增加跑的频率。如手扶器械高抬腿跑、原地高抬腿跑、行进间高抬腿跑转入加速跑等。

4. 后蹬跑

体会后蹬时髋、膝、踝、趾各关节用力顺序和蹬摆动作的配合，发展腿部力量。如原地两腿交换跑、行进间后蹬跑过渡到加速跑。

5. 加速跑60~80 m

要求动作自然放松，注意后蹬、摆臂的正确性。

6. 加速跑30~60 m

要求均匀地加大步幅、加快速度，在达到最高速度时，仍保持技术的正确性。

7. 行进间跑30~60 m

从标志线后约20 m处开始加速跑，到标志线时达到最高速度并以此速度跑完规定距离。

二、中长跑

中长跑是以有氧代谢为主的耐力性和周期性运动项目。

经常参加中长跑锻炼，能提高呼吸系统和心血管系统的功能，发展耐力素质，培养坚毅、顽强的意志和克服困难的精神。

（一）中长跑的呼吸

中长跑由于能量消耗大，机体要产生一定的氧债，为了保证机体对氧气的需求，呼吸必须有一定的深度和频率，还必须与跑的节奏相配合，一般是跑2~3步一呼气，再跑2~3步一吸气。

（二）主要练习方法

1. 匀速跑

这是用均匀速度跑的一种方法。主要培养速度感觉和进行一般耐力练习，也可以用来改进和掌握途中跑技术。

2. 变速跑

这是采用不同的速度交替跑的一种练习方法，可有效地提高速度耐力。通常采用100 m快速跑+100 m慢跑（或走），或200 m快速跑+200 m慢跑（或走）。

3. 定时跑

在规定的时间内跑完一定的距离，可以发展专项耐力和培养跑的速度感觉能力。

4. 重复跑

根据中长跑各个项目的要求，重复跑的距离和速度有所不同，一般重复跑的距离比专项距离要短，如800 m、1 500 m专项，可进行200~400 m的重复跑。

5. 越野跑

在野外进行的跑，跑的距离、时间可长可短，跑的速度可快可慢，是发展耐力的好方法。

三、接力跑

接力跑是一项集体的短距离径赛项目,比赛项目有 4×100 m 和 4×400 m。练习接力跑可以提高速度和灵敏度等身体素质,培养团结协作和集体主义精神。

(一) 接力跑的基本技术

接力跑技术包括短跑技术和传接棒技术。接力跑的成绩取决于队员的速度和传接棒动作的配合。

起跑采用与短跑相同的弯道蹲踞式起跑方式。

传接棒的方法常用的有上挑式和下压式两种。

(二) 主要练习方法

(1) 原地做传接棒练习。

(2) 跑动中(慢跑)做传接棒练习。

(3) 快跑中听传棒人信息做传接棒练习。

(4) 8×50 m 快跑中体会传接配合。

(5) 4×100 m 接力跑比赛。

第三节 跳 跃

一、跳高

跳高是人体通过快速的助跑和起跳,采用合理的过杆姿势和动作使身体腾越垂直距离的运动项目。在跳高技术的发展过程中,曾出现过跨越式、剪式、滚式、俯卧式、背越式 5 种姿势,目前,由于技术落后,剪式、滚式已被淘汰。

练习跳高能有效地增强下肢力量,提高弹跳力,发展灵敏度、协调性等身体素质,培养勇敢、顽强、果断等优良品质。

(一) 俯卧式跳高技术

俯卧式跳高由于人体在杆上成俯卧姿势,缩短了身体重心和横杆距离,能充分利用身体重心腾起的高度,达到较好效果。它是由助跑、起跳、过杆和落地 4 个部分组成的。

（二）俯卧式跳高主要练习方法

1. 给学生建立正确的俯卧式跳高技术概念

（1）简要地讲解俯卧式跳高技术的特点和要求。

（2）结合示范或技术图片，讲述正确技术的要点。

2. 学习起跳技术

（1）摆动腿的摆动练习，如图6-1所示。摆动腿屈膝从身后向前摆，当大腿前摆时，踢小腿，脚尖勾起，使摆动腿直着向上向前摆起。同侧臂配合做提肩摆臂动作。

图 6-1

（2）迈一步的摆腿练习，如图6-2所示。随着摆动腿做跪膝髋动作，后面的起步跳腿带动小腿向前伸出，用脚跟先着地，迅速滚动成全脚着地；同时摆动腿蹬离地面，以髋带动大腿向前摆出。

（3）同上练习，当摆动腿向前上摆时，起跳腿完成蹬腿伸，身体离地面跳起，臂配合腿的动作提肩、拔腰、摆臂，如图6-3所示。

图 6-2　　　　　　　　　　图 6-3

3. 学习助跑与起跳结合技术

（1）"低重心跑"练习。通过跑逐渐加大动作幅度，着地时用脚跟先着地，迅速跑动，上体正直或稍前倾；两臂配合腿的动作前后摆动，向前摆动的幅度大些。

（2）用接近"低重心跑"的跑法跑4~6步做起跳动作。

（3）4、6、8步助跑起跳，用摆动腿的脚触高悬物，如图6-4所示；跳上跳箱，如图6-5所示；"直体跳"过杆，如图6-6所示等。

图 6-4　　　　　图 6-5　　　　　图 6-6

4. 学习过杆落地技术

（1）侧向短助跑跳上跳马，成俯卧姿势，然后做翻转起跳腿的动作，如图 6-7 所示。

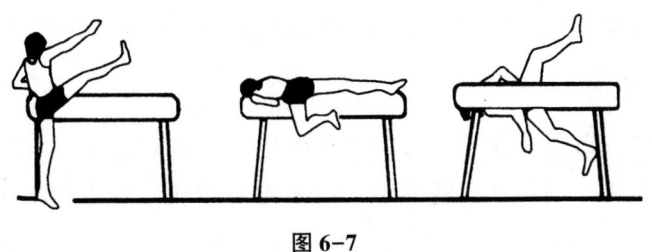

图 6-7

（2）侧向助跑，跳过斜放的横杆，如图 6-8 所示。

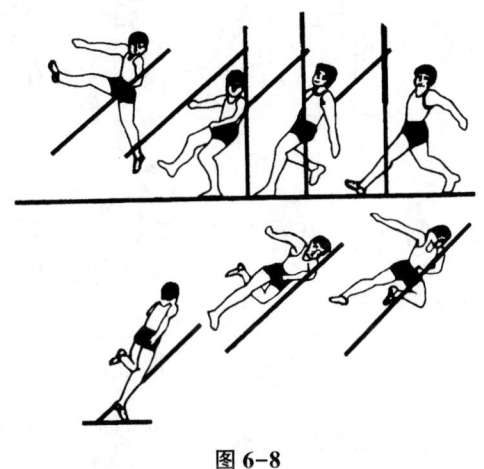

图 6-8

（3）同上练习，把斜横杆逐渐升成水平横杆。

5. 改进完整的俯卧式跳高技术

（1）全程助跑起跳做俯卧式过杆练习。

（2）指出每个学生的技术特点及今后改进的技术方向。

（3）进行技术评定和测练。

二、跳远和三级跳远

跳远是人体通过快速的助跑和积极的起跳，采用合理的姿势和动作使身体腾越水平距离的运动项目。在跳远技术的发展过程中，曾出现过 3 种空中姿势即蹲踞式、挺身式和走步式。练习跳远能增强体质，培养练习者勇敢、顽强、果断等优良品质。

三级跳远是人体经过快速助跑后，由单脚跳、跨步跳和跳跃所组成的连续 3 次腾越水平障碍的运动项目。相对跳远来说，其锻炼价值更大，它是发展力量、速度和协调性等身体素质的重要手段。

（一）跳远

完整的跳远技术是由助跑、起跳、腾空和落地 4 个紧密相连的动作环节所组成的。

（二）三级跳远

三级跳远是助跑之后沿直线连续进行 3 次跳跃。第 1 跳（单脚跳）须用起跳腿落地，第 2 跳（跨步跳）须用摆动腿落地，第 3 跳（跳跃）用双脚落入沙坑，如图 6-9 所示。

图 6-9

（三）主要练习方法

1. 跳远（挺身式）

（1）结合示范（或通过图片等直观教具）讲解挺身式跳远技术，使学生建立正确的挺身式跳远技术概念，了解挺身式跳远技术的要求、方法和要领。

（2）原地向高跳起，在空中做挺身送髋和两臂向侧上展动作。

（3）立定挺身式跳远。

（4）助跑4~6步，起跳后做"腾空步"练习。

（5）助跑4~6步，在起跳板起跳，在空中做"腾空步"，然后以摆动腿下落于沙坑，继续向前跑出。

（6）助跑4~6步，起跳成"腾空步"后，摆动腿向下、向后摆动，起跳腿屈膝向摆动腿靠拢，两臂配合摆动，髋部前送，挺胸展体成挺身姿势，然后收腹举腿，两腿前伸落于沙坑。

（7）逐渐加长助跑距离，做完全的挺身式跳远练习。

（8）立定跳远练习。

（9）丈量全程助跑步点，进行完全跳远练习。

2．三级跳远

（1）做立定三级跳远练习。

（2）做短距离助跑多级跳练习。

（3）在草地上连续做跨步跳练习。

（4）做短距离助跑单腿跳练习。

（5）连续进行单腿跳—跨步跳—单腿跳—跨步跳练习。

（6）做短距离助跑以摆动腿起跳跳远练习。

（7）做中距离助跑三级跳远完全技术练习。

（8）做全程助跑三级跳远完全技术练习。

第四节　投　掷

一、推铅球

推铅球是田径运动投掷项目之一，经常练习可以增强四肢和躯干的肌肉力量以及身体的协调性。推铅球的远度，取决于出手的初速度、角度和出手高度3个因素。

（一）推铅球的基本技术

推铅球技术有侧向滑步推球、背向滑步推球和旋转推球3种。动作方法虽不相同，但都是一项完整连贯的技术。推铅球从技术上可分为握球和持球、预备姿势、滑步、用力和维持身体平衡5个部分。

（二）推铅球的主要练习方法

1. 原地前抛铅球（1~2 kg）

双手持球，面对投掷方向，将球由前下向前上方抛出。体会用力顺序及上下肢的协同配合。

2. 原地后抛铅球（1~2 kg）

双手持球，背对投掷方向，将球由前下经头上向后上方抛出。

3. 正面原地推铅球

面对投掷方向，两脚前后（左右）站立，前后站立时左腿在前，右手持球于锁骨窝处，用推铅球持球技术推出。

4. 侧向原地推铅球

左腿在前，侧对投掷方向，原地将球推出，体会上下肢的协调用力及铅球出手方向，掌握正确推铅球技术。

5. 徒手或持球做侧向滑步推铅球

徒手做侧向滑步推铅球；持较轻球做侧向滑步推铅球；在投掷圈内做侧向滑步推铅球。

二、掷标枪

掷标枪是田赛项目之一。通过练习可以发展人体力量，增强人体柔韧性和协调性。

（一）掷标枪的基本技术

掷标枪是一项多轴性旋转的投掷项目。掷标枪技术比较复杂，主要分为握枪、持枪、助跑、用力和出手后的身体平衡等技术环节。

（二）掷标枪的基本练习方法

1. 正面原地插枪

面对投掷方向，前后站立，以正确的用力顺序将标枪向前下方掷出，体会投掷臂"鞭打"动作和标枪纵轴用力技术。

2. 正面上一步插枪

正面两脚前后站立（右脚在前），随着左脚前迈上步，右脚蹬伸用力向前方掷枪。体会两腿协调配合动作，改进"鞭打"动作和沿纵轴用力技术。

3. 侧向上两步掷标枪

侧对投掷方向，右脚向前做交叉步，左脚前迈着地，用力投掷标枪。体会两腿协调配合进行交叉投掷标枪。

（1）学会全程投掷步技术。持枪跑8~10步做投掷标枪的练习。左脚踏上标志线，开

始投掷步阶段的动作并结合最后用力。

（2）全程助跑投标枪的练习。

第五节 竞赛规则

普通大、中、小学校和基层单位举办的田径运动会，属于群众性体育比赛性质，其竞赛规则，应从实际出发，参照中国田径协会审定的《田径竞赛规则》执行。如因条件局限，部分规则有所变动，应在竞赛规程中或对领队教练员进行说明。下面介绍一般田径运动会中通常采用的主要规则。

一、田径比赛通则

（一）运动员号码

参加比赛的运动员，必须按规定佩戴号码，否则不得参加比赛。

（二）轮次和赛次

1. 轮次

田赛项目的轮次是指高度项目（跳高、撑杆跳高）以一个高度为一轮次；远度项目（跳远、三级跳远及各投掷项目）以参加该项目的所有运动员，按顺序试跳（掷）完一次为一轮次。

2. 赛次

如径赛的一次项目参加运动员人数多，不能在一个赛次（决赛）进行比赛，应举行若干赛次的分组赛。按规则精神，在预、次、复赛之后，每组至少应录取前两名参加下一赛次；或采取按名次录取加按成绩录取的混合录取方法。而次、复赛大多数以按名次录取为主，或采取混合录取方法。

（三）兼项

如果一名运动员同时参加一项径赛和一项田赛或多项田赛，有关裁判长每次可以允许该运动员在田赛某一轮的比赛中，以不同于赛前抽签排定的顺序进行试跳（掷）。如果该运动员后来又决定不参加试跳（掷），或轮到其试跳（掷）时不在场，一旦该次试跳（掷）时限已过，应视其试跳（掷）失败。

（四）判定名次

（1）径赛项目中判定名次的方法：判定运动员到达终点的名次顺序，是以运动员的躯

干(不包括头、颈、臂、手、腿和脚)的任何部分到达终点内沿的垂直面的先后为准;以决赛成绩作为该项目最后名次成绩,而不以预、次、复赛的成绩判定最后名次。

(2)田赛项目中,远度项目以比赛的六次试跳(掷)中最好的一次成绩作为个人最高成绩,包括第一名成绩相等决定名次赛时的成绩,然后以各运动员的最高成绩排列名次;高度项目以每名运动员最好的一次试跳成绩,包括第一名成绩相等决定名次赛时的成绩,作为最后决定的成绩,然后排列名次。

(五)成绩相等

比赛成绩相等时,应采用下列方法解决。

(1)径赛项目比赛成绩相等的录取办法。在任一赛次中,按成绩录取进入下一赛次时,如遇运动员手计时成绩相等,应根据判读的1/100 s的时间处理,如成绩依然相等,则有关运动员均应进入下一赛次,如实际条件不允许,允许抽签决定进入下一赛次的人选;决赛中出现第一名成绩相等,有关裁判长根据实际情况,有权决定这些成绩相等的运动员是否重新比赛,如该裁判长认定无法安排重赛,则成绩相等的运动员名次并列,其他名次的运动员成绩相等的,按并列处理。

(2)田赛高度项目比赛成绩相等的录取办法。在出现成绩相等的高度中,试跳次数少者名次列前。如成绩相等,在包括最后跳过的高度在内的全赛中,试失败数较少者名次列前。如成绩仍相等,涉及第1名时,则令成绩相等的运动员在其造成成绩相等的失败高度中的最低高度上,每人再试跳一次;若仍不能判定,则横杆应提升或降低,提升和降低的高度,跳高为2 cm,撑杆跳高为5 cm,他们应在每个高度上试跳一次,直到决出名次。决定名次的试跳,有关运动员必须参加。涉及其他名次时,成绩相等的运动员名次并列。

表6-6为跳高比赛前3名成绩相等时录取办法的范例。

表6-6 跳高比赛前3名成绩相等时录取办法的范例

运动员	计算失败次数						总次数失败	决名次试跳			名次
	1.75	1.80	1.84	1.88	1.91	1.94		1.91	1.89	1.91	
A	0	×0	0	×0	×××		2	×	0	×	2
B	—	×0	—	×0	—	×××	2	×	0	0	1
C	—	×0	×0	×0	×××		3				3

注:0表示试跳成功,×表示试跳失败,—表示免跳。

(3)田赛远度项目的比赛如有成绩相等时,应以其次优成绩判定名次。如次优成绩相等,则以第三优成绩判定,余类推。如仍相等,并涉及第1名者,则令成绩相等的运动员,按原比赛顺序,进行新一轮试跳(掷),直到决出名次。

(4)全能运动比赛如总分相等时,应以单项得分多的项目较多者名次列前。如仍不能判定时,则以任何一个项目单项得分最多者名次列前。

(5）团体总分相等时，应以破纪录项目、次数多者名次列前。再相等，则以第 1 名多者名次列前。若仍相等，则以第 2 名多者名次列前，余类推。

二、径赛主要规则

（1）400 m 及 400 m 以下包括 4×100 m 接力的项目，运动员应采用蹲踞式起跑，正规比赛还必须使用起跑器。在"各就各位！"口令之后，运动员手或脚均不得触及起跑线前的地面，双手、双脚和一膝必须与地面接触（使用起跑器时双脚必须接触起跑器）。"预备！"口令时，运动员应立即抬高身体重心做好起跑姿势，此时双手、双脚必须与地面或起跑器保持接触。鸣枪前，如运动员的手或脚离开自己位置，即判为犯规，发令员应给予警告；第 2 次犯规，即取消比赛资格。在全能运动员径赛项目比赛中，运动员第 3 次犯规时取消比赛资格。

（2）分道跑和部分分道跑的项目中，运动员在直道上跑出自己的分道线或在弯道上跑出自己分道的外侧分道线，未从中获得实际利益，也未阻碍其他运动员，则不应取消其比赛资格。除上述情况外（如跑出自己分道影响了他人和在弯道跑时踩踏了自己分道的里侧分道线），裁判长根据裁判员、检查员或其他人员的报告，证实某运动员已跑出了自己的分道，则应取消其比赛资格。

（3）在中、长距离跑时，运动员擅自离开跑道或路线（指在公路上比赛时）后，不得继续比赛。

（4）跨栏跑时，运动员过栏瞬间，其脚或腿低于栏顶的水平面、跨越他人的栏架，或者裁判长认为运动员有意地用手或脚推倒、踢倒栏架均属犯规。除上述行为外，其他碰倒栏架的行为，不应判为犯规。

（5）接力跑时，在接力区外完成传接棒动作（以接力棒的位置为准），掉棒后不是原失手运动员将棒拾起，用抛或掷的方法传接棒，传棒后串道或离道而阻碍他人跑进，空手跑过终点等均属犯规。

（6）竞走时两脚同时离地和支撑腿垂直支撑时膝关节没有伸直应判为犯规。

（7）如用三只秒表计取成绩，其中两只秒表所计成绩相同时应以两只秒表所示的成绩为准，三只秒表所计成绩各不相同时，则应以中间成绩为准。如用两只秒表计取成绩，所计取成绩不相同时，则应以较差的成绩为准。

三、田赛主要规则

（1）跳高比赛时，运动员必须用脚起跳。试跳中将横杆碰掉，则判为失败。在越过横杆前，身体任何部分触及跳高架立柱之间、横杆处长线垂直面以外的地面或落地区，也判

试跳失败。在任何高度上，失败3次者即失去继续比赛的资格。比赛时，运动员可以在规定的任一高度上开始起跳，也可在以后任何一个高度上决定是否免跳。丈量高度时，须使木尺与地面垂直，从地面至横杆上沿的最低处计算高度，以1 cm为最小计量单位。

（2）所有田赛远度项目比赛时，参加比赛的运动员如果超过8人，则每人先试跳或试掷3次，成绩最好的前8名运动员再试跳或试掷3次。如果只有8人或不足8人参加比赛，则每人均可试跳或试掷6次。

（3）跳远比赛时，助跑中或起跑时，身体任何部分触及起跳线前面的地面或在橡皮显示板（或沙台）上留有痕迹；由起跳线或起跳线两端延长线踏过或跑过，或在延长线后面起跳；在落地过程中触及沙坑以外地面，而沙坑外触点较沙坑内最近触点离起跳线近者；完成试跳后，向后出沙坑等均属试跳失败。在起跳板后的起跳，应为有效试跳。

（4）三级跳远比赛时，第1跳（单脚跳）是用起跳腿落地，第2跳（跨步跳）是用另一条腿（摆动腿）继续做跳跃起跳落地，第3跳（跳跃）是用两脚落入沙坑，才算完成试跳。运动员在跳跃中以摆动腿触地不作为试跳失败。其余同跳远规则。

（5）推铅球比赛时，运动员应在其投掷圈内以静止姿势开始试掷。推铅球时，应将铅球抵住或靠近下颌，用单手从肩上推出，不得将铅球移至肩下或从肩后抛掷。运动员开始投掷后，身体任何部分触及投掷圈外及抵趾板和投掷圈上面，或以不符合规定方式将铅球推出，判为试掷失败。运动员在器材落地之后，才能离开投掷圈；离圈时，必须从后半圈走出；铅球必须完全落在地区角度线以内。否则，均判为试掷失败。其他投掷项目比赛，除场地、器械和投掷方法与推铅球有差异外，比赛规则与推铅球基本相同。

思考题

1. 简述短跑、中长跑、接力跑的基本技术。
2. 简述径赛主要规则。

第七章 球 类

内容提要

球类运动是现代竞技体育的重头戏。本章分节简述了篮球、足球、排球、乒乓球、羽毛球、网球及新兴的木球等球类运动的技术和比赛规则等。

思政目标

激发自强不息、敢于拼搏的精神，激发学生的学习热情，使其创新思维得到提高，团队合作能力得到加强。

第一节 篮 球

一、篮球运动概述

篮球运动是将球投入对方球篮以得分多少决定胜负的集体球类运动项目。人们经常举行世界性、地区性篮球比赛，篮球运动已成为最受人们喜爱的竞技运动项目之一。

篮球运动是由跑、跳、投等动作所组成的一项快速、激烈的综合性运动，学生经常参加篮球运动，能促使速度、灵敏度、力量、耐力、柔韧度等身体素质的发展，提高中枢神经系统的灵活性，增强心血管、呼吸、消化系统的机能，促进肌肉和骨骼的生长发育，使身体得到全面发展。

篮球运动始于1891年,是由美国马萨诸塞州斯普林菲尔德市基督教青年会训练学校体育教师奈·史密斯博士发明的,1893年3月11日,在斯普林菲尔德市基督教青年会训练学校举行了教师对学生的比赛,这是世界上有记载的最早的篮球赛。1908年,美国制定了统一的篮球规则,并用多种文字发行于全世界。1896年,首届现代奥运会上,篮球被列为表演项目,在1928年的奥运会上,美国篮球队进行了篮球表演比赛。1932年,在瑞士日内瓦成立了国际业余篮球联合会。1936年第11届奥运会将篮球列为正式比赛项目,并统一了世界篮球竞赛规则。1950年举行了首届世界篮球锦标赛。1953年举行了世界女子篮球锦标赛。1976年第21届奥运会上,女子篮球被列为正式比赛项目。从1992年巴塞罗那奥运会开始,职业篮球选手可以参加奥运会比赛,从而大大地提高了奥运会篮球水平。

二、基本技术

(一)脚步动作技术

在篮球比赛中,进攻者运用急起、急停、转身和变速变向跑等脚步动作,摆脱防守者的防守去完成进攻任务;而防守者则运用跑、停、滑步、后撤步和交叉步等脚步动作去阻止进攻者的攻击。这些争取攻、守主动权的任务都需要由快速、灵活、正确的脚步动作来实现。因此,脚步移动是篮球运动中具有重要意义的一项基本技术。

(二)传、接球技术

传、接球是篮球比赛中运用最多的一项基本技术,是进攻配合的纽带,是战术变化的基础。良好的传、接球技术可以组织灵活、多变的战术配合,创造更多更好的投篮机会。如果不能正确地运用传、接球基本技术,那么,所采用的任何进攻方法都不会产生效果。有的时候,不同的队虽然采用了同一进攻方法,但效果却往往不同。这是由于运用基本技术时存在质量差别,从而直接影响战术配合的质量。随着篮球运动技术、战术的迅速发展,防守的积极性和攻击性有了显著的加强,这就对传、接球技术提出了更高的要求。由于篮球技术的飞速发展,传球动作也日益增多,现介绍几种最基本的传球技术。

1. 双手胸前传球

双手胸前传球被认为是传球技术的基础,是篮球运动中运用最普遍的传球方式(一般在中、近距离运用这种传球)。双手胸前传球动作简单,容易控制,准确性较高,同时,也便于转为其他动作。

动作要领:原地传球时,两腿前后分开微屈,上体稍向前倾,重心放在两个脚掌上。双手握住球的两侧偏后,五指自然张开,手心不要接触球,两拇指成八字形。两肘屈曲并

靠近身体持球于胸前。传球时用手指和手腕向前翻转和抖动的力量将球传出。传出球时最后通过指端向后旋转使球平直地飞行。

2. 单手肩上传球

单手传球时，由于单臂的活动范围大，传球方向多，更便于争取时间发挥速度。单手肩上传球经常运用在快攻中的长传球、突破后的传球以及抢到防守篮板球时发动的长传快攻。

动作要领：原地右手肩上传球时，两脚前后开立，左脚在前，侧对传球方向，右手肩上托球于头侧，掌心空出，以转体、挥臂、甩腕以及手指拨球的力量将球传出。

3. 行进间传球

行进间传球（单、双手传球）是两名队员的配合动作。比赛中为了加快速度，缩短传球时间，经常运用行进间传球。

动作要领：大体与原地传球相同，但运用时应注意以下几点。

（1）传球时，手臂与脚步配合要协调，接球后，应在中枢脚前跨着地之前将球传出（即在第二步着地前传出），否则称作"带球跑"违例。因此，传球时手臂动作要迅速，特别是手腕的动作更要快速。

（2）要注意场上情况的变化，判断同伴的位置和移动的速度，及时而准确地传球。

（3）向跑动中的同伴传球时，一般要传到其胸前约一步的距离。近距离，特别是传给迎面跑来的同伴，传的力量不要过大。

（4）长传球要有速度，而且要有一定的弧度。

4. 双手接球

每次投篮、运球和突破等大多开始于接球，接球是一项不可忽视的基本技术。在比赛中不仅要求把球接住，而且要能够迅速顺利地进行下一个动作。接球动作的正确和富有攻击性，不仅能减少失误，而且有助于迅速为进攻做好准备。另外，掌握和提高接球技术，也是掌握抢篮板球和截断球技术的基础。

动作要领：双手接胸以上高度的来球时，用脚步灵活地调整好接球位置。手臂自然而放松地向前伸出迎球，以缓冲来球的速度，把球接稳。如果来球较低，要及时上步，以屈膝来调整好接球位置。

（三）投篮技术

投篮是篮球进攻的技术之一，它在篮球比赛中是最主要的环节。比赛中运用任何进攻战术和一切技术动作的目的是创造更好、更多的投篮机会。虽然进攻战术配合得默契，动作熟练，并创造了投篮的良好机会，但是如果投篮不中，则是前功尽弃。为了得分，就必须掌握准确的投篮技术，提高投篮的命中率。

投篮动作的完成，是靠身体各部位的协调配合，最后通过手腕、手指的屈伸动作将球投出。因此，投篮动作必须做到连贯、协调和一致。投篮力量的运用和投篮手法，是投篮准确的关键，两者是互相联系、密切配合的。正确的投篮手法，能够更好地发挥手腕和手指的力量和灵活性，控制球在空中飞行的速度、抛物线和旋转程度，从而提高投篮的命中率。投篮动作多种多样，最基本的有如下几种动作技术。

1. 原地单手肩上投篮

原地单手肩上投篮，适用于中、远距离投篮，其特点是出球点高、变化多、较为灵活。

动作要领：以右手投篮为例。两脚开立，距离 15 cm 左右，两膝微屈，身体重心在两脚之间，上体稍前倾。右手翻腕托球于右眼前上方，手指自然张开，手心不要贴着球，球的重心要落在中指和食指之间；左手帮助扶在球的侧下部，右肘自然下垂，腕关节放松。随着两脚蹬地的同时，右臂向前上方伸展，手腕平稳地向前上方托起，手指拨球，将球柔和地送出。球出手后，手腕前翻，手指向下。

2. 行进间单手低手投篮

这种投篮方法利用速度和空中伸展动作超过对方，适用于突破对方上篮进攻。

动作要领：以右手为例。在跑动中接球或者运球突破上篮时，应先跨右脚接球或持球，接着第二跨左脚起跳，步子稍小一些（已能掌握基本动作者，其左脚跨出的步子大小，可根据对方防守的情况和进攻的需要而选择），右腿屈膝上抬，身体上升至最高点时，右臂向上或前上方伸出，掌心向上，用手指和手腕的力量拨球投篮。

3. 跳投

跳投突然性强，出球点高，具有很强的攻击性。在中、近距离任何角度都可运用。它与突破、传球结合，能使对手防不胜防，从而创造投篮机会。跳投的动作可分成一步急停起跳投篮（急停原地起跳投篮）和两步急停起跳投篮。

（1）一步急停起跳投篮。以右手投篮为例，接球或拿球时向前或向上跳步，双脚同时落地，一步急停，双膝微屈，重心在两脚之间；双手持球于腹前，双脚用力蹬地起跳，同时双手迅速举球于右肩上，腰、腹用力，保持身体平衡。当身体接近最高点处时，迅速向上伸臂，用右手手腕和手指的力量，将球投出。

（2）两步急停起跳投篮。以右手投篮为例，左脚先着地接球，保持微屈，持球于腹前，右脚迅速向前跨出半步，成两脚自然半蹲开立姿势，重心在两脚之间。接着两脚用力蹬地起跳，两手迅速举球于右肩上，腰、腹用力，保持身体平衡。当身体接近最高点处时，迅速向上伸臂，用右手手腕和手指的力量将球投出。

（四）运球技术

在原地或行进中，用单手连续按控从地面反弹起来的球，称为运球。它是组织进攻和防守经常运用的一项基本技术。使用时就应从实战出发，与传球、投篮等技术配合。切忌

养成盲目地滥用运球的习惯。

运球的方式是多种多样的，它包括原地运球、行进间直线运球、运球急停急起、体前变向运球、运球转身和背后运球等。

(五) 持球突破

持球突破可分为交叉步突破和顺步（同侧步）突破。

1. 交叉步突破（以右脚做中枢脚为例）

两脚左、右开立，两膝微屈，身体重心降低，持球于胸腹之间。突破时，左脚向左前方跨出，假做向左侧突破，当对手重心向左偏移时，左脚掌内侧迅速蹬地，上体向右转体探肩，左肩向前下压，重心向右前方移动，左脚迅速向右侧前方跨出，同时将球移于右侧，推放球于左脚尖侧，右脚用力蹬地向前跨出，迅速超越对手。

2. 顺步（同侧步）突破（以左脚做中枢脚为例）

准备姿势和突破前的动作要求与交叉步突破相同。突破时，假做投篮，当对手重心前移时，右脚迅速向右前方跨出一步，上体向右侧探肩，重心向右前移动的同时，用右手推放球于右脚外侧偏前方，左脚前掌迅速蹬地向前方跨出，运球突破防守。

(六) 防守对手

1. 防守持球队员

（1）重点防突破。一般采用两脚左、右开立，两手左、右伸出摇摆，重心下降，与持球人保持一步半距离，根据对手脚步移动采用左、右滑步或手撤步堵截突破。

（2）重点防投篮。采用两脚前后开立，重心下降，前脚同侧手臂前伸上下摆动，用前后滑步阻挠投篮。

2. 防守无球队员

运动员应站在对手和球篮之间并偏向有球一侧，随球转移而不断移动防守位置。当球离防守人较近时，可采用面向人、侧向球的站法；球离得较高远时，可采用面向球、侧向人的站法，做到人球兼顾，以便伺机抢断球。

(七) 抢篮板球

在篮球比赛中，投篮并不一定是进攻的结束，随之的是攻守双方拼抢篮板球、争夺控球权的开始。夺得进攻篮板球，就获得了再次进攻的机会，可以连续进攻或在篮下直接得分；夺得防守篮板球，不但中断了对方的进攻，而且为本队获得了控球权，为发动快攻反击提供了有利条件。可见，抢篮板球是关系到攻守转化的一项关键技术。

1. 抢进攻篮板球

进攻队员抢篮板球时，应根据场上所处位置，及时地判断球可能反弹的方向，利用快速起动，直接冲向篮下或借助于闪晃的假动作迅速绕过对手，抢占有利位置，积极主动地去争抢篮板球或补篮。

2. 抢防守篮板球

防守队员虽然处于进攻队员和球篮之间较近的有利位置，但在争夺篮板球时，首先挡住对手，同时判断并密切注视球的反弹方向和进攻队员的动向，牢记"先挡后抢"的原则，防止对手乘隙冲向篮下争夺篮板球。

三、基本战术

（一）基础配合

1. 传切配合

传切配合是进攻队员之间运用传球、切入等技术组成的简单配合。

示例：如图7-1所示，④传球给⑤以后，立即摆脱对手向篮下切入，接⑤传来的篮球投篮。

示例：如图7-2所示，在⑤与⑥之间传球之时，④趁其对手不备，突然空切篮下接外围同伴的传球，然后投篮。（备注：黑实心球为一队，空心球为另一队，余下同。）

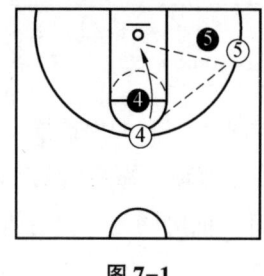

图7-1

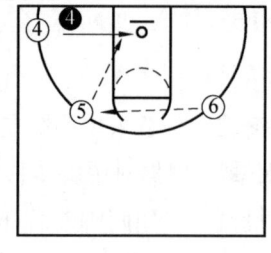

图7-2

练习方法：

方法一：如图7-3所示，把队员分成两组，每组一球，④把球传给⑤并快速切入，接⑤回传球投篮。⑤传球后抢篮板球。④和⑤分别跑到对方排尾，其他以此类推练习。

方法二：如图7-4所示，把队员分成三组，⑤和⑥互相传球，④突然摆脱防守截得传球投篮，练完一次按顺时针方向转换，继续练习。

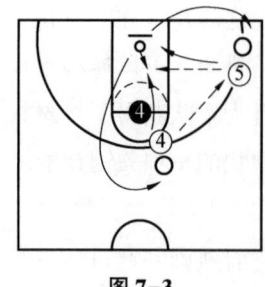

图7-3

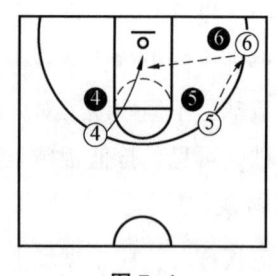

图7-4

2. 突分配合

突分配合是持球队员突破后，利用传球与同伴配合的方法。

示例：如图 7-5 所示，⑤突破后，遇到❼迎上补防，立刻把球传给切入篮下的⑦，⑦投篮后与其他同伴配合。

练习方法：如图 7-6 所示，④向篮下运球突破，当❺上前补防时，立刻把球传给切入篮下的⑤，⑤投篮后，三人按顺时针方向轮换位置，继续练习。

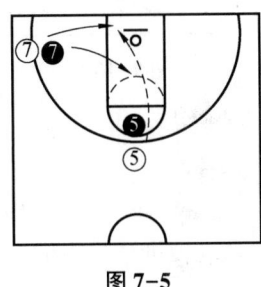
图 7-5

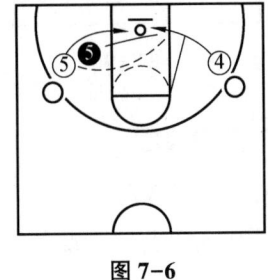
图 7-6

3. 掩护配合

掩护配合是掩护队员采用的行动，是用身体阻挡同伴的防守者的移动路线，使同伴借以摆脱防守，或利用同伴的身体摆脱防守，从而接球进攻的一种配合方法。

示例：如图 7-7 所示，⑤传球给④后，跑到④的侧后方掩护，④接球后利用投篮后突破的假动作吸引住❹，当❺到达掩护位置时，④迅速摆脱防守，突破投篮，⑤掩护后要及时跟进。

练习方法：

三人一组，如图 7-8 所示，⑥传球给⑤后掩护，④利用掩护摆脱防守，切入篮下接⑤的传球投篮。切入前要做切入假动作，⑥掩护后转身跟进抢篮板球。按顺时针方向换位练习。

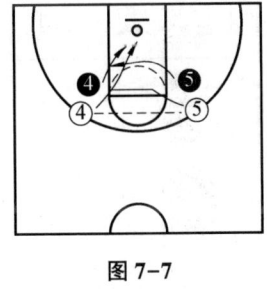
图 7-7

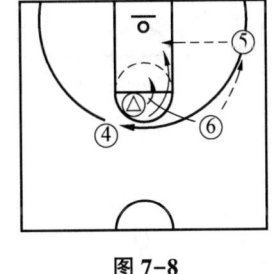
图 7-8

示例：如图 7-9 所示，⑤传球给④后，利用假动作摆脱防守给④作策应，④传球后摆脱防守，然后接球投篮或突破上篮。

练习方法：

学生分成两组，⑤传球给④后摆脱防守，插到罚球线外策应，④传球给⑤，然后摆脱，切入接⑤的传球投篮。⑤也可以做传球假动作，然后自己转身投篮或运球上篮，做完后，2人交换位置，继续练习。如图7-10所示。

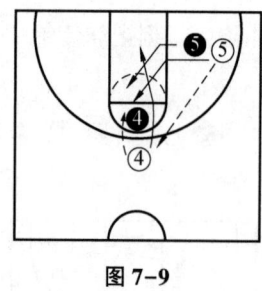

图 7-9

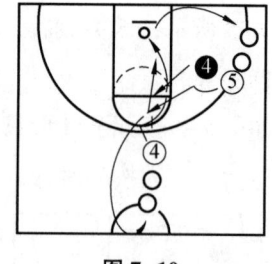

图 7-10

（二）快攻与防守快攻

快攻是由防守转入进攻时，以最快的速度、最短的时间把球推进到前场，在对方尚未部署好防守之前造成人数上、位置上的优势，果断而合理地进行攻击的一种进攻战术。

1. 快攻的方法

示例：如图7-11所示，⑤抢到篮板球后，首先应观察全场情况掌握发动快攻的时机，⑥和⑧及时快下，超越防守，⑤根据情况，长传球给⑥或⑧进行投篮，④、⑤和⑦应随后跟进。

示例：如图7-12所示，④抢到篮板球以后，将球传给机动接应⑤，⑤又把球传给⑥，⑥从中路运球推进。⑦和⑧沿边线快下（篮板，下同），争取以多打少，④和⑤应迅速插空跟进。

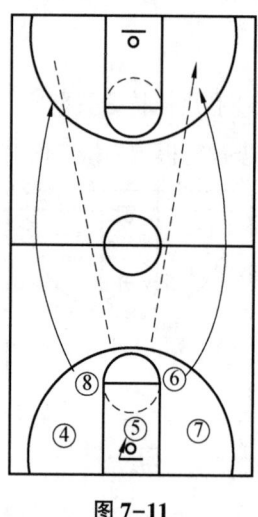

图 7-11

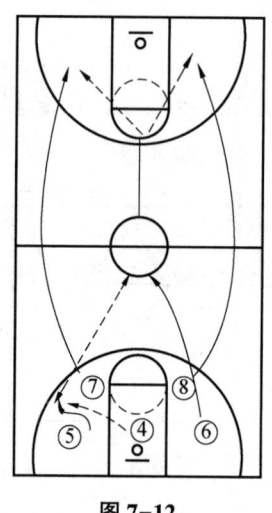

图 7-12

2. 防守快攻的方法

（1）拼抢前场篮板球，减少对方获球机会。

（2）破坏对方快攻的一传和接应。

（3）紧防快下队员，切断长传路线。

（4）降低对方推进的速度，以利及时组织防守。

（三）人盯人防守

人盯人防守战术是每名防守队员有针对性地、较固定地防守1名进攻队员，在防守住自己对手的前提下，进行相互协作的全队防守战术。

1. 半场人盯人防守方法

防守持球队员的位置应该在对手与篮球之间，以伸手能触到对方的球为宜。防守队员的两脚斜前或平行站立，一只手臂伸向对方的持球部位，另一只手臂侧举，干扰对方的投篮，堵截对手的运球突破路线，并伺机打球、抢球，当进攻队员运球停止时，防守队员立即上前紧贴对手，挥动双臂堵其传球路线。

防守无球队员应该在对手和篮球之间，选择有适当角度的位置，做到人球兼顾，离球越近，防守距离越近；离球越远，防守距离越远，如图7-13所示。

练习方法：

进攻队员在原地相互传接球，防守队员随着进攻队员的传球，选择防守位置，防守持球队员要紧逼，防守无球队员则要保持球近则近、球远则远的防守位置，如图7-14所示。

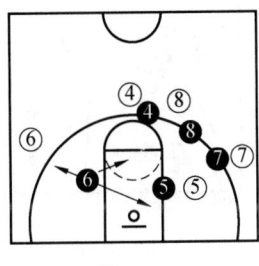
图 7-13

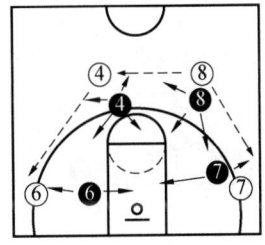
图 7-14

2. 全场紧逼人盯人方法

当④掷界外球时，❹应迅速上前紧逼对方防守④，积极挥动双臂，封堵传球角度，争取断球，同时❺、❻要选择在⑤、⑥的侧前方位置，积极堵截其向球运动的路线，阻止其接球，❼、❽与对手保持一定的距离和角度，在防守住自己对手的同时，随时准备补防和断球，争取造成对方掷界外球5秒违例，如图7-15所示。

（四）对付全场紧逼人盯人防守的进攻

1. 进攻队形

进攻队员的落位队形是进攻的准备阶段，它与采用的进攻战术紧密相关。进攻队形一般有两种：一种是由防守转入

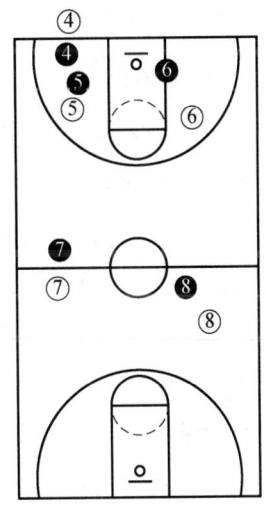
图 7-15

进攻时，5名队员集中在后场，拉空前场，在后场组织固定进攻配合；另一种是5名队员分布在全场，利用防守的薄弱环节进攻，各个击破。

2. 进攻战术方法

一种是后场进攻方法，后场进攻的关键是掷界外球和接应界外球的进攻配合。当对方采用一对一紧逼的防守时，④掷界外球，⑦、⑧分别给⑤、⑥做掩护，⑤、⑥利用掩护摆脱防守，接④的传球进行快速进攻，如图7-16所示。

另一种是中场进攻方法，④传球给接应的⑥、⑧，立即摆脱防守，插中接⑥的球，与此同时，⑦在前场摆脱防守，准备插中接⑧的传球，通过插中策应配合把球推进前场，如图7-17所示。

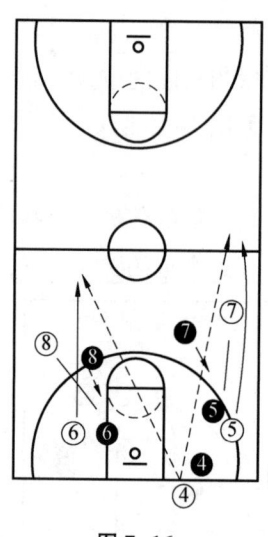
图 7-16

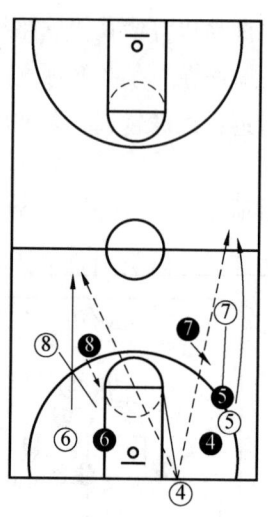
图 7-17

（五）区域联防

1. 区域联防形式

有"2-1-2""2-3""3-2""1-3-1"等。

2. 区域联防的方法

以"2-3"为例说明。"2-3"区域联防的优点在于加强了篮下和底线的防守，有利于抢篮板球。

示例：如图7-18所示，当⑥接④的传球时，❻上前防守⑥，⑦向限制区移动，防止④空切，❽抢位在⑧的前面，切断⑥与⑧的传球路线，❺站在⑧的侧后方，防止⑥传高吊球给⑧。❹站在⑤的内侧，防止⑤向限制区空切。

练习方法：五人一组，三攻二防，⑤、④、⑥在外围相互传球接球，❺、❹积极移动补位，如图7-19所示。

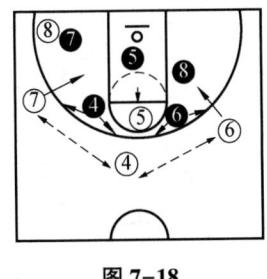
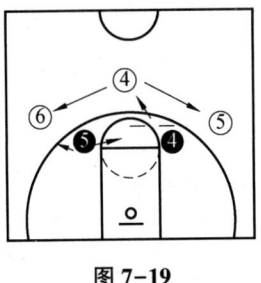

图 7-18　　　　　　　　　图 7-19

(六) 进攻区域的联防

1. 进攻区域的联防形式

常用的有"1-3-1""1-2-2""2-2-1""2-3"等。

2. 进攻区域的联防方法

以"1-3-1"为例说明，④、⑤、⑥、⑦相互传球，调动对方，使❻、❹不能及时防守，④、⑥、⑦可抓住时机果断进行中距离投篮，如图7-20所示。

练习方法：

五人一组，三攻二防，④、⑥、⑦利用相互传球调动防守，利用❹或❻的位置量差，果断投篮，如图7-21所示。

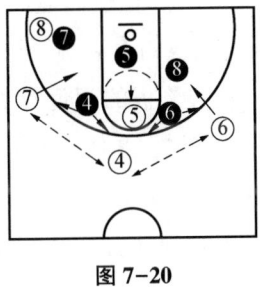
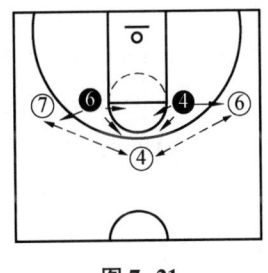

图 7-20　　　　　　　　　图 7-21

四、篮球的场地及设施

(一) 篮球的场地

篮球场地的规格是根据篮球比赛规则规定的。国际篮球联合会规定的标准篮球场地应该是一块长 28 m、宽 15 m 的长方形平地。在国内可以使用较小场地，但最小不得小于长 24 m、宽 13 m。球场必须有明显的界线。长边的界线叫边线，短边的界线叫端线。线宽均为 0.05 m。界线和观众之间至少应有 2 m 的距离。界线外至少 2 m 以内不得有任何障碍物，如图 7-22 所示。

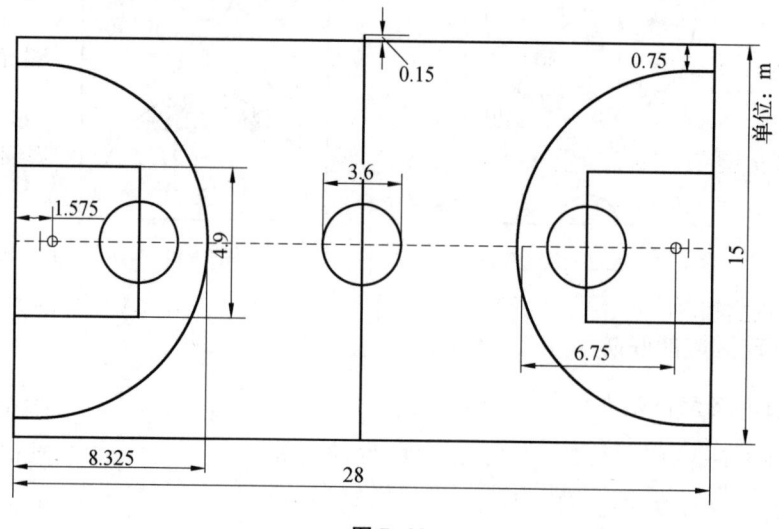

图 7-22

(二) 篮球的场地设备

1. 篮板

篮板应用 0.03 m 厚的坚硬木料或适用的透明材料制成。篮板应横宽 1.80 m，竖高 1.20 m。篮板前面必须平整，并呈白色（透明篮板除外）。在板面篮圈上画一个长方形，宽 0.59 m、高 0.45 m（从外沿量起），线宽 0.05 m。底线的上沿必须与篮圈上沿齐平。

沿篮板四周的边沿画 0.05 m 宽的线，线的颜色应与篮板的颜色有明显的区别。如果篮板是木质的，画黑色；如果是透明的，则画白色，如图 7-23 所示。

篮板应牢固地安置在球场的两端，与地面垂直，与端线平行。它的下沿距离地面 2.75 m，它的中心垂直落在场内距离端线中点 1.20 m 的地方。篮板支柱应设在场外，距离端线外沿至少 1 m 处，如图 7-24 所示。

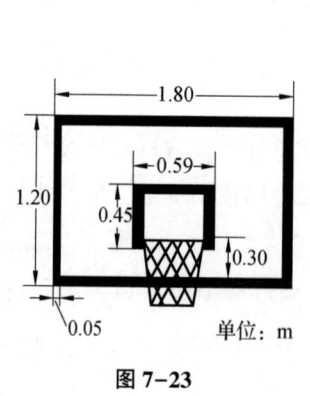

图 7-23

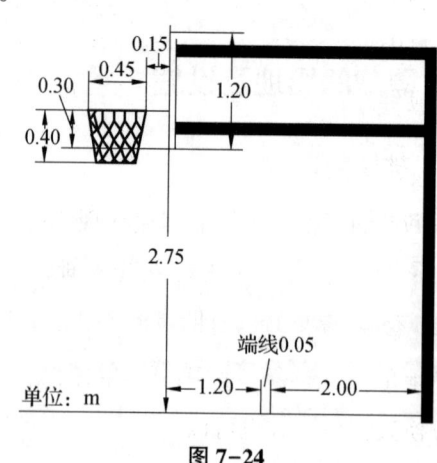

图 7-24

2. 球篮

球篮包括篮圈和篮网。篮圈应由实心铁条制成,内径为 0.45 m,圈条的直径为 0.02 m。

篮圈应漆成橙色。圈下装设小环或类似的东西,以便悬挂篮网,篮圈应牢固地安装在篮板上,须成水平,离地面 3.05 m,与篮板两垂直边的距离相等。篮板面与篮圈内沿的最近点是 0.15 m。

篮网用白色线绳结成,悬挂在篮圈上,悬挂状态时长 0.4 m,如图 7-24 所示。

3. 篮球

篮球是圆形的,内装橡皮球胆,外壳用皮、橡皮或合成物质制成。球的圆周为 0.75~0.78 m,质量为 600~650 g。充气后,使球从 1.80 m 的高处(从球底部量起)落到硬木质地板或较硬地面上,反弹起来的高度不得低于 1.20 m,也不得高于 1.40 m(从球的顶部量起)。

4. 其他

(1) 比赛场地的灯光,至少为 1 500 Lx(勒克斯,又称火烛光)。

(2) 比赛场地如果安装电子仪器设备,应考虑到记录台、球队席和观众都能看清楚。

(3) 安装自动 24 s 计时器,应按规则要求,数字是倒数型的,它能逐秒显示,并具有开、停、继续走、停、回的功能。

(4) 为了明显表示篮球比赛中双方的得分,在球场的最明显处安置记分牌。

五、竞赛规则与裁判法

(一) 比赛

比赛分上、下两个半时,每半时 20 min;或分为 4 节,每节 12 min。比赛中,除了三分投篮区投中得 3 分以外,投球中篮得 2 分,罚球中篮得 1 分。比赛时间终了,双方得分相等时,应延长 5 min 作为决胜期的比赛,直到分出胜负。

(二) 球队

4×12 min 的比赛 3 场以上,每队不超过 12 名队员。2×20 min 比赛,每队不超过 10 名队员参赛,有 5 名队员上场,并可根据规则的规定进行替换。球队使用的号码为 4~15 号。

(三) 替换

当发生争球、犯规、暂停、对方违例、队员受伤、裁判员中止比赛时,可以替换队员。一方换人,另一方也可以换人。换人的信号必须在球重新进入比赛状态前,由替换的队员发出。

（四）暂停

当发生争球、犯规、对方投中篮、违例、裁判员中止比赛时，可请求暂停。暂停的信号必须在球重新进入比赛状态前由教练员发出。2×20 min 比赛，每队上半时允许 2 次，下半时允许 3 次暂停。4×12 min 比赛，每队上半时允许 2 次，下半时允许 3 次，每一决胜期允许 1 次暂停。

（五）违例

1. 球出界

队员使球触及界线或界线外面的地面、人、障碍物及篮板背面为该队员使球出界。罚则：对方掷界外球。

2. 非法运球

运球时球在手中明显停顿，第一次运球结束又再次运球，双手拍球等为非法运球（两次运球）。罚则：对方掷界外球。

3. 带球走

比赛中持球队员超出规则限制的范围移动为带球走。罚则：对方掷界外球。

4. 三秒违例

某队控制球时，球进入前场，该队队员在对方限制区内停留时间不得持续超过 3 s。罚则：对方掷界外球。

5. 五秒违例

场内持球队员在紧逼防守下，5 s 内没有传、投、运球时；掷界外球时，5 s 内没能将球传进场内；罚球时 5 s 内没有投篮出手，均为五秒违例。罚则：对方掷界外球或罚球无效。

6. 八秒违例

在后场控制活球的队必须在 8 s 内使球进入前场，否则为八秒违例。罚则：对方掷界外球。

7. 二十四秒违例

控制球队，必须在 24 s 内完成投篮，否则为二十四秒违例。在一次进攻中，如球被对方打出界，则按 24 s 连续计时计算。罚则：对方掷界外球。

8. 球回后场

控制球的队员在前场不得使球进入后场。罚则：对方掷界外球。

9. 拳击球和脚踢球

比赛中，队员用拳击球，故意用脚踢球或用腿的任何部分拦阻球，均为违例。罚则：对方掷界外球。

10. 罚球违例

队员罚球时，踩线罚球，故意掷板或过早进入场地等均为罚球违例。罚则：罚中与不中均无效。

（六）犯规

犯规是违反规则的行为，包含有不合理的身体接触及不道德的行为。

1. 侵人犯规

队员明显通过伸展臂、肩、髋、膝或过分弯曲身体成不正常姿势以阻挡、拉人、推人、撞人、绊人来阻碍对方行进的行为，均视为侵人犯规。发生犯规时，应登记犯规队员一次侵人犯规，如对不持球或未做投篮动作的队员犯规，由对方在就近点发界外球。对投篮球员的犯规，投中，得分有效，再加罚1次；如投篮不中，判2次或3次罚球。

2. 违反体育道德的犯规

一种是裁判员认为队员不是在规则精神和意图的范围内合法地、直接地试图抱球造成的侵人犯规；另一种是对对方队员发生过分的接触（严重犯规），被认为是违反体育道德的犯规。发生这样的犯规，应判罚球和一次球权。

3. 技术犯规

当队员、教练员等用不道德的语言或行为干扰或不尊重裁判员，应判技术犯规。发生技术犯规时，执行两罚一掷法则或两次罚球。

4. 五次或六次犯规

队员个人在 2×20 min 比赛中各种犯规累计达 5 次，或 4×12 min 比赛中各种犯规累计达 6 次时，必须在 30 s 内被替换。

5. 全队七次犯规或四次犯规

2×20 min 比赛中每半时一个队各种犯规累计达 7 次或 4×12 min 比赛中每节累计 4 次，从第 8 次或第 5 次开始再发生犯规，则判对方两次罚球。但控制队犯规时不执行两次罚球。

第二节 足 球

一、足球运动概述

古代足球游戏起源于中国，经历了汉、唐、宋、元、明、清，当时被称为"鞠"。现代足球起源于英国。1863年10月26日英国成立了世界上第一个足球组织——英国足球联合会,并制定了统一的足球规则。1904年5月21日在法国巴黎成立了国际性的组织——国际足球联合会。随后,世界各大洲的足球联合会也相继成立。

自1930年开始,每4年举办一次世界杯足球赛,至今已举办了22届(第二次世界大战期间停办过2次),是世界足球最高水平的比赛。此外,国际性足球比赛还有世界青年足球锦标赛、世界少年足球锦标赛等。

1840年鸦片战争以后,现代足球传入我国的香港和东南部沿海大城市的教会学校。1908年我国成立现代足球运动的第一个组织——南华足球会。

中华人民共和国成立后,在党和人民政府的领导下,足球运动得到迅速的发展,1956年开始实行全国甲、乙级足球联赛制度。1956年足球比赛被列入每届全国运动会比赛项目。1993年实行俱乐部制,使足球运动逐步走向职业化。1988年中国男足进入汉城奥运会,2002年进入韩日世界杯,2008年作为东道主进入北京奥运会。而中国女足则在1996年亚特兰大奥运会和1999年的第3届女足世界杯都夺得亚军,赢得"铿锵玫瑰"的称号。

经常参加足球运动,能增强人的体质,有效地提高血液循环系统、呼吸系统、内脏器官和神经系统的机能,全面提高身体素质,培养坚强的意志和竞争精神。

二、基本技术

(一) 颠球技术

颠球是学习足球运动的一把金钥匙,使初学者熟悉球性,提高兴趣,发展身体的协调性,提高对球的反应能力,是学习和掌握其他基本技术的基础。在健身运动中,颠球也是一种很好的娱乐和锻炼身体的方法。

1. 颠球的部位与技术要领

颠球一般有脚背正面颠球、脚内侧颠球、脚外侧颠球、大腿颠球、头部颠球、肩部颠球、胸部颠球,约触及身体12个部位。本节重点介绍前4种。

(1) 脚背正面颠球。从挑球开始,球放在脚前30 cm处,用脚向后轻拉球,当球的中心部位滚过脚趾时,立即向上跳起,颠球就开始了。颠球时必须触及球的底部。当颠球的高度在膝关节以下时,膝、踝关节要适当放松,并柔和地向前上方甩动小腿,脚尖稍翘起,将球颠起。

(2) 脚内侧颠球。支撑腿膝关节微屈,身体重心在支撑脚上。当球落至膝关节高度时,颠球腿屈膝盘腿,脚内侧向上摆,脚内翻,轻击球的底部将球颠起,全身放松。

(3) 脚外侧颠球。支撑腿膝关节微屈,身体重心在支撑脚上。当球落至膝关节高度时,颠球腿屈膝内扣,脚外侧向上摆,脚外翻,轻击球的底部将球颠起,全身放松。

（4）大腿颠球。支撑腿膝关节微屈，身体重心在支撑脚上。当球落至髋关节高度时，颠球的大腿膝上摆，摆至水平状态时，轻击球的底部，将球颠起，全身放松。

2. 教学提示

（1）初学者应以脚背正面颠球练习为主。选项课的学生，以脚背正面和大腿颠球练习为主。专项课的学生，以多部位交替颠球练习为主，发展到12个部位颠球。

（2）颠球练习，不要单纯追求数量，应注意提高对球的方向、高度、旋转的控制能力。

3. 颠球练习方法

学习颠球技术，要有信心和耐心，要循序渐进。

（1）先从手坠落或抛起的球颠起，一个部位一个部位地练。每次颠一下，反复练习，再逐步过渡到2下、3下、多下，再发展到交替使用2个、3个、多个部位颠球。

（2）从原地拉挑球开始颠起，球落地弹起后颠一下，逐步过渡到颠2下、3下、多下连续颠球，再发展到2个、3个、多个部位交替颠球。

（3）原地和行进间颠球。

（4）2人、3人、多人的传接颠球。

（二）踢球

踢球是足球基本技术中最主要的技术之一。从脚与球接触部位不同而分为脚内侧、脚背正面、脚背内侧、脚背外侧踢球，另外还有脚尖、脚跟踢球等。不管哪种踢球都是由助跑、支持脚站位、踢球腿摆动、脚击球和随前动作五个技术环节组成。脚与球的接触部位是决定踢球质量的关键因素。

1. 踢球技术动作

（1）脚内侧踢球。脚内侧接触面积大，出球平稳准确。常用于短传和射门，以及二过一的战术配合。

动作要领：踢球时，支撑脚踏在球的侧后方15 cm左右，膝部微屈，踢球脚稍向后提起，膝、踝关节外展，脚尖稍翘起，前摆时小腿加速，脚掌与地面平行，脚踝用力，用脚内侧（踝骨下面，跟骨前面）的部位，踢球的后中部，如图7-25所示。

图 7-25

易犯错误：

①踢球脚的膝关节转不够，脚尖没翘起，脚太放松，触球部位不准。

②动作紧张，直腿扫踢球，没用小腿加速前摆踢球。

（2）脚背正面踢球。脚背正面踢球因腿的摆动与髋、膝关节的结构相适应，便于加大摆幅和摆动速度，动作自然顺畅，脚与球接触面积也大，踢出的球准确有力。常用于中、远距离传球、射门等。

动作要领：直助跑，最后一步稍大并要积极着地，支撑脚踏在球侧 10~15 cm 处，脚尖对准出球方向。踢球腿后摆放松，前摆时大腿带动小腿，当膝盖摆正至接近球的正上方时，小腿加速前摆，脚背绷直，脚趾扣紧，用脚背正面击球的后中部，踢球腿顺势前摆落地，如图 7-26 所示。

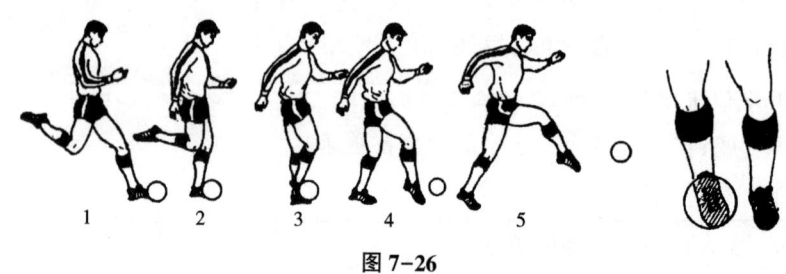

图 7-26

易犯错误：

①踢球腿前摆时，小腿过早加速用力，容易造成脚尖踢地。

②踢球时脚背没有绷直，膝盖没在球的上方，上体后仰，将球踢高。

③踢球时怕脚触地，不敢绷脚面，造成不能用脚面击球，击球无力。

脚背正面踢反弹球的动作要领：判断好来球落点，支撑脚踏在球的侧面，当球将要落地时，踢球脚小腿急速前摆，在球刚后弹离地时，踢球的后中部，如图 7-27 所示。

易犯错误：

①判断球的落点不准确，支撑脚位置不当。

②踢球时踢球脚的膝盖没有在球的上方。

③在球刚刚后弹时踢球，击球时间过晚。

图 7-27

（3）脚背内侧踢球。用脚的大趾骨后方脚背的部位。腿的摆幅较大，出球有力，由于脚与球接触的面积大，所以踢球准确。脚背内侧踢球适合于中长距离传球、射门。

动作要领：斜线助跑，身体与球成45°角，支撑脚踏在球的侧后方（踢平直球要踏在球的侧方）。距球 25~35 cm 处，脚尖指向出球方向。在支撑脚着地同时，踢球脚以髋关节为轴，大腿带动小腿由后向前摆。当身体转向出球方向，膝关节摆至接近球的内侧上方时，小腿加速前摆，脚背绷直，脚趾扣紧并斜下指，用脚背内侧击球的后中下部。出球后，踢球腿顺势前摆落地，两臂自然摆动，如图7-28所示。

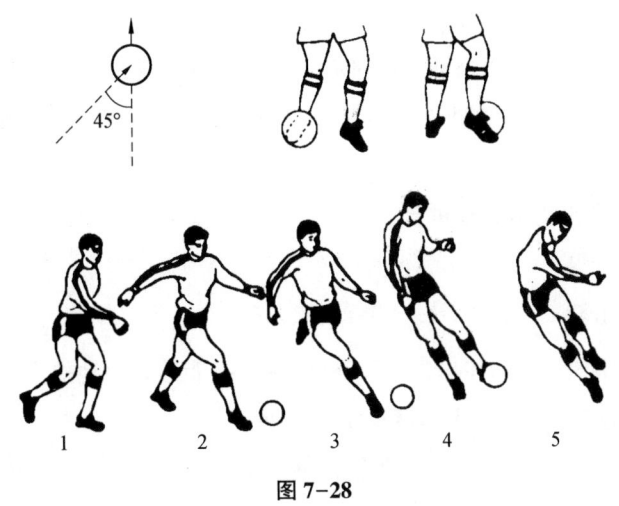

图 7-28

易犯错误：
①助跑方向与球角度不当，支撑脚足尖没有指向出球方向，出球不准。
②支撑脚膝关节过于弯曲，踢球脚前摆时画弧，成扫球动作。

（4）脚背外侧踢球。它能充分利用脚踝的动作和力量，隐蔽性强，对方不易判断出球方向。常用于中、近距离传球、射门和二过一战术配合。

动作要领：基本上与脚背正面踢球相同，只是踢球脚的膝关节和脚尖内转，脚面绷直，脚趾向内扣紧并斜下指，以脚背外侧触球。

踢弧线旋转球时，支撑脚踏在球侧约 20 cm 处，身体稍向支撑脚一侧倾斜，踢球的侧后方。踝关节紧张用力切削球，踢球后，腿向侧上方摆出，以加大旋转力量，如图 7-29 所示。

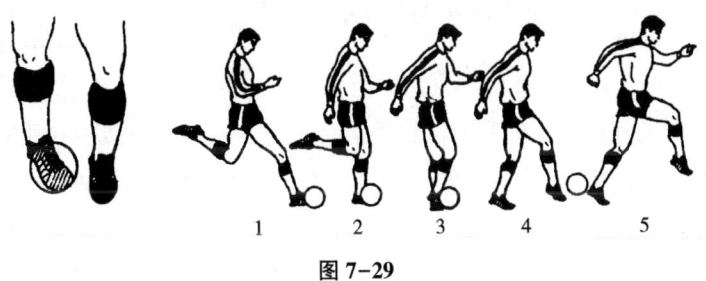

图 7-29

易犯错误：
①踢球时脚尖没有内收，造成不能用脚背外侧踢球。
②踢球时脚背绷得不直，脚腕无力，造成出球无力。

③ 向侧面摆腿，造成出球无力。

2. 教学提示

（1）重点加强支撑脚、摆腿、触球部位、脚的部位的练习。

（2）要循序渐进。首先要求动作的准确性，然后逐步要求力量和距离。

（3）脚背正面踢球，可采用"逆式教学"，即先学踢半空球、后弹球、迎面滚来的球，最后学定位球。

（4）多结合游戏和教学比赛进行。

3. 踢球的练习方法

（1）个人练习方法。

① 颠球。用脚背正面、脚内侧、脚背外侧颠球，能够有效地提高"脚感"（脚的部位感觉和触球部位的感觉），有利于踢球技术的掌握。

② 模仿踢球动作练习。体会动作要领，重点是支撑脚取位、摆动腿和身体协调动作。

③ 对墙，距离3~5 m，做各种踢球练习。

（2）集体学习。

① 2人一组，1人用脚掌踩着球，1人做轻踢球练习。体会动作要领及触球部位。

② 2人或2队一组，相距10~15 m，对踢定位球。进一步体会动作要领和触球部位。

③ 2人或2队一组，相距10~15 m，踢迎面轻滚来或抛来的球。

④ 3人一组，三角传球，先做停球后再传球，再做不停球直接传球；先做原地的，再做跑动中的。

⑤ 2人一组，6~8 m跑动中传球练习。

⑥ 3人一组，20 m左右跑动中传球练习。

⑦ "斗牛"游戏。几个人围成圈传球。1人或2人在中间抢球，只要触到球或传接球失误，双方即换位置。游戏中可以规定某种踢球动作和触球次数。

⑧ 2人或3人一组的传球练习都可以结合射门进行练习。

（三）接球

接球是指运动员利用身体的有效部位把运行中的球有目的地接控在所需要的位置上的动作，其利用的都是卸力的原理。准确地判断来球、触球的部位和触球瞬间的卸力动作（后撤或下撤）是接球技术中的关键。

1. 接球技术动作

（1）脚内侧接球。脚触球的面积大，易接稳，便于改变方向和衔接下一个动作。接地滚球时，支撑脚膝关节微屈，接球脚正对来球，小腿放松，当球滚到身体下方时，触球的中部，若来球力量较大时，接球脚随球后撤，把球接好，如图7-30所示。

图 7-30

易犯错误：

①接球脚离地面过高，造成漏球。

②后撤动作过早或过晚，使球碰脚弹出。

接反弹球时，支撑脚踏在球落点的侧前方。接触球时，接球脚小腿与地面成 45°角，小腿放松，当球刚落地反弹离地时，用脚内侧压推球的后上部，把球接在身前。

易犯错误：

①判断来球的落点不准，支撑脚的位置距球过前或过后。

②接球脚小腿与地面的角度不好，或脚离地过高，造成漏球。

接凌空球时，接球脚的大腿高抬，膝关节外转，接球脚前迎以脚内侧对准来球，脚触球刹那，小腿放松，顺势向下撤，将球接好。

（2）脚背正面接球。便于在快速奔跑中接球，同时也便于连接下一个动作，在接高空下落球时多采用。

动作要领：面对来球，支撑脚立于接球点的侧后方，膝关节微屈。接球脚小腿前伸，以脚背对准正在下落即将触地的球，让球砸在放松的脚面上，即可将球接好，如图 7-31 所示。

图 7-31

易犯错误：

①球落点的判断不准，球落不到脚面上。

②接球脚紧张，放松不够。

（3）脚背外侧接球。脚背外侧接球常与假动作结合起来做，具有隐蔽性，但重心移动较大。

动作要领：接正面来的地滚球，接球脚稍提起，膝关节和脚内转，以脚外侧对正来球，用支撑脚的前侧接触球的侧后方位，触球时向接球脚一侧轻拨，把球接在侧方或侧后方。

易犯错误：

①身体重心移动慢，造成不能以脚背外侧正对来球。

②接球脚压在球的上方。

（4）大腿接球。用大腿的股四头肌的部位触球，面积大，接球稳准，动作较为简单，容易掌握，接空中下落的球时多采用这种方法。

判断好球的落点，支撑脚立在接球点的侧后方。接球时，大腿高抬，小腿自然下垂，以大腿接球的部位对准来球下落的角度，触球一刹那，大腿肌肉放松，并顺势向后撤，把球接在体前，如图7-32所示。

图7-32

易犯错误：

大腿提起迎球动作不够，做下撤动作时肌肉紧张。

（5）胸部接球。用胸大肌部位触球。触球面积大，位置高，接球稳，用途广。一般接空中下落球时多用这种方法。

动作要领：正对来球，两腿微屈，上体稍后仰，身体重心放在后脚或两脚之间。当球与胸接触的一刹那，吸气，两脚蹬地，胸部迎球上挺，触球的后中下部，使球微微弹起，把球接在体前，如图7-33所示。

易犯错误：

身体后仰不够，挺胸动作与脚蹬地动作不协调。

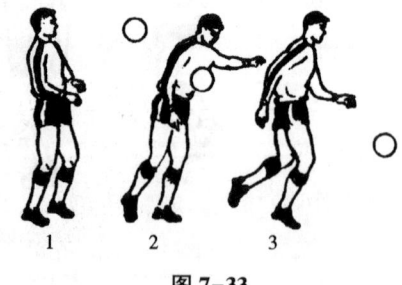

图7-33

2. 教学提示

（1）以接球动作、触球部位和卸力动作为重点。

（2）培养学生迎球接球和接球前观察场上情况的习惯。

3. 接球的练习方法

（1）个人练习。颠球，最后一下颠过头顶，做接球练习。

（2）自己慢跑中，向前上方抛球，做接球练习；做组合接球练习，如大腿接球，再来一个脚内侧接后弹球。

（3）2人一组，相距6~8 m。原地稍有移动，接对面抛来的地滚球、平球、高球、反弹球。

（4）2人一组传接球，接迎面踢来的地滚球、平球、高球、反弹球。距离由近到远逐步增加。

（四）头顶球

头顶球在比赛中是争夺空中球的有效手段，在进攻和防守中都有着重要作用，在加快进攻速度和完成战术配合中也有着十分重要的意义。

1. 头顶球技术动作

原地正面顶球：用前额骨的正中部位击球，动作简单易学。

动作要领：正对来球，两脚平行站立前后开立，膝关节微屈，上体后仰，重心在后腿上，两臂自然张开，两眼注视来球。顶球时，后腿用力蹬地，上体由后快速前摆，颈部保持紧张，用正额迎击球的后中部，如图7-34所示。跳起顶球，用单脚或双脚起跳，在身体升空过程中做好顶球的准备，顶球动作与原地顶球相同，如图7-35所示。

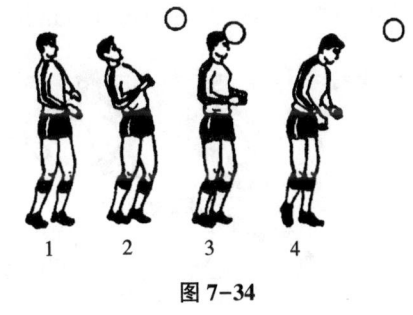

图 7-34

图 7-35

易犯错误：

（1）惧怕心理，顶球时闭眼缩脖，不是用头主动去顶球，而是球碰头。

（2）判断落点不好，击球时间过早或过晚，身体前伸，出球无力。

（3）没有甩头动作，颈部、腰腹用不上劲。

2．顶球的练习方法

（1）1人拿球，让顶球人模仿顶球动作，体会额骨的部位、触球的部位。

（2）2人对面抛球练习。相距5~8 m，先原地顶球，再做加助跑的顶球，最后做跑起顶球。

（3）2人一组，相距5~8 m，1人向左、右抛球，另外1人左右移动顶球。

（4）头顶球射门练习。先顶抛来的球，再顶传中球射门。

（五）运球

运球是运动员在跑动中，有目的地连续用脚推、拨球的动作，使球处于自己的控制之下，寻找传球、突破、射门的机会。一般常用外脚背和脚内侧运球。

1．运球的技术动作

（1）脚背外侧运球。用脚背外侧运球，便于快速奔跑和改变方向，十分灵活。

动作要领：运球时身体放松自然，跑动中运球脚提起，脚尖稍内转，踝关节放松，在向前迈步将要落地前，用脚背外侧推拨球的左侧后方，如图7-36所示。

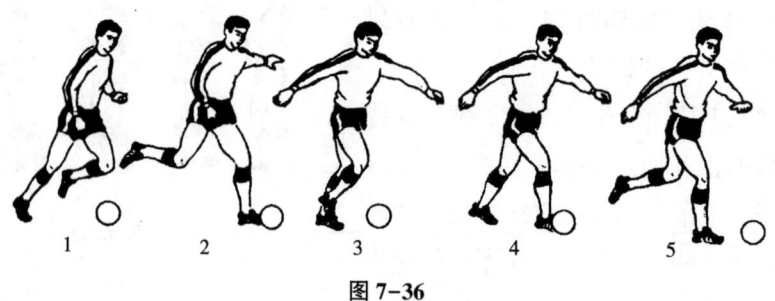

图7-36

易犯错误：

①身体重心高，做变向运球时，身体倾转不够。

②运球脚不是正确地去推拨而是踢，使球离身体太远，失控。

（2）脚内侧运球。当接近防守队员，要用身体掩护球时，多采用脚内侧运球。

动作要领：右（左）脚运球时，左（右）脚向前跨出一步，在球的前侧方落地，膝微屈，身体重心随着向前移动，上体前倾并稍向右转。右（左）脚提起用脚内侧推拨球的后中部，如图7-37所示。

在变向运球时，常用两种方法，即用右脚内侧做直线运球时需要左侧运球，就用右脚背内侧扣拨球的前侧方；用左脚外脚背向左拨球，使球改向左侧，接着用左脚内侧运球。

易犯错误：

脚踝太紧张，触球时动作不是推拨而是踢，造成追球。

图 7-37

2. 教学提示

运球教学的重点，应放在运控球上，提高对球的控制能力，以满足大学生日常小场地比赛的需要，激发他们再学习的欲望。例如，学习运球过人以及战术配合。

3. 运控球的练习方法

（1）慢跑中，交替用两脚的脚内侧做直线运球，主要体会推拨球的动作。

（2）原地用脚内侧连续做横拨球，加转身180°做连续横拨球。

（3）用两脚的脚内侧，做一步节拍（一左一右）地向斜前方运球。做两步节拍的向斜前方运球。注意身体重心的移动。

（4）动作同练习（3），但要做出一侧慢、一侧快的节奏来。做两步节拍快动作时，第一节拍推拨球后，运球脚不要落地，立即完成第二节拍的推拨球动作。

（5）用两脚的脚背外侧，做一步节拍地向斜前方运球。

注意换脚时，运球脚先向外侧跨一步再换。做两步节拍地向斜前方运球。注意身体重心的快速移动。

（6）动作同练习（5），但要做出一侧慢、一侧快的节奏来。做两步节拍快动作时，第一节拍推拨球后，运球脚不要落地，立即完成第二节拍的推拨球动作。

（7）用一只脚的脚内侧、脚背外侧，连续做向里推向外拨球的动作。再做出一侧慢、一侧快的节奏来。

（8）同（3）～（7）练习，增加一名消极防守者进行练习；结合射门练习。

（9）在较小的区域内，多人进行随意运球。要抬头看人，人球兼顾，注意观察。

（10）结合运球、传球，做3对3和5对5的控制球练习。

三、基本战术

足球战术是指在比赛中，为了达到本队既定的目标，根据双方实力，制定的个人行动和集体配合的总称。

战术制定得是否符合客观实际，是决定比赛成败的重要因素之一，一个队制定什么样的战术，首先依据本队的技术水平、身体训练水平和战斗作风；其次是正确地分析、判断对手的实力，充分发挥本队个人与集体的特长，进攻对方弱点，取得比赛的胜利。战术可分为比赛阵型、进攻战术和防守战术。

(一) 比赛阵型

为了适应进攻战术和防守战术的需要，队员在场上的位置排列和职责分工，称为比赛阵型。阵型是以各位置队员排列的形状的数量命名的，人数排列由后向前，分成后卫线、前卫线和前锋线。守门员一般不计。

比赛阵型的产生和发展是随着技术、战术配合和身体训练的水平不断提高以及规则的制定和改变而产生、发展的。比赛阵型的发展必然会对技术、体能等方面提出更高的要求，推动足球运动的发展，如图 7-38 所示。

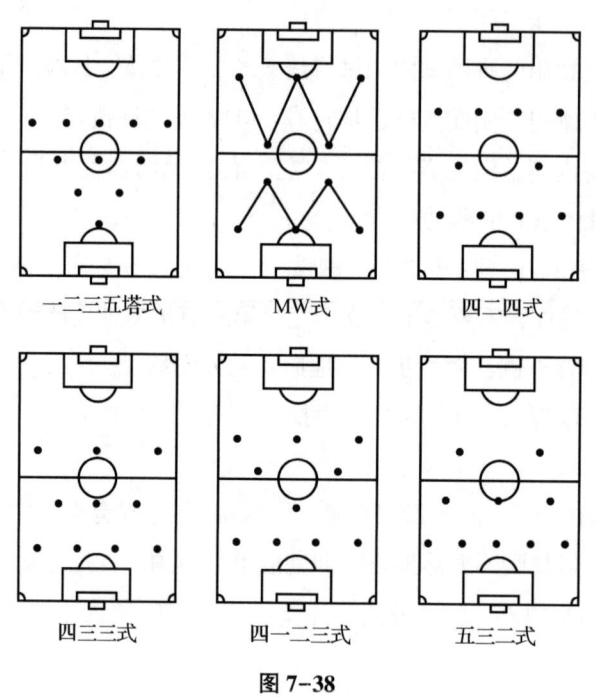

一二三五塔式　　MW式　　四二四式

四三三式　　四一二三式　　五三二式

图 7-38

(二) 足球的基本战术配合

1. 2~3 人的进攻配合

"二过一""三打二"是足球比赛中运用最普遍、最基本、最实用的进攻战术。无论多么复杂的进攻战术都是由这两种基本战术配合构成的。

(1) 斜传直插"二过一"。11 号斜传球给 10 号，然后直插，接 10 号的斜传球。

(2) 横传、直传、斜插"二过一"。10 号横传给 8 号，8 号再传给斜插上的 10 号。

(3) 回传、直传、反插"二过一"。8 号回传给 5 号，5 号再传给反身插入的 8 号。

(4) 结合假动作反方向传球"二过一"。10 号接 11 号传球后，防守队员堵死了 10 号传球路线，10 号假向另一方向处理球，突然把球再传给 11 号。

(5) 3个前锋的配合。8号传球给7号,同时快速向边线跑动策应,把对方引向边线,10号突然插入空当,接7号的传球。

(6) 前卫与两人前锋的配合。5号把球传给8号,当对手紧逼时,8号把球回传给5号,10号快速插入空当区,5号及时把球传给10号。

(7) 前卫与边锋的配合。5号运球时,7号快速沿边线插上,10号抓住时机向里切入,5号及时向10号切入方向传球。

2. 2人的防守配合

"二防二""二防三"是防守战术配合中最基本的方法。

(1) "二防二"。对持球队员5号,实行紧逼盯人防守,9号无球,防守队员可松动看守,但要注意观察持球队员和同伴的动向,根据场上情况或上前抢断对方的传球,或在持球队员越过同伴时及时补位。

(2) "二防三"。以少防多时,首先要站好位置,封堵进攻队员切入和向前传球的路线,不要急于抢球,迫使对方减慢进攻速度,争取同伴回防。

3. 集体进攻与防守战术配合

考虑到大学生足球活动的实际需要,本节只作简述。

(1) 集体进攻战术。包括边线进攻、中间进攻和转移进攻。例如,由守转攻时,将球传给边锋,发动进攻。经过局部配合,下底(或半腰)传中,由其他队员包抄射门。

(2) 集体防守战术。包括区域防守、紧逼盯人防守、混合防守等。混合防守是以人盯人为主,结合队员互换盯人,位置不变;在有球区域紧逼对手,实施局部紧逼对手;个别位置可派专人死盯对方突出队员。

(三) 教学提示

(1) 基本技术是战术的基础,重视战术训练,更要重视各项基本技术的熟练和提高。

(2) 通过观看图示、战术配合录像专辑,提高大学生对战术的认识和理解。

(3) 抓住教学比赛中典型战例,进行现场讲解。

(4) 先用手传接球的方法使大学生熟悉路线。

(5) 在"二过一""三打二"的练习中,要边练边讲,对持球队员和接应队员提出具体要求。

(6) 关键在于把球传到对方身后。

(四) 战术的练习方法

(1) 2人一组,相距10~15 m,做直线跑动、斜线传接球练习。

(2) 2人一组,相距10~15 m,做斜线跑动、直线传接球练习。

(3) 在边长10 m的方形或相应圆形内,进行"三对二""五对三"的抢截练习。

（4）在场地内，进行 3~5 人的分组比赛。

（5）在半场做攻守练习。

四、竞赛规则与裁判法

（一）足球比赛场地

（1）足球比赛场地必须是长方形的平整场地，如图 7-39 所示，长度为 90~120 m，宽度为 45~90 m，国际比赛场地长 100~110 m、宽 64~75 m，场地的长度必须大于宽度。

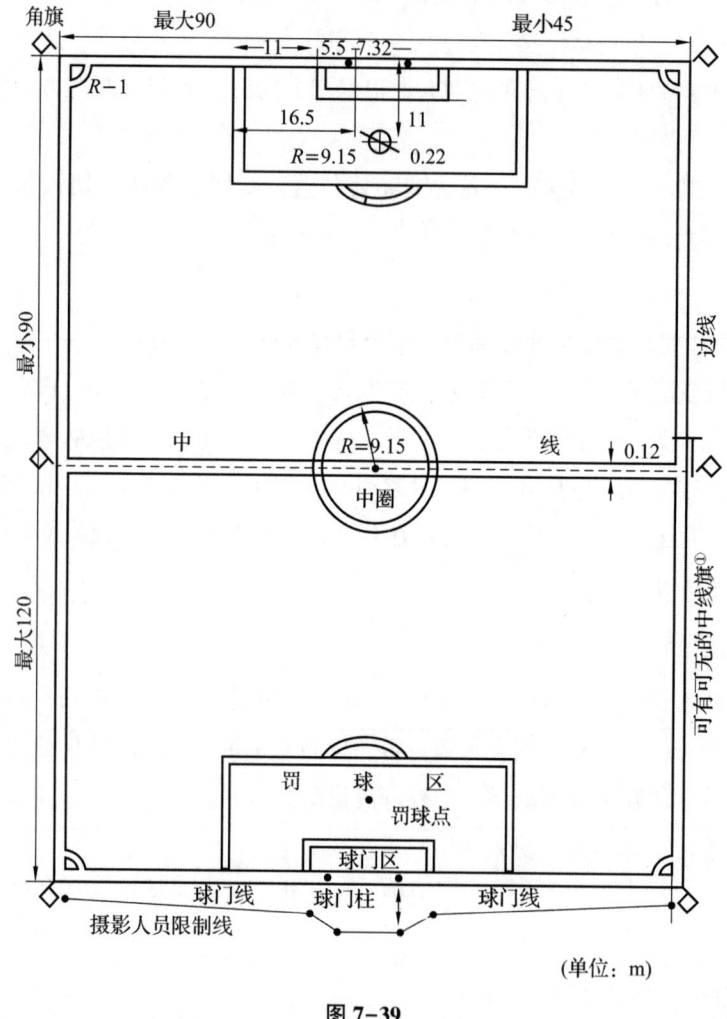

图 7-39

（2）场上各线宽不得超过 12 cm。球门线宽必须为 12 cm，并与球门柱的宽度相等。

---

① 中线的两端边线外的 1 m 处各插一面小旗叫中线旗。规则并未规定必须设置，但正式比赛一般均在第四官员席对面，是正式比赛判断运动员是否越位的分界线。

(3) 角旗。场地四角必须各竖一平面的旗杆,杆高 1.5 m,上挂一面小旗叫角旗。

(4) 中线旗。在中线两端的边线外至少 1 m 处可以各竖直一面与角旗相同的小旗,叫中线旗。

(5) 球门。两柱的内沿相距离 7.32 m,横木的下沿距离地面 2.44 m,立柱与横木的宽度和厚度均不得超过 12 cm。

(二) 比赛方法

足球比赛有 7 人制和 11 人制两种,室内足球比赛为 5 人制。

(1) 7 人制。每队上场队员 7 人,其中有守门员一人。比赛分上、下两半场,各 20 min,中间休息 10 min。

(2) 11 人制。每队上场队员 11 人,其中守门员一人,比赛分上、下两半场,各 45 min,中间休息 10 min。

(三) 比赛规则简介

1. 界外球

在比赛中,若球由一队踢出边线,就由对方用掷界外球的方法将球掷入场内,继续比赛。球被攻方队员踢出对方端线,就由守方在球门区内罚球门球。如果球被守方踢出本方端线,应由攻方将球放在角球区内罚角球。

2. 手球

比赛过程中,除守门员外,其他人用手碰球就是手球犯规,由对方将球放手球犯规地点罚球。防守队员如果在自己本场的罚球区内手碰球,就由对方将球放在罚点球位置上罚点球。守门员只能在本方罚球区内用手接球,如果在罚球区外用手碰球,应判手球犯规。

3. 越位

当同队队员踢球时,本队队员站的位置(在球的前面和在对方半场内)与对方端线之间,对方队员少于 2 人时,作为越位犯规。由对方将球放在越位犯规地点踢球。如何判罚越位,根据以下两点:①一般按时间因素:当同队队员向他传球的刹那;②按位置因素:当该队员在对方半场内,在球的前面,并且对方队员不足 2 人时。

该队员处在越位位置上,但裁判员认为对该队无利,也不阻碍对方,可不判罚。

4. 犯规动作及判罚

(1) 脚踢人、手打人以及蹬踏等粗野动作;绊摔或企图绊摔,不合理冲撞等危险动作;禁区内手触球,罚点球。如果是球打手(如对方射门或传球打手),属无意手球,可不判罚。

(2) 守门员持球后,不得超过 6 s,应判由对方在原地踢间接任意球。

(3) 掷界外球必须双手过头顶,掷球时两脚不得离地(违反者判对方掷界外球)。

（4）球在空中出边线、端线因风向或弧线而回入场内的球，应判界外球、角球或球门球。

（5）掷界外球、罚角球时无越位。

（6）中圈开球时，球未向进攻半场移动，对方队员不得进入中圈抢球。

（7）守方队员在罚球区域内严重的犯规和手球，应判罚点球。在执罚点球时，除主罚队员和守门员外，其他队员须退出罚球区和罚球弧。守方在此区域内罚任意球或球门球时必须踢出罚球区以外。

5. 直接任意球

罚球队员可以直接射门得分。队员故意违反下列十项规定中任何一种，由对方在犯规地点罚直接任意球。如果队员在本方罚球区内故意违反这些规定，则应判罚点球。

十项规定如下：

（1）踢或企图踢对方队员。

（2）绊摔或企图绊摔对方队员。

（3）跳向对方队员。

（4）冲撞对方队员。

（5）打或企图打对方队员。

（6）推对方队员。

（7）为了得到对球的控制而抢截对方队员时，于触球前触及对方球员。

（8）拉扯对方球员。

（9）向对方球员吐唾沫。

（10）故意手球（不包括守门员在本方罚球区内）。

6. 间接任意球

罚球队员不可直接射门得分，踢出的球必须触及场上任何队员（包括对方队员）再入球门进一球。队员在场违反下列规定之一者，应罚间接任意球。

例如：蹬踏；踢球抬腿过高；一队员正准备踢球，另一队员突然上体前倾要去顶球；队员不去踢球，故意阻挡对方队员者；冲撞守门员者；守门员违例；越位及各种情况下的边踢（如罚任意球、角球、掷界外球等）。

（四）裁判员手势

（1）直接任意球。单臂前平举，指向罚球方向。

（2）间接任意球（包括越位）。单臂上举，掌心向前，待球踢出后，经另一队员踢、触及或成死球时放下。

（3）角球。单臂斜上举，指向角球区。

（4）罚点球。单臂指向罚球点。

(5) 球门球。单臂前平举,指向球门区。

(6) 警告或罚令出场。手持黄牌或红牌面向犯规队员,单臂上举过头。

(7) 继续比赛(掌握有利)。两臂向斜下方展开前连续挥动。

第三节　排　球

一、排球运动概述

排球运动是隔网进行的集体对抗性体育项目。排球比赛从发球开始,然后双方运用发球、垫球、传球、扣球、拦网等技术动作,组成进攻和防守战术。

排球的起源可追溯到 19 世纪末。1895 年美国人威廉·摩根发明一种游戏,开始是用篮球胆在室内的网球网两边打来打去,力争不使球落在自己的场区内,人数和击球次数不限,没有完整的竞赛规则,这种游戏经过不断发展,最终演变成了现代的排球运动。排球运动于 1900 年传入亚洲,先后经历了 16 人制、12 人制、9 人制和 6 人制的演变过程。1917 年排球运动传入欧洲,在苏联、法国等国广泛开展。1947 年国际排球联合会成立,排球运动发展成为世界性的体育项目。1905 年排球运动传入中国,1951 年我国举行了第一届全国排球赛,1954 年国际排球联合会接纳中国排球协会为正式会员,从此,中国排球队参加了一系列重大国际比赛,跨入了世界排球运动的先进行列。

排球运动是便于开展、易于锻炼的运动项目,不受年龄、性别的限制,既可竞技,又可娱乐健身。经常参加排球运动能增强体质,提高人体中枢神经系统和内脏各器官的功能,培养勇敢顽强、机智果断、团结协作的集体主义精神。

二、基本技术

排球运动基本技术是指在规则允许的条件下,所采用的各种合理击球动作的总称。它由步法和手法两部分组成。基本技术有准备姿势、移动、发球、垫球、传球、扣球和拦网。

(一) 准备姿势和移动

准备姿势是指准备移动或迎接来球的身体姿势;移动是指为了及时接近球或迅速占据场上有利位置的一些步法动作。

1. 准备姿势

两脚左右开立,略宽于肩,脚尖稍内收,脚跟稍提起,两腿弯曲,上体前倾,重心靠前,两臂自然屈肘于体前,两眼注视来球,两脚微动待发。

2. 移动

移动由起动、制动、改变方向构成。根据来球的速度和距离的不同,通常采用步法有并步、滑步、跨步、交叉步和跑步。

3. 练习方法

(1) 徒手做各种准备姿势和移动步法的模仿练习。

(2) 练习者做准备姿势后,沿"米"字线做各种移动步法。

(3) 将球抛向不同方向,练习者用不同步法迅速将球接住。

(二) 发球

发球是队员在发球区内由自己抛球,用一只手将球从过网区内击入对方场区的技术动作,它是比赛和进攻的开始。发球可以直接得分,也可以破坏对方的战术组成,还可以起到先发制人的作用。发球的方法较多,这里介绍常用的几种(以右手为例)。

1. 发球技术动作

(1) 正面下手发球。这种发球动作简单易学,适用于初学者。

动作要领:面向球网站立,左脚在前,右脚在后,两膝微屈,上体前倾,左手托球置于腹前,右臂自然下垂,两眼注视球。发球时,右臂伸直,以肩为轴后摆,左手抛球在腹前右侧离手20~30 cm高度,随之右脚蹬地右臂前摆,在腹前用虎口、掌根或手掌击球的后下部。随着击球动作,重心前移,迅速入场,如图7-40所示。

图7-40

(2) 侧面下手发球。这种发球能够利用身体的转动,便于用力,初学者较易掌握,但攻击性差。

动作要领:左肩侧对球网,双脚左右开立,与肩同宽,两膝微屈,左手持球置于腹前。发球时,将球抛至腹前一臂远,离手高约30 cm处,同时右臂摆至身体右侧后下方,接着右脚蹬地向左转体,带动右臂向上方挥摆,用虎口或全掌在腹前击中球的后下部,重心前移,随即入场,如图7-41所示。

图 7-41

（3）正面上手发球。这种发球便于观察对方，易于控制球的落点。适用于身材高大、手臂爆发力强的队员。

动作要领：面向球网，左脚在前，右脚在后，两膝微屈，重心偏于右脚，左手持球置于腹前。发球时，左手将球平稳地向右肩的前上方抛起，不低于 1 m 的高度，同时右臂抬起屈肘后引，上体稍向右转动。击球时，右脚蹬地，上体回振收腹，带动右臂前挥，至右肩上方约一臂的位置时用手掌击球的中下部，通过手腕的主动推送将球击入对方场区，击球手型和部位如图 7-42 所示。

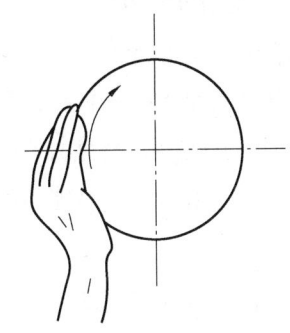

图 7-42

（4）勾手发飘球。这种发球具有力量大、速度快、弧度低的特点，适宜发长距离飘球。

动作要领：体侧对网，两脚自然开立，左手持球于胸前，再将球垂直、平稳地抛送至左肩前上方约一臂高处，同时右臂摆至侧后方，重心移于右脚，随之右脚蹬地左转体发力带动直臂迅速上挥，用掌根或拇指根部击球体的中下部。触球后，手臂突然停止摆动，迅速进场，如图 7-43 所示。

图 7-43

2．练习方法

（1）徒手模仿练习，按顺序做准备姿势、抛球、击球方法的分解动作，体会要领。

(2) 结合球做练习,由分解动作开始,首先掌握抛球与引臂的正确配合,掌握抛球的路线、高度。其次练习挥臂击球,认真体会正确用力与击球动作的衔接。

(3) 距网 2 m 左右持球站立,抛球后做完整的发球动作,把球击入网中,反复试做。

(4) 端线发球,掌握正确的发球动作。

(5) 发直线、斜线、前场、后场以及指定区域的球。

(三) 垫球

垫球是手臂插入球下,利用来球的反弹力向上击球的动作。主要用来接发球、接扣球、接拦回球。

1. 垫球技术动作

(1) 正面双手垫球。正面双手垫球是各项垫球技术的基础,适合垫速度快、弧度平、落点低、力量大的各种来球。

动作要领:判断来球并迅速移动到位,对正来球做好准备姿势。球至腹前时,两手手指重叠后合掌互握,两拇指平行,两手掌根紧靠,两手自然放松,两臂夹紧前伸,插到球下,两腿向前上方蹬地,用腕上 10 cm 左右桡骨内侧的部位,如图 7-44 所示,在腹前一臂距离的位置垫击球的后下部,如图 7-45 所示。

图 7-44

图 7-45

(2) 体侧垫球。在接发球和防守时,身体来不及正对来球或遇追胸球时采用。

动作要领:向来球一侧做侧弓步,同时两臂并拢伸出,异侧肩下倾,臂夹紧内旋对准来球,在体侧用前臂触球偏底部,同时含胸提肩,配合蹬地转腰收腹的协调动作将球垫出,如图 7-46 所示。

图 7-46

(3) 跨步垫球。来球在身体前方或斜前方 1 m 左右较低的位置时采用跨步垫球。

动作要领：看准来球落点，向前或向侧跨出一大步，屈膝深蹲，上体前倾，重心落在跨出的腿上，身体对正来球，两臂前伸插入球下，用前臂垫击球的后下部。

（4）背垫球。背对垫出方向，从身前向背后垫球称背垫球。一般用于一传失控后的调整球或第三次被动无攻，击球过网。

动作要领：判断来球飞行方向并迅速跑动追球，背对出球方向，两臂夹紧伸直截插球下，抬头挺胸，展腹后仰，直臂向后上方摆动，在高于肩处击球体下前部，将球垫出，如图7-47所示。垫低球时，可用屈肘、翘腕的动作，从虎口处将球向后上方垫起。

图7-47

（5）挡球。当来球高而重，不便于传和垫时，可用手掌在胸、肩部以上挡击来球称挡球。其主要用于防守中接高于肩的球，运用此技术可扩大控制范围，提高防守效果。

动作要领：两肘弯曲，两虎口交叉，两掌外侧朝前，合并成勺形，如图7-48所示。挡球时，上体后仰，前臂放松，肘朝前、腕后仰，以掌外侧和掌根组成的平面挡击球的后下部。击球时手腕紧张，用力适度，击球点应保持在前额或两侧肩上，如图7-49所示。

图7-48　　　　　　图7-49

2. 练习方法

（1）徒手模仿教师的垫球手臂动作和完整的垫球动作，两人一组相互纠正错误动作。

（2）垫击固定球，体会正确的击球点、手型、击球部位与夹臂用力。

（3）反复对墙垫、自垫，主要体会顶肘和提肩动作。

（4）两人垫球练习，两人一球，对面站立，相距4 m左右，一人抛球或传球，另一人垫球，并逐步过渡到连续对垫；两人相距10 m左右，一发一垫。

（5）三人一球，发、传、垫，主要掌握移动选位的能力和垫球手法，体会控制球的方向和力量。

（6）隔网接发球练习，要求将球垫到二传位置。

（四）传球

传球是指利用手指、手腕的弹力和全身的协调用力将球传至一定目标的击球动作。它在组织进攻、串联攻防中起纽带作用。传球的方法很多，下面介绍常用的几种传球方法。

1. 传球技术动作

（1）正面传球。正面传球技术的关键环节是手型、击球点、手指手腕对球的缓冲控制和身体协调用力。移动到位并对正来球，是传好球的基础。

动作要领：对正来球，做好准备姿势，抬臂，当球接近额前时，脚蹬地伸臂，在额前上方约一球的位置击球。手触球时，两手自然张开成半球形，腕稍后仰，以拇、食、中指托住球的后下部，指腕适度紧张，以承担球的压力。两拇指相对，接近"一"字形，两手间保持一定距离，两肘适当分开，两前臂之间约成90°角，如图7-50所示。

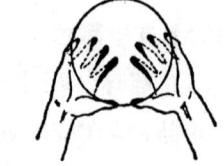

图7-50

（2）背传球。向后上方传球称背传球。

动作要领：判断好来球，迅速移入球下，背向传出方向，上体后仰，两手抬起置于脸前。击球时，手指后仰，掌心向上，击球的下部，并用蹬地挺胸、展腹伸肘送臂的协调动作，配合手指、手腕的弹力将球送向后方。

（3）跳传球。跳起在空中用双手传球，称为跳传球。

跳起后，两臂自然屈肘在脸前，身体在空中保持平衡，在跳至最高点时两手抬至额上方，靠迅速伸臂及指腕主动用力将球传出。

2. 练习方法

（1）反复做徒手、持球的传球练习。

（2）两人一球，迎面相距1~3 m对传球。

（3）接自抛或对方抛球后的背传练习。

（4）3人一组，站位成三角形互传，着重提高改变传球方向和转身传球的能力。

（5）平网对传练习。两人一组，平行站于网前，传高球和传平球交替进行，体会网前传球动作。

（6）做4、3、2号位网前移动传球练习。

（五）扣球

扣球是练习者跳起在空中，利用身体的爆发力和快速挥臂，将高于球网上沿的球用力击入对方场区的一种击球方法。扣球是得分的主要手段，是进攻中最积极有效的武器。在扣球动作环节中，选好起跳点、起跑及时、保持好人与球的位置是扣好球的基础，手包满球、控制好球是扣球的关键。下面介绍常用的几种扣球方法（以右手为例）。

1. 扣球技术动作

（1）正面扣球。完整的扣球技术由准备姿势、助跑、起跳、空中击球和落地5个相互衔接的部分组成。

①准备姿势：采用稍蹲姿势，观察来球，做好向各个方向助跑起跳的准备。

②助跑：根据球的远近和个人习惯可用一步、两步或多步助跑。

③起跳：在助跑跨出最后一步的同时，两臂绕体侧向后引，左脚在并上右脚着地制动的过程中，两臂自后积极向前摆动，随着双腿蹬地向上起跳，两臂也有力地向上摆动，使整个身体腾空。

④空中击球：击球是扣球的关键，起跳后挺胸展腹，上体稍右转，右臂屈肘向后上方抬起，身体呈反弓形。挥臂时迅速转体发力，带动击球臂的肩、肘、腕各关节成鞭甩动作向前上方挥击。击球时手呈勺形，以全手掌包满球，击球的后中部，并主动用力屈腕屈指向前推压下甩，使击出的球产生强烈的前旋，如图7-51所示。

图7-51

⑤落地：双脚前脚掌过渡到全脚掌着地，顺势屈膝、收腹、踝缓冲，并控制好身体下落时的平衡，立即做好下一个动作的准备。

（2）近体快球。在二传队员体前或体侧约一臂距离处扣的快球统称近体快球。最大的特点是速度快，突然性强，因而有实扣效果和掩护作用。

动作要领：扣球人随一传球以与网约45°角助跑到二传队员体前近网处，当球即将触及二传手时起跳，当球上升到网上沿一定高度时即刻扣过网。击球时，利用快速含胸收腹动作带动前臂和手腕迅速挥甩，以全手掌击球的后上部，如图7-52所示。

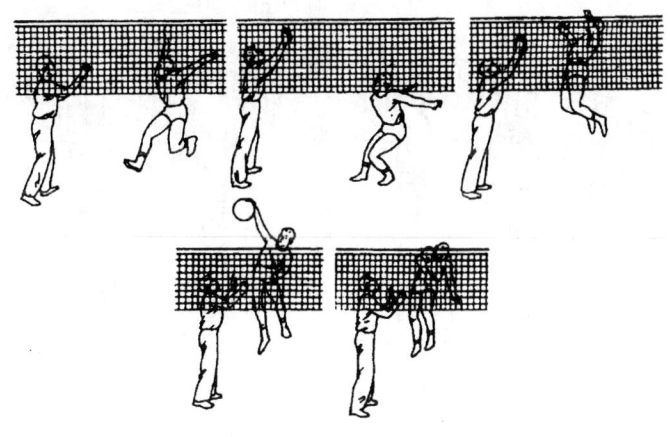

图7-52

（3）调整扣球。调整扣球是在一传或防守不到位的情况下，通过二传把球调整到网前所进行的扣球。它的动作和正面扣球相同，但难度较大，要求扣球队员能适应来自后场不同方向、角度、弧度、速度和落点的来球，以灵活的步法和空中动作，及时调整好人与球的关系，并根据球与网的距离，运用适宜的手法，控制扣球的力量、旋转、路线和落点。

（4）吊球。吊球是扣球的一种变化，多在球近网时运用。吊球时应先做扣球动作，再突然改为吊球，绝不能过早暴露吊球意图。吊球时手臂伸直至头部前上方最高点，以灵活的手指和手腕动作，用指尖快速击球的后部，使球落到对方空当。

2. 练习方法

（1）助跑起跳练习，听口令做一步、两步或多步助跑起跳练习。

（2）徒手挥臂击球练习。原地挥臂击球、助跑起跳空中挥臂击球练习。

（3）原地对墙自抛自扣和原地自抛起跳扣球练习，体会起跳时机和高点击球的时空感。

（4）教师站在网前抛球，学生轮流做扣球练习，同时要保持好人与球的位置关系及正确的挥臂击球动作。

（5）结合二传进行扣球练习。扣球人在限制线附近传球至二传处，由二传进行传球，扣球人用助跑起跳扣传过来的球。

（6）按"一攻""防反"形式练习扣球。

（六）拦网

拦网是队员在球网上空拦阻对方击球过网的一种技术动作，它是防守反攻系统的第一道防线，也是得分的有效手段之一。拦网分单人拦网和集体拦网，单人拦网是集体拦网的基础，集体拦网是单人拦网的有机协作。其技术动作由准备姿势、移动、起跳、空中击球和落地5个部分组成，如图7-53所示。

图 7-53

1. 拦网技术动作

（1）准备姿势。面对球网，注视对场，两脚左右开立约与肩同宽，距网 30~40 cm，两膝弯曲，上体稍前倾，两臂自然弯曲置于胸前，随时准备移动或起跳。

（2）移动。为了及时对准扣球，一般情况下采用与网平行的移动，常用的移动步法有并步、滑步、交叉步和跑步。

（3）起跳。原地起跳时要用力蹬地，利用摆臂帮助垂直起跳；移动后起跳要使制动与起跳动作衔接紧密；拦网起跳的时机应根据对方扣球变化而有所不同，一般来说，拦高球时比扣球者晚些起跳，拦快球时应与扣球者同时起跳。

（4）空中击球。起跳时，两手经额前向网上沿的前上方伸出，提肩伸臂，两臂之间的距离应以不漏球为宜。在拦击球时，臂尽量上伸，两手指紧张，手腕用力，捂盖球体前上方。为了防止扣球打手出界，2 号、4 号位拦网时，外侧手应转向场内，如图 7-54 所示。

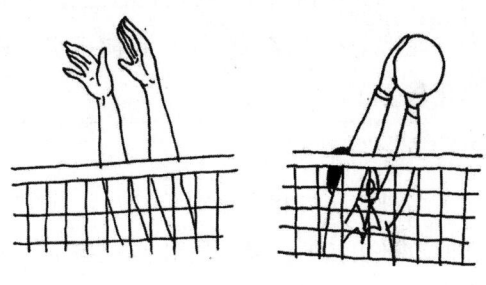

图 7-54

（5）落地。空中拦网后，双脚落地屈膝缓冲。若已将球拦回，则注视对方；若未拦到或拦起球在本方时，则应在身体下落时向落球方向转体，便于后撤接应或反攻。

2. 练习方法

（1）原地做拦网徒手练习，体会手向上直伸的拦网动作。

（2）网前做原地起跳拦网和移动起跳拦网的模仿练习。

（3）教师站在高台上双手持球，学生轮流起跳拦网，体会拦网触球动作。

（4）两人一组隔网站立，用相同的节奏，做向侧跨步并同时起跳的拦网动作。

（5）两人一组隔网站立，一人持球，将球抛过网，另一人起跳将球拦回练习。

（6）一方由二传队员组织快球及其掩护拉开扣球，另一方设两人进行对位拦网练习。

（7）结合比赛及进攻战术情况下的实战练习。

三、基本战术

排球战术是指队员在比赛中根据排球运动规则、规律、双方的具体情况及临场实际，有意识地运用技术配合所采取的有目的、有预见性的行动。

战术的制定是否符合客观实际，是决定比赛成败的重要因素之一，但全面、熟练、准确、实用的技术是实现战术设想的基础，所以我们要知己知彼，合理地运用战术，充分发挥技术水平，取得比赛的胜利。战术可分为个人战术和集体战术两大部分，两者相辅相成。

（一）阵容配备

阵容配备就是指合理地使用本队队员的一种组织手段。其目的是把全队的力量有效地组织起来，最大限度地发挥每一个队员的特长和作用。基本形式主要有以下两种。

1. "四二"配备

将4名进攻队员（两名主攻队员和两名副攻队员）、2名二传队员分别安排在相应对称的位置上，如图7-55所示。优点是每一轮次都有1名二传队员在前排组织进攻。一般基层比赛运用较多。

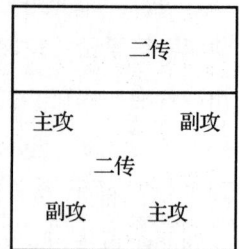

图 7-55

2. "五一"配备

由5名进攻队员和1名二传队员组成的上场阵容，二传在后排时可运用插上技术，如图7-56所示。目前水平较高的队多采用"五一"配备，并把与二传队员站对角位置的进攻队员称为"副二传"或"接应二传"，他以进攻为主，当二传队员来不及插上传球时，由他来接替二传的任务。

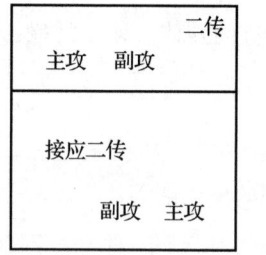 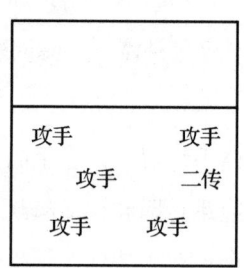

图 7-56

（二）位置交换

为了最大限度发挥队员的特长，加强攻防力量，弥补由于队员身体、技术发展不平衡所带来阵容配备上的缺陷，比赛过程中，在规则允许的条件下，可采用交换位置的方法。

1. 前排队员之间的换位

（1）为了加强进攻力量，发挥每个队员的进攻特点，可以把进攻能力强的队员换到最便于扣球的位置上。

（2）为加强防守拦网，把弹跳力强、身材高大、拦网技术好的队员换至对拦网负有重要责任的3号位，或与对方主攻队员相对应的区域。

(3) 因战术形成需要，交换位置。

2. 后排队员之间的换位

(1) 由于运用行进间"插上"战术，可进行战术换位。

(2) 加强防守，发挥个人专长，可采用专位防守，互换到各自专守的区域内。

(三) 进攻战术

进攻战术主要可分为"中二三"、"边二三"、"插上"和"两次球及其转移"等，在这四种进攻战术配合的基础上，可以组织丰富多彩的战术变化。

1. "中二三"进攻战术

接发球时，把球垫给前排中间的 3 号位队员（二传），由他（她）传给 2、4 号位队员或后排三名队员进攻，这种进攻战术就叫"中二三"进攻战术，如图 7-57 所示。

其战术配合容易组织，比较简单，二传队员可以根据扣球人的特点传各种高、低、平、快、集中、拉开的球。各位置要协同配合，攻防转换中要随时灵活运用此战术配合，充分发挥集体的力量。

2. "边二三"进攻战术

接发球时，把球传给前排 2 号位队员（二传），由他（她）传给 3、4 号位队员或后排 3 名队员进攻，这种进攻配合就叫"边二三"进攻战术，如图 7-58 所示。其战术优点是有两个扣球队员可以互相配合，起到一定掩护作用，战术变化也比"中二三"多。其主要战术变化有以下几种。

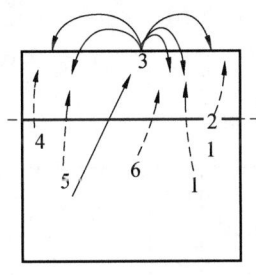
图 7-57

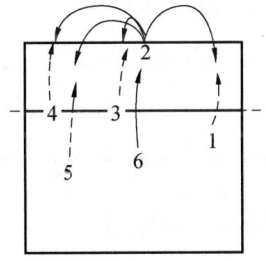
图 7-58

(1) "快球掩护"。3 号位队员假做扣快球，牵制对方 3 号位拦网队员，而二传队员则传球给 4 号位进攻，这时对方 3 号位队员往往来不及移到网边组织集体拦网，如图 7-59 所示。

(2) "前交叉"。这是 4 号位队员到 3 号位去扣球（一般是扣快球或半快球）的一种进攻战术，或二传队员把球传向 4 号位，由 3 号位队员到 4 号位去扣球，造成对方拦网困难，如图 7-60 所示。

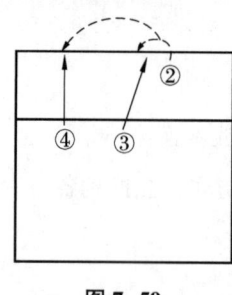
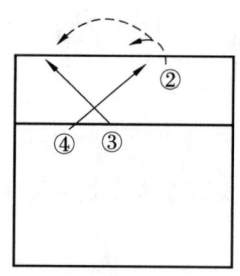

图 7-59　　　　　　　　图 7-60

（3）"围绕"。在二传队员与 3 号位队员默契配合的情况下，可将球突然传到 2 号位，这时 3 号位队员绕过二传队员跑到 2 号位去扣球，给对方造成拦网困难，如图 7-61 所示。

（4）"梯次"。二传队员将球传得高一些，前排任何一个扣球队员扣快球做掩护，而另一个扣球队员紧跟上去扣球，以造成对方拦网困难，如图 7-62 所示。

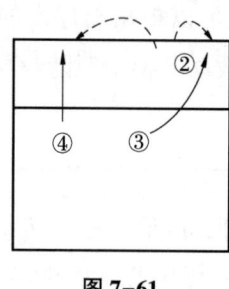
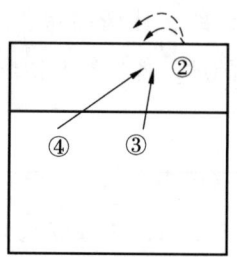

图 7-61　　　　　　　　图 7-62

3. "插上"进攻战术

后排队员插到前排做二传，将球传给前排 3 个队员组织进攻。运用此战术能保持前排有 3 人进攻，还能组织各种主体进攻。根据后排队员插上时的位置不同，可分为 1、6、5 号位队员插上，如图 7-63 所示。

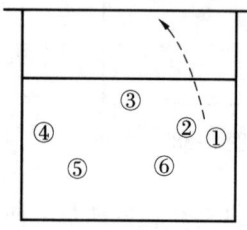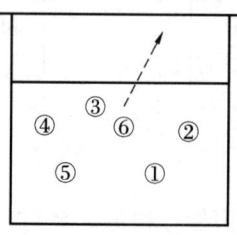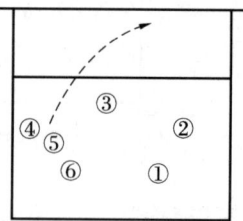

图 7-63

4. "两次球及其转移"进攻战术

接发球队员直接将球传（垫）给前排队员进行扣球，如遇对方拦网严密时即在空中改扣为传，把球传给其他队员进行扣球。这种战术可保持 3 人进攻，并有两次机会，但在接发球时，对一传要求较高，所以一般队很少采用，只有在对方轻打或吊球时运用较多。

5. 练习方法

(1) 6个队员在场上站好位置，教师临时讲解。

(2) 教师在对方半场抛球，队员接发球组织"中二三""边二三"进攻战术练习。

(3) 全队分两组，一组发球，另一组接发球组织"中二三""边二三"进攻战术练习。

(4) 结合教学比赛，进行实战练习。

(四) 防守战术

排球的防守战术是组织进攻或反攻战术的基础，由前排拦网与后排防守有机结合，为反攻创造有利条件。

1. 接发球站位阵型

接发球站位阵型，是按照接发球的人数来分的，通常采用5人或4人接发球。

(1) 5人接发球站位阵型。这是最基本的阵型，如图7-64所示。除1名二传队员在网前或从后排插上不接发球外，其余5名队员都担负一传任务。

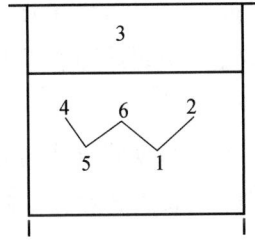 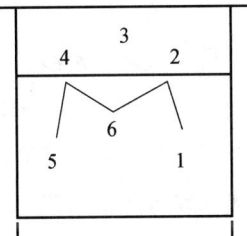

图 7-64

(2) 四人接发球站位阵型。为便于"插上"，插上队员与同列队员都站在网前不接发球，其他4人站成弧形接发球。

不论采用哪种站位阵型，都要合理取位，站位还要明确范围，特别要重视两人之间的"中间地带"和3人之间的"三角地带"的接球配合，以及不接发球队员随时做到接应同伴的一传或快速移动接应垫不到位的球。

2. 接扣球防守阵型

接扣球防守阵型首先要根据对方进攻的具体情况，充分发挥本队队员的特长；其次要考虑到防守后的进攻战术打法。

(1) 无人拦网的防守阵型。根据对方进攻的情况没有必要进行拦网时可采用不拦网的防守阵型，与5人接发球站位阵型相似。

(2) 单人拦网的防守阵型。在对方攻势不强、扣球线路变化少或吊球多的情况下采用。未拦网的队员1人保护，1人后撤防前区，后排组成弧形防守，如图7-65所示。

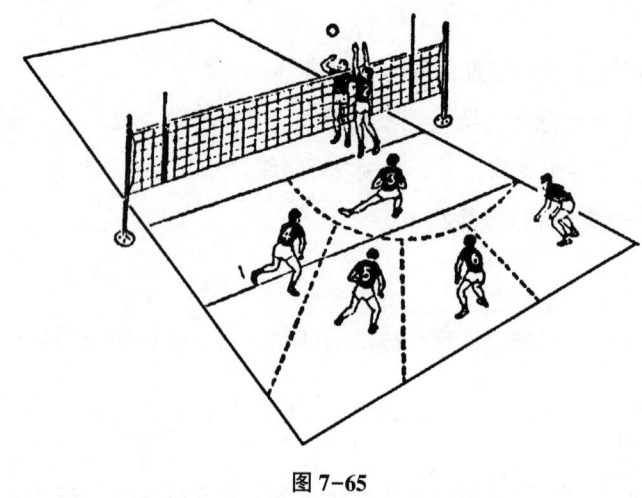

图 7-65

（3）双人拦网的防守阵型。这种阵型常为水平较高的队采用，分为边跟进和心跟进两种。

①边跟进：即"1、5号位跟进"，常称"马蹄形"。多在对方进攻较强、吊球较少时采用。前排两人拦网，另1人防小斜线，与其他3个队员组成蹄形阵型。其优点是加强了拦网，弱点是球场中间空隙较大，容易形成"心空"。

②心跟进：也称"6号位跟进"，即后排中心6号位队员在本方拦网时跟上去保护，适合于本方拦网能力强、对方采取打吊结合时采用。其优点是加强了前场区的防守，弱点是后排防守的空当较大。

（4）三人拦网的防守阵型。三人拦网的防守阵型适宜在对方扣球队员攻击性强、线路变化多、吊球很少时采用，主要是拦对方的高点强攻球。其拦网的基本防守阵型有6号位压底防守阵型和6号位跟进防守阵型两种。

3. 练习方法

（1）接发球站位阵型练习，明确位置职责和配合方法，建立完整清晰的概念。
（2）教师临场讲解，6个队员在场上按拦网防守的位置站好进行拦网防守练习。
（3）结合教学比赛，提高在实践中运用防守战术的能力。

四、竞赛规则与裁判法

（一）场地、器材与设备

排球比赛场地长18 m、宽9 m，周围至少有2 m宽的无障碍区，上空至少有7 m无障碍空间。网高，男子比赛为2.43 m，女子比赛为2.24 m。所有的界线宽5 cm，边线和端线都包括在比赛场区的面积之内，如图 7-66 所示。正式比赛用球为彩色的，其周长为 65~67 cm，质量为 260~280 g。

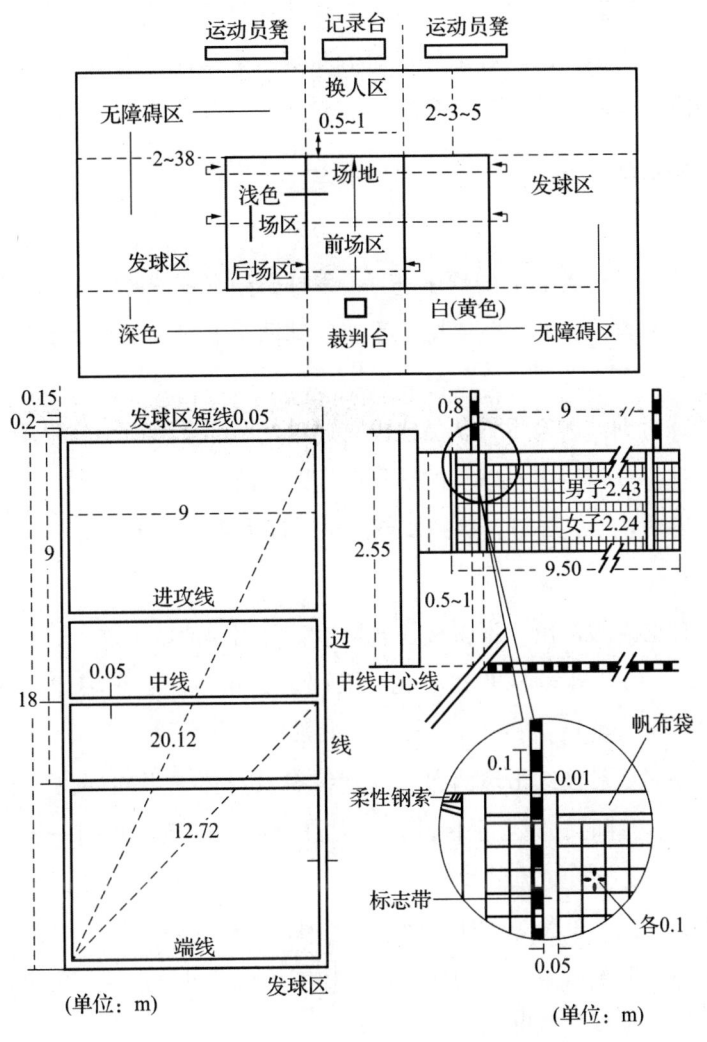

图 7-66

(二) 比赛方法

比赛采用每球得分制，胜 1 球即得 1 分。赢得 25 分（第 5 局为 15 分）并超过对方 2 分，为该队胜 1 局。正式比赛采用五局三胜制。

(三) 场上位置与轮换

发球时双方队员（除发球队员外）必须站在场内各自位置上分成前后排，每排 3 人，各排可呈折线形。近网 3 人为前排队员，自左至右为 4、3、2 号位，后排队员自左至右为 5、6、1 号位。发球队员击球后双方队员可在本场任意换位，但在发球队员击球的一刹那，双方任何一队员未按上述排列站位，即应判为位置错误。判断的依据是以脚的着地部分来确定，即同排左边或右边队员一只脚的某部分必须比同排中间队员的双脚距离其同侧边线更近。同列的前排队员一只脚的某部分必须比同列后排队员的双脚距离其中线更近。位置错误判失1球。当接发球队胜1球或对方犯规、失误时，即取得发球权，并得1分，该队队员应按顺时针方向轮转至下一个位置。

（四）动作和犯规

1. 发球

（1）发球次序应按位置表上的顺序进行。发球必须在发球区内发球，不得踏及端线或边线延长线以外的区域，球必须抛离持球手，发球队员必须在第一裁判员鸣哨发球后8 s内将球击出。

（2）发出的球过网前触及本方队员或没有通过球网的垂直面则为犯规。

（3）发掩护球。任何一名发球队的队员以挥臂、跳跃、左右晃动妨碍对方视线及两名或更多的队员密集站立组成屏障，遮挡发球队员，即为掩护犯规。

2. 触球

（1）持球。球必须被击出，不得接住或抛出，否则为持球犯规。

（2）4次击球。每队最多击球3次（拦网除外），第3次必须将球击过网进入对方场区，第4次击球则为犯规。

（3）连击。一名队员连续击球两次或球连续触及身体的不同部位为连击犯规（拦网除外）。但在第1次击球时，除上手传球外，允许身体不同部位在同一击球动作中连续触球。所谓第1次击球是指接对方的发球、扣球、吊球、推攻球、被拦回的球和本方队员拦网后的球。在第2次、第3次击球时，仍应注意判断连击犯规。

（4）借助击球。队员有意借助同伴或任何物体的支持进行击球，为借助击球犯规。

（5）对队员同时触球的判断。

①同队两名或更多名的队员可以同时触球。在两名队员同时触球时，应判为该队已击球两次（拦网除外）。

②两名不同队的队员在球网上空同时触球后，比赛继续进行，接球的一方仍可击球3次。

3. 拦网

（1）过网拦网犯规。在对方进攻性击球前或击球时，在对方空间拦网触球为过网拦网犯规。

（2）后排队员拦网犯规。后排队员靠近球网，将手伸向高于球网处阻挡对方来球，并触及球，则为后排队员拦网犯规。后排队员在靠近球网处参加集体拦网，并将手伸向高于球网处阻挡对方来球，即使本人未触球，只要集体拦网成员中的任何一人触球，也应判为后排队员拦网犯规。

4. 进攻性击球

（1）后排队员在前场区，对整体高于球网上空的球，完成进攻性击球，则为犯规。

（2）在前场区对对方发过来的球（球的整体高于球网）完成进攻性击球，则为犯规。

5. 进入对方场区和空间

（1）过网击球。在对方场区空间击球为过网击球犯规。

（2）过中线。队员从球网以下穿越，进入对方场区空间触及并妨碍对方，均属犯规。但队员的一只（两只）脚或一只（两只）手越过中线触及对方场区的同时，脚或手的一部分还接触中线或置于中线上空是允许的，但不得影响对方。

（3）触网。队员触及球网、标志带、标志杆为触网犯规。但队员在不影响比赛的情况下可以触及网。判断触网犯规时，应注意区分是主动触网还是被动触网。

6. 犯规和判罚

比赛中，属于动作犯规，则判对方得1分；属于行为犯规，则按其表现程度给予判罚。

（1）非道德行为。黄牌警告。

（2）粗鲁性行为。出示红牌，判该队失1分。

（3）冒犯性行为。一只手同时出示红、黄牌，判罚其出场，取消该队这局比赛资格。

（4）侵犯性行为。两手分持红、黄牌同时出示，取消该队全场比赛资格，并离开比赛场地。

（五）暂停与换人

1. 暂停

每队每局有两次普通暂停，每次30 s；有两次技术暂停（第五局除外），当领先的队比分进行至8 min和16 min执行，每次60 s。

2. 换人

比赛成死球时，双方可以向裁判请求换人，每局比赛每队最多可替换6人次。

（六）自由防守队员规则

自由防守队员（简称L队员）的服装必须有明显标志，每队场上只有1名L队员；该队员的换人不计为正常换人次数，其换人的人次不限，不得参与正常换人；L队员的换人在死球时即可进行，不需经过请求和用换人牌；L队员只能作为后排队员进行比赛，不得参与拦网和将高于网的球直接击入对方场区；L队员不得进行发球。

（七）比赛的间断及其处理

如果由于意外的情况阻碍比赛进行，一般可以按以下规定处理。

（1）1次和数次间断没有超过4 h，若仍在原地，则比赛应在原队员、原场上位置和原比分的条件下进行，已结束的各局比分有效；若要更换场地，则未结束的一局比分应取消，再按该局开始时原上场阵容和位置重新比赛。

（2）如果一次或数次间断时间超过4 h，则全场比赛重新开始。

第四节　乒乓球　羽毛球　网球　木球

一、乒乓球

乒乓球因打球时发出"乒乓"的声音而得名，19世纪末起源于英国，20世纪20年代传入我国。

1926年举行了第一届世界乒乓球锦标赛，同时成立了国际乒乓球联合会。目前，世界性的乒乓球大赛有世界乒乓球锦标赛、世界杯乒乓球赛和奥运会乒乓球赛。

乒乓球运动具有球小、速度快、旋转性强及变化复杂等特点。乒乓球运动器材设备比较简单，在室内外均可进行，运动量也可大可小，不同年龄、性别和身体条件的人都可参加活动。因此，这项运动便于普及。

经常参加乒乓球运动可以发展人的灵敏性和协调性，提高动作速度和反应能力，改善心血管系统的机能；还能培养机智果断、勇猛顽强、积极进取和敢于拼搏的优良品质与作风。

（一）乒乓球基本技术

1. 直拍握法

直拍握法的特点是出手后较快；攻斜线球、直线球时拍形变化不大，对手不易判断，便于从速度、球路和力量上取得主动；手腕动作灵活，发球可做较多变化。但反手攻球时，因受身体阻碍较难掌握，不易起重板。

直拍的基本握法：食指的第二指节和拇指的第一指节按压拍肩，其余三指自然弯曲斜重叠，中指的第一指节托住球拍背面，如图7-67所示。

图 7-67

2. 横拍握法

横拍握法的特点是照顾的面积比直拍大；反手攻球不受身体阻碍，便于发力，但在还击左右两面来球时，需要转动拍面，动作小，影响摆臂速度；台内正手攻球较难掌握。

横拍的基本握法：中指、无名指和小指握住拍柄，虎口部贴拍肩，食指伸直，斜放于球拍背面，拇指在球拍正面，如图 7-68 所示。

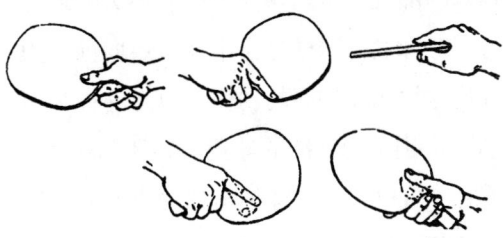

图 7-68

练习方法：

①握拍的模仿练习。

②两人一组对练，体会和掌握各种握法技术。

3. 发平击球

动作要点：发球时持球手将球向上轻轻抛起，同时持拍手向后引拍，上臂自然靠近身体右侧。当球从高点下降时，持拍手以肘为轴，前臂向右前方横摆击球。向前挥拍时，拍面稍前倾，击球中上部。击球后第一落点应在球台中区。

4. 正手发上旋长球

动作要点：发球时持球手将球轻轻抛起，与此同时持拍手向后引拍，上臂自然靠近身体右侧，当球从高点下降到高于台面低于球网时，持拍手以肘为轴心，前臂向右前方横摆发力击球。触球时，拍面稍前倾，摩擦球的中上部，使球快速前进并具有一定上旋力。球离拍后，第一跳要落在球台后端线附近。

5. 正手发下旋加转球与不转球

动作要点：持球手将球抛起后，持拍手向上方引拍，拍呈横状并略微前倾。发加转球时，手臂由后上方向前下方挥摆，前臂做旋外的转动要快些，使拍面后仰的角度大些，要用球拍的下部靠左的地方去摩擦球的底部。由于力臂大，球的旋转也就强。发不转球时，手臂由后上方碰球的中下部，由于力臂小，球的旋转也就弱。

练习方法：

①反复练习将球抛起后再击球。

②模仿练习，发多球练习。

③两人一组，一人反复发一种类型的球，一人推挡球。

6. 接发球

接发球技术的基本方法由点、拨、带、拉、削等综合组成。

（1）选择合适的站位。根据对方发球的位置选择站位。一般说，对方站在球台的右角，接发球站位应靠左一些，对方究竟要发什么样的球，有时极难预料，所以选择站位还要有利于照顾球台的各个部位，站位距离球台不宜过远或过近，一般离台 30~40 cm。

（2）准确地识别发球的旋转和落点。接发球的关键是注意对方球拍和球触及瞬间的触拍和触球的部位、球拍移动方向、用力程度。一般来说，对方发斜线球，手臂常会向斜前方用力；对方发直线球时，手臂由后向前用力。发球时手腕抖动摩擦球体，旋转较强，因此要盯紧球拍触球瞬间的动作，只有这样才不会被对方的假动作迷惑。

（3）区别不同性能的球拍。在遇到使用长胶粒与反贴胶皮相结合的两面不同性能球拍的对手时，可以听对方球拍击球的声音来区别不同的旋转。一般来讲，击球声音较响的那一面是长胶粒，声音不太响的那一面是反贴胶皮。

（4）接好各种旋转球。

面对对方发的旋转球，一般逆着对方发球旋转方向进行还击。例如，回接左侧旋发球，拍面方向和用力方向略朝对方右侧偏斜；回接右旋发球时，拍面方向和用力方向略朝对方左侧偏斜；回接上旋发球时，拍面角度略为后，用力方向略向上；回接左侧上（下）旋发球时，拍面角度略为前倾（后仰），拍面方向略朝对方右侧偏斜，多向对方的右下（上）方用力击球。

（5）练习方法。

①两人一组，一人反复发一种类型的球，另一人接发球，以适应各种发球。

②接对方连续发球练习。

7. 正手近台快攻

其特点是站位近、出手快、动作幅度小。正手近台快攻可以为加力扣杀创造条件，也可以直接得分。

动作要点（右手握拍为例）：直拍近台攻球时，左脚稍前，身体离台约 30 cm，持拍手在身体右侧引拍，由体侧向前上方挥出，挥至前额，手腕内扣，使拍面稍前倾，在球上升期或高点期击球的中上部，击球后迅速还原放松；横拍近台正手攻球时，手臂自然弯曲，前臂和手腕成直线并与台面接近平行，拍面略朝下，击球的时间、部位、拍面角度及手臂挥拍方向与直拍基本相似。

练习方法：

①徒手模仿快攻练习。

②两人对练，一人自抛自攻，另一人用挡球回击。

③两人一组对攻练习。

(二) 基本战术介绍

1. 攻对攻战术

(1) 发球抢攻。用相似的动作发不同旋转球，配合落点的变化，找机会抢攻。

(2) 推挡变线。推左右两角，突击一点或中路。

(3) 搓中突击。用搓球控制落点或转与不转球，伺机突击。

(4) 加减力推挡。用加力推或减力挡，调动对方，伺机突击。

(5) 突击变换。紧逼一角，突击另一角。

2. 攻对削战术

攻对削战术有发球抢攻；拉两角突击中路；长拉短吊，打乱对方步法，伺机扣杀；搓球变线或变换落点，调动对方，趁机攻球。

3. 削对攻战术

削对攻战术有紧逼一角，突击空当；削转与不转球，扰乱对方，趁机攻球；交替逼两角，伺机扣杀；发转球，抢攻。

4. 双打战术

双打战术主要包括：发球抢攻或拉攻；接发球抢攻；控制强者，攻击弱者；紧逼一角，突袭另一角。

(三) 主要规则简介

1. 比赛场地设备

(1) 球。乒乓球直径为 40 mm，质量为 2.7 g，白色或橙色，无光泽，赛璐珞或类似的塑料制成。

(2) 球网装置。球网长 183 cm、高 15.25 cm，网柱外缘离台面边外缘 15.25 cm。

(3) 球台。长 274 cm、宽 152.5 cm，离地面高 76 cm，台面为暗色无光泽、与水平面平行的长方形，球台四边应有一条 2 cm 宽的白线。双打时，各台面中间由一条 3 cm 宽的白线分成两个相等的半区。

(4) 球拍。球拍的大小、质量和形状不限。海绵胶拍的海绵连同黏合剂厚度不超过 4 mm。拍面为不同颜色的暗色。

2. 合法接球

发球时，球应放在不执拍的手掌上，手掌张开和伸平，球应是静止的，在发球员台区的端线之后和比赛台面的水平面之上。发球员须用手把球几乎垂直地向上抛起，不得使球旋转，使球在离开了执拍手的手掌之后，上抛不少于 16 cm，当球从抛起的最高点降落时，发球员方可击球，使球先触及本方台区，然后越网再触及接发球员的台区。从抛球前静止的最后一瞬间到击球时，球和拍应在比赛台面的水平面之上。

3. 比赛状态

从球被抛起前静止状态的最后一瞬间起，球即处于比赛状态，直到这个回合被判为重发球或得分。

4. 重发球

如果发出的球触及球网装置后被发球员或同伴阻挡；如果接发球未准备好时，球已发出而且接发球员没有企图击球。

5. 得分和失分、一局和一场比赛

球处在比赛状态下，如遇未能合法发球、未能合法还击、阻挡、连击、两跳、用不符合规定的拍面击球、移动台面、未执拍手触及台面或触网，其中任何一种情况均为本队失分，而对方得分。

比赛中先得 11 分的一方为胜一局；打到 10 分平后，先多得 2 分的一方为胜一局。一场比赛采用七局四胜制。

6. 发球、接发球方位的次序

选择发球、接发球和方位的权利应由抽签来决定。此权利的获得者，可以选择先发球或先接发球或选择方位，或者要求对方先行选择。

在获得每 2 分之后，接发球一方即成为发球方，以此类推，直至该局结束；或者直至双方比分达到 10 分平，即实行轮换发球法，这时发球和接发球次序仍不变，但每方只轮发 1 分球。

一局中首先发球的一方，在该场下一局应首先接发球。一局中，在某一方位比赛的一方在该场下一局换到另一方位。在决胜局中，一方先得 5 分应变换方位。

二、羽毛球

羽毛球是为广大群众所喜爱的体育运动项目之一，它具有球小、速度快、变化多等特点。运动器材设备比较简单，在室内外都可以进行。运动量可大可小，不同年龄、性别和身体条件的人都可以参加。因此这项运动易于开展和普及。经常参加可以提高神经系统的灵敏性和协调性，增强肌肉力量与短时间高功率的爆发力以及速度耐力，培养练习者勇敢、顽强、沉着、果断等优良品质，使练习者身心得到较全面的发展。

据《吉尼斯世界纪录大全》记载，最早打羽毛球的是公元 2 世纪的中国人。又相传，羽毛球起源于印度，在 18 世纪以前，亚洲和欧洲一些国家就有了类似羽毛球运动

的游戏。那时的羽毛球游戏是两个人相对站着，手执木板来回拍击球而进行的。1877年第一部羽毛球比赛规则在英国出版。1893年英国羽毛球协会成立。1899年英国举办首届羽毛球锦标赛，就是著名的"全英羽毛球锦标赛"。所以一般认为现代羽毛球运动起源于英国。

1920年，羽毛球传入我国。1982年中国首次参加第12届汤姆斯杯赛即获冠军。1984年的第10届尤伯杯赛，中国女队首次加盟并捧杯而归。

（一）羽毛球基本技术

1. 握拍法（以右手为例）

（1）正手握拍。动作要领：握拍时，右手虎口对准拍柄侧面内沿，以握手式握住拍柄，小指、无名指和中指并握，食指分开，大拇指与中指相近。握住后拍柄，后端应稍稍露出。正手发球，一般用于右场区的各种击球和头顶击球，如图7-69所示。

（2）反手握拍。动作要领：在正手握拍的基础上，拇指和食指使拍柄稍微外旋，食指向中指并拢，拇指第二指关节贴在拍柄内侧的宽面上，其余四指并拢握住柄，柄端靠紧小指根部，使手心留出空隙。正确的握拍姿势，有利于手腕、手指力量的灵活运用，能合理准确地完成发球、接发球技术，有利于球技的掌握和提高，如图7-70所示。

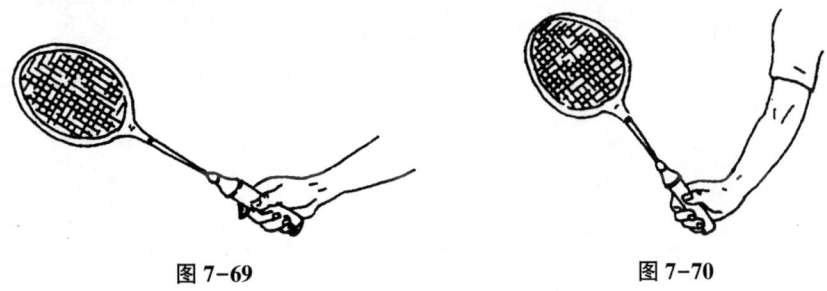

图7-69　　　　　　　　　　图7-70

2. 发球（以右手发球为例）

发球分正手发球和反手发球两种。高质量的发球，能给本方创造进攻的机会，使对方只能作防守，甚至造成失误。

（1）正手发高远球。动作要领：身体左侧对球网，左脚在前，右脚在后，站在离前发球线1.2~1.5 m靠近中线处。右手持拍向右后侧举起，肘部微屈，左手拇指、食指、中指夹住球托与羽毛连接处举在身体右前侧。发球时左手将自然放下，同时右手持拍由上臂带动前臂，从后沿身体向前挥动，并用手腕爆发力向前上方将球击出，随后球拍顺势挥向左上方，如图7-71所示。

图 7-71

（2）正手发平高球。动作要领：基本同发高远球，只是飞行弧线较高远球低，速度较高远球快，所以在击球一刹那，前臂加速外旋，带动手腕向上方挥动，使球落在对方后场底线，如图 7-72 所示。

图 7-72

（3）正手发网前球。准备姿势同发高远球，发球时用力轻，主要靠小臂带动手腕向前切送；握拍松，夹臂动作小，使球飞行弧线较低，距离较短，恰好越网而过，落在对方前发球线附近。

（4）反手发球。动作要领：面对球网，两脚前后站立，重心在前脚上，反手握。击球时，小臂带动手腕向前横切推送，用力要轻。发球时不要过手、过腰、脚移动或踩线等，如图 7-73 所示。

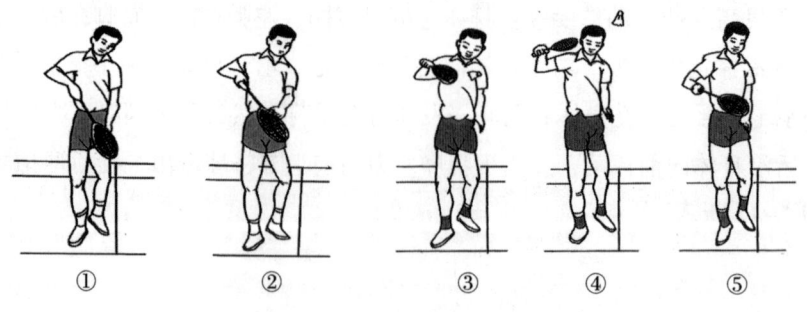

图 7-73

（5）练习方法。

①挥拍练习：模仿发球动作做挥拍练习。

②对发练习：两人一组，隔网相站做对发练习。

③准确性练习：在对方场区画出圆圈，将球发至圈内，可逐步缩小圆圈并变换位置。

3. 击球

羽毛球的击球技术可分为后场高空击球技术、前场击球技术、中场平击球技术。于大部分大学生都是初学者，这里只介绍后场正手击高远球和扣球技术。

（1）正手击高远球。动作要领：判断来球方向和落点后，侧身后退至球下，左肩对网，左脚在前，右脚在后，重心在右脚上。右手持拍，手臂自然弯曲举至右肩上方。击球时，上臂后引，随之肘关节上提明显高于肩部，将球拍引至头后，自然伸腕，然后在后脚蹬地、转体和腰腹协调用力下，以肩为轴，上臂带动前臂快速向前上方甩腕，在手臂伸直的最高点击球。随后球拍顺惯性往前下方挥动并收拍于体前。与此同时，左脚后撤，右脚向前迈出，如图7-74所示。

图 7-74

练习方法：

①挥拍练习：按动作要领反复做挥拍练习。

②空中悬球练习：用一细绳将球挂在适当位置，反复练习击球动作。

③原地对打练习：两人站在各自场区底线附近，开始先练直线对打，然后练习对角线对打。

④1人固定、1人前后移动练习：1人在底线固定位置击出高球；另1人则在回击高球后从底线回到中心位置，再退到底线还击对方打来的高球。

（2）扣球。扣球就是把高球用力向前方重压、重切、重点击球，使球的飞行弧线较直，落地快，给对方较强的威胁力。

动作要领：击球前的准备姿势和击球动作与正手高远球一样，不同的是最后用力的方向朝下，而且是充分利用蹬地、转体、收腹以及手臂和手腕的爆发力全力将球向下击出。

击球刹那要紧握球拍。

练习方法：

①按动作要领做挥拍练习。

②按"一杀两防"形式进行练习。

③做多球练习。

4. 步法

击球步法是指迅速、准确地起动或移动来完成击球动作并迅速到达中心位置。羽毛球的击球步法可分为上网步法、后退步法、两侧移动步法和起跳突击步法。这些步法用垫步、跨步、并步、蹬步、交叉步等脚部动作完成。快速、灵活的步法与准确、巧妙的手法协调配合，能使打球者得心应手，为掌握高难度的动作打下基础。

练习方法：

①先做分解步法练习，再过渡到做完整步法练习。

②在场外教师手势指挥下做步法练习。

③结合多球击球练习。

（二）基本战术简介

羽毛球比赛的战术较多，不管采用什么战术，都要根据双方特点及场上情况合理加以运用，才能收到较好的效果。下面介绍最基本的几种战术。

1. 单打战术

（1）打四方球。此战术的主要目的是通过打落点，逼迫对方前后奔跑，被动应付，并在其回球质量下降或露出破绽时乘虚攻之。它对步法较慢、体力较差的对手十分有效。

（2）杀、吊上网。这是一种主动进攻的战术。通过高球下压迫使对方被动回网前球，这时迅速上网以扑或搓、勾等网前球技术，制造在中场大力扣杀的机会。这种战术必须很好地控制杀、吊球的落点，使对方被动回网前球，才能主动迅速上网。

2. 双打战术

（1）攻打战术。集中力量攻击对方较弱的一个，形成"二打一"。

（2）攻中路战术。将球尽量攻到两人之间的空隙区，造成对方漏接或争接失误。

（3）攻后场战术。当后场扣杀较差时，可采用平高球、平推球等把对方一人紧逼在底线附近，使其处于被动。

（三）规则简介与比赛方法

1. 比赛通则

羽毛球比赛分男、女单打，男、女双打和混合双打五个单项，均用三局两胜制。在以

7分计一局的比赛中当双方赛到6平时，每赛完一局或决胜局中一方先胜4分时，双方交换场区继续比赛。比赛中，发球方胜一球得一分，接发球方胜一球只得发球权。单打时，发球员分数为偶数时，双方运动员均应在各自右区发球和接发球，分数为奇数时则应在左区发球和接发球。双打时，每局首次发球方只有一次发球权，换发球后每方均有两次发球权，双打中第一发球员的站位应与其单打比赛中的站位规则相同，每方均应由右发球区开始发球。当发球方得分，该发球员应换至左区继续发球，但接球方位置不变。双打比赛，除发球和接发球外任何队员都可还击。

2. 违例与判罚

（1）发球违例。双脚移动或踩线；故意拖延时间和假动作；球拍先击中球托，接触点高于腰部（过腰）；过手击球瞬间，拍框向下且低于发球员的整个手部（过手）；落点不在规定场区内——错区、界外、夹在网上等；先击中羽毛或同时击中羽毛和球托。

（2）接发球违例。对方球发出以前，接球员脚步移动或踩线；对方球发出以前，对方球员有故意干扰的行为。

（3）击球违例。队员在击球时有连续两次挥拍击球动作，或双打中两名队员连续各击中一次球（连击）；击球时，球停在拍上又有拖带动作（持球）；一方有妨碍对方的行为（阻挠）；比赛未成死球前，运动员的球拍、身体或衣服等任何部位触及球网或球网的支撑物（触网）；在比赛进行中，对方击来的球尚未过网，而本方队员则在对方场区上空抢先击球的现象（过网击球）；侵入场区，指比赛中运动员的身体、衣服或球拍侵入对方场区的现象；比赛中，一方不是在规定的区域发出球或接发球（方位错误）。

三、网球

网球运动起源于法国，曾经是一项宫廷游戏，后来传入英国。目前世界网球单项比赛有四大赛事：英国温布尔登网球锦标赛、美国网球公开赛、法国网球公开赛和澳大利亚网球公开赛。团体比赛有戴维斯杯男子团体赛、联合会杯女子团体赛，都是以国家为单位参加的比赛。网球正式比赛项目有七项：男、女团体赛，男、女单打，男、女双打，男女混双。

19世纪末，网球运动传入我国。1989年，中国网球走上职业化道路。1991年，形成了具有中国特色的有积分、有排名、有奖金的中国巡回赛制。

（一）基本技术

1. 握拍方法和准备姿势

网球握拍方法一般有三种：东方式、大陆式和西方式。

现在多采用东方式握拍法，也叫"握手式"，这种握拍的动作很像与球拍的柄握手。

（1）正手击球握拍法。用一手握拍颈，拍头向上置于身体前面；把握拍手的手掌平贴在拍弦上,再沿拍颈向下滑动,直到拍柄处,手指围绕拍柄握拢,如图 7-75 所示。

(2) 反手击球握拍法。把手从正拍的握拍位置向左(对使右手者而言)转动 1/4,使大拇指上多肉的部位置于球拍柄的后部,击球时便能向着球推动球拍,另四个手指稍张开,与拇指斜交于拍柄;另一只手要扶着拍颈,便于很快转动球拍,如图 7-76 所示。

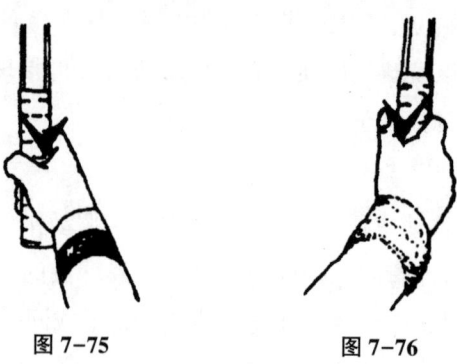

图 7-75　　　　图 7-76

(3) 反手击球的双手握法。左手持拍时用正手击球的握法。右手则可变换握法,建议采用右手向前转一些的反手握法为宜。

(4) 准备姿势。面向对方场区站住,两脚分开站立,同肩宽,放松,屈膝,上体稍前倾,重心置于前脚掌上,保持便于迅速起动的姿势。球拍指向正前方,几乎与地面平行,另一只手托着拍颈,两眼注视对手或来球。

2. 正手击球和反手击球

正手击球和反手击球是在底线附近回击来球和进攻对方的重要基础技术。它是初学者最先学习的击球动作,既是网球初学者的入门技术,又是大多数运动员用以制胜对方的手段。正手击球和反手击球均有平击、切削和上旋等几种打法。

(1) 正手击球。以右手握拍为例,右手握拍柄,左手扶在拍颈上,拍头高于手腕,眼睛注视着对方来球。当判断对方来球的方向时,球拍开始后摆,直到拍头对着球场后方。向后挥拍的同时向右转体,在左脚迈出的同时左肩对网、屈膝使拍子下降到击球点,然后向前上挥拍把球击出。击球后,球拍必须有力地继续向前挥动至左肩前面比肩较高处,然后迅速还原,准备击下一个来球,如图 7-77 所示。

图 7-77

（2）反手击球。准备动作与正手击球相同，两者不同之处是反手的击球点应更靠前，反手击球时必须更早地向球跨出右脚，并向左挥拍。当球飞向反手位置时，立即转动击球手的肩部，同时带动拍子后撤，形成侧身对网。击球时手臂充分前伸，拍面垂直，如图7-78所示。

图 7-78

（3）双手反手击球动作。与单手反手击球动作基本相同。不同之处：转动右手呈东方式反手握拍法，左手放右手上方呈东方式正手握拍法。双手反手击球能增加击球的力量和隐蔽性，适合单手击球力量不足的球员，但处理低球较困难，对脚步的灵活性要求较高。

3. 发球和接发球

（1）发球。发球是进攻的开始，是网球技术中非常重要的技术，也是唯一能由自己掌握而不受对方影响与干扰的技术。好的发球应具有攻击性，并使发出的球在速度、力量、旋转和落点方面有变化。

①准备姿势。全身放松，侧身站立在端线外中场标记近旁（单打），左肩对着左边网柱，面向右边网柱，两脚分开约与肩同宽，左脚与端线约成45°角，右脚约与端线平行，重心在左脚上。左手持球轻托球拍在腰部，拍头指向前方。

②抛球与后摆开始时，两手的运动应是"同上同下"的。左手垂下准备抛球，而右手持球拍摆向后呈击打姿势。手的移动要缓慢。左手下垂至左大腿旁，从容地开始向上抛球，在手臂向上抬起时应保持伸直。手指手腕不能抖动，平稳地抬臂。手臂升至头部上方时，才让球离手。手臂继续做随球动作直至最高点。球抛在体前30 cm处，稍偏头的右侧。当左手放开球时，右臂大致与地面平行，标志后摆结束。

③击球动作。当左手抛出球时，球拍继续向上摆起，这时握拍手的关节放松，向前转动的身体和右肩自动地使手臂产生一个完美的绕圈（注意不是故意让拍子去做搔背动作），当球下降至击球点时，迅速向下挥拍击球，左脚上蹬，使手臂和身体充分伸展。当身体向前上方伸展击球时，肩、手臂已经回转，双肩与球网平行。挥拍击球时，持拍手腕带动小臂有一个旋内的"鞭打"动作，这是发球发力的关键动作，也是其他诸如重心前移、蹬腿、转体、挥拍等力量集聚的总和。

④挥拍击出球后，发球员随着重心进入场内。球拍继续成弧形下摆，直至身体左侧，如图7-79所示。

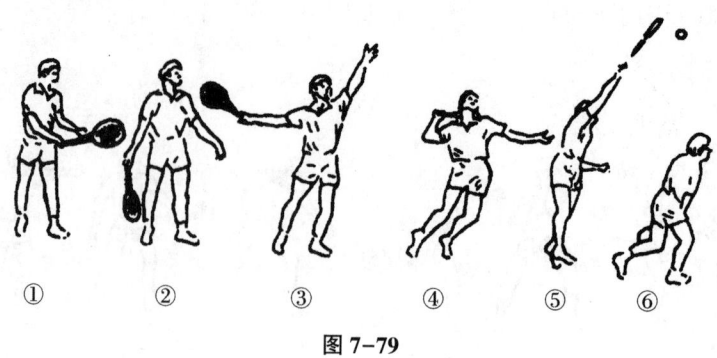

图 7-79

练习方法：

①反复做抛球练习。

②徒手做发球前的准备姿势，模仿抛球及发球的完整动作。

③用多球进行抛球与击球结合练习。

④先练习发不定点球，后练习发定点球。

⑤练习发各种不同性能的球。

（2）接发球。要接好发球须掌握全面的基本技术。因为发球员是主动的，接发球员是被动的，一旦对方将球发出来就应迅速作出判断和反应，并且要选择适当的击球方式来完成接发球动作。

①准备姿势。位于端线附近，保持两脚平行站立，略比肩宽，右手持拍者右脚稍前，两膝微屈，上体稍前倾，脚跟提起，球拍置于体前。

②击球动作。根据对方的发球好坏、速度快慢而定，动作一般介于底线正、反拍击球动作和截击球动作之间，一旦判明来球的方向，即向后转动双肩，并马上向前迎击来球。接大力平击发球时，靠近身体大多向左侧身用反拍顶击球，用正拍侧身抢攻需要有更快更早的动作。迎上去顶击球，要握紧球拍，手腕保持固定，使拍面正对着来球，身体向前快速将球击出。

练习方法：

①用多球发球，进行专门的接发球练习。

②结合实战，练习接发球抢攻，接发球随球上网。

4. 正手截击和反手截击

（1）正手截击。准备姿势：双脚开立，站在网前1～2 m处。为了使眼睛同来球保持在同一水平面上，身体重心要更低一些，右手正握球拍，左手扶住拍颈。当球飞向正手区域时，肩向右转，带动球拍小幅度后摆，左脚向球跨出。手臂几乎伸直，手腕固定，击球点在体前，击球时要向前下方推压，"碰"和"推"的成分多于"击"的成分。随球动作要小，如图7-80所示。

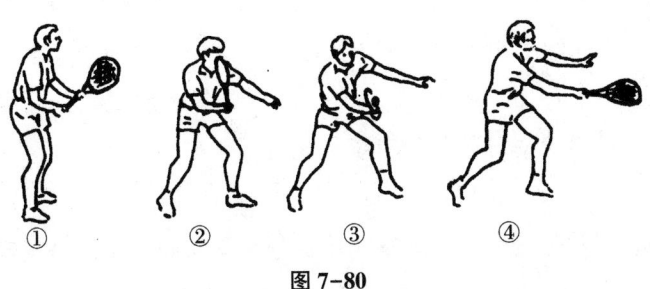

图 7-80

（2）反手截击。准备姿势同正手截击。当球飞向反手区域，肩向左转。带动球拍后摆，摆幅略大于正手截击，转肩的同时换成反手握拍法。右脚向球跨出，击球点在体前，击球时要向前下推压。随球动作要小，如图7-81所示。

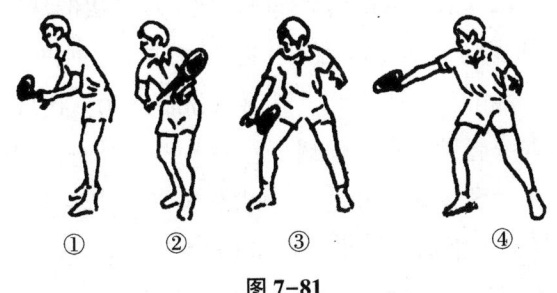

图 7-81

（3）练习方法。

①先徒手做挥拍模仿练习，再持拍做挥拍模仿练习。

②用多球进行单个动作的网前截击练习。

③在网前中场或近网时对底线进行截击练习。

5. 高压球

高压球多用于网前的击球动作，当发现对方挑高球上网时，在头部上空用扣杀动作还击来球。有时在底线附近对落地后弹起的高球用高压球。绝大多数的高压球用正手拍打。根据对方挑过来的球高低程度，分为原地高压、跳起高压和后退高压。

练习方法：

①持拍做模仿练习。

②结合后退跳起步法做挥拍练习。

③两人一组，一人底线挑高球，另一人在网前专门练习高压球。

(二) 规则简介

1. 单打

(1) 场地。球场为长方形，长 23.77 m，宽 8.23 m。用球网将全场横隔为二等区。球网中央高 0.914 m。中间四个相等的区域叫作球区。全场除端线可宽至 10 cm 外，其他各线的宽度均不得超过 5 cm，也不得少于 2.5 cm。全场各区的丈量，除中线外都从各线的外沿计算。国际网球联合会对球拍与球有统一规定。

(2) 计分。

①比赛的盘数、局数、分数。网球每场比赛分为盘和局。无论是发球方或接发球方胜一球，都得一分，四分为一局，六局为一盘。正式比赛时男子单打、双打采用五盘三胜制。女子单打、双打、混双、少年赛采用三盘两胜制。

②胜一分。每一分中发球员有两次发球机会，发出的球应从网上越过，落到对角的对方发球区内。第一次发球失误，可进行第二次发球，站原发球位置，再次失误就失一分。当对方球员碰不到球，或击球前让球在地上弹跳两次，或击出的球触地前出了场区，或击球落网，或者违反了网球规则（如身体触网、抛拍击球、过网击球等），则己方胜一分。运动员每胜一球得一分，胜第一分计分 15，胜第二分计分 30，胜第三分计分 40。

③胜一局。首先得四分者胜一局。但遇上双方各得三分时，则为"平分"。"平分"后，一方先得一分时，为"该运动员占先"。"占先"后再得一分，才算胜一局；如一方"占先"后，对方又得一分，则仍为"平分"。以此类推，直到一方在"平分"后净胜两分结束该局。每局开始发球时，发球员应先从右区端线后发球，并将球发入对方右面发球区内。得（失）一分后，应换到左区发球。这样每得（失）一分就轮流交换位置，直至该局结束。交换发球：第一局比赛结束，接球员成为发球员，发球员成为接球员，以后每局终了，均依次互相交换发球权直至比赛结束。交换场地：双方应在每盘的第一、三、五等单数局结束后，以及每盘结束双方局数之和为单数时，交换场地。

④胜一盘。一方先胜六局为胜一盘，但当双方各胜五局时，一方必须再胜两局才算胜一盘。当每盘的胜局数为六平时，第 13 局可应用决胜局计分制。但三盘两胜的第三盘和五盘三胜制的第五盘不得使用此制度，应使用长盘制，除非比赛前宣布。决胜局计分如下：单打，先得 7 分者为胜该局及该盘；若分数成 6 平，则须至一方净胜两分时为止。决胜局全部采用数字计分制：0 分称 zero，2 分称 two，3 分称 three……决胜局中，轮及发球的球员发第一分球，然后由对方在左区分别发第二、三分球。再轮及己方在左区和右区分别发第四、五分球。此后轮流交替，直至该局结束。双方累计满 6 分及决胜局结束时交换场地。单打比赛的规定都适合双打比赛。轮到发球的球员发第一分球，此后发球次序仍按该盘比赛中原先的发球次序排定，每人轮流交替发二分球，直到决出该局及该盘胜负。在

决胜局首先发球者，在下盘第一局中为接球方。

2. 双打

（1）场地。球场为长方形，长与单打同，宽为 10.97 m。球网长为 12.8 m。其余均与单打相同。

（2）发球次序。应在每盘开始之前，决定发球次序。每盘第一局开始时，由发球方决定由何人首先发球，对方则同样地在第二局开始决定由何人首先发球。第三局由第一局发球方的另一球员发球，第四局由第二局发球方的另一球员发球。以下各局均按此次序发球。

（3）接球次序。应在每盘开始之前，决定接发球次序。先接球的一方，应在第一局开始时，决定何人先接发球，并在这盘单数局继续先接发球。对方同样应在第二局开始时，决定何人先接发球，并在这盘双数局继续先接发球。他们的同伴应在每局中轮流接发球。

此外，单打的规则均适用于双打。

四、木球

（一）木球概述

木球运动始于 20 世纪 90 年代初，是中国台湾实业家翁明辉发明的，被誉为"草根高尔夫"。木球运动男女老少皆宜，极适合学校及民间推广，具有竞赛、休闲、教学与亲子活动等功能。木球运动挥杆击球，球不会飞起，公园、草地、泥土地、沙滩、山坡地或室内，均可作为场地。动作易学，球具新颖可爱，又可享受阳光、绿野，是一种集娱乐与运动于一身的体育项目。

（二）木球运动发展史

1991 年，翁明辉先生在我国台湾阳明山内双溪开辟山坡梯田，将其建设成木球场，并且经过一年多的钻研制作了球具。1994 年 9 月 11 日在台北市内双溪后花园木球场成立我国台湾地区木球协会，开始各项发表与推展活动，1995 年 3 月 20 日在台湾青年公园举办木球新春发表会并发行"后花园"刊物，介绍、报道木球活动。1996 年 5 月完成木球规则、教学手册及教学录像带，在台湾各地区巡回演示说明，积极提倡。

1996 年 4 月 13 日我国台湾地区举办第一届"青年杯"木球锦标赛，1997 年 3 月 23 日举办第一届"北护杯"木球锦标赛，1997 年 6 月 27 日木球协会被列入台湾体育运动总会成为其单项协会。

木球运动自发明以来，由于发明人翁明辉与诸多木球界同好的奔走推动而逐渐风行，

深受各阶层人士的喜爱，深入我国台湾地区 23 个县市各小区、乡镇，前后总计有 7 万多人次参赛。自 1997 年起，每年在台湾都会举办两次大型比赛，一次是 3 月举办的"青年杯"，另一次是于 11 月举办的"中正杯"木球锦标赛。1999 年 1 月 17—19 日台湾举办两岸"城市杯"木球邀请赛，邀请北京、广州和中国香港的选手赴台参赛，并于 2000 年 3 月 24—30 日举办大陆参访团活动，来自北京、沈阳、西安六位大陆人士赴台。所以，近年来木球运动在增进两岸的体育交流方面发挥了积极的作用。

（三）木球运动场地

标准木球场（比赛用）共设 12 个球道（或者 12 的倍数），每个球道的长度为 30~130 m，宽度为 3~10 m，12 道总长度在 700 m 以上。12 个球道中，含有左曲道、右曲道各两个。休闲用场地则可视地形、面积，自由设置一个或数个球道来回击球比赛或游戏。

（四）球具

木球的一套球具包括球杆、球门和球，全由原木（红木、紫檀等）制成。比赛用木球直径为（9.5±0.2）cm，重量为（350±60）g；球杆呈 T 字状，酒瓶样的杆头套有橡皮帽，利于击球；球门由两只木酒瓶中间悬挂一只木酒杯构成，球门内缘宽 16 cm，木酒杯底部距离地面 7 cm。

（五）基本规则

每二至四人一组轮流进行挥杆打球，完成 12 个球道的竞赛。以总杆数多寡判定胜负。简易规则如下：

（1）击球：以球杆挥摆动作，用球杆杆头击球。禁止推送动作及用球杆侧面击球。

（2）攻门：以球杆杆头做近距离的推杆动作，使球成功过门。

（3）过门：以球杆杆头做攻门动作，使球击中球门中间的木酒杯后，通过球门柱并滚到木酒杯的后方，才算过门而完成一个球道的比赛。

（4）出界：球被打出界线后，自出界点向界内延伸两个球杆头距离的位置，视为新球点，外加罚计一杆。

（5）成绩计算：以全部赛程总杆数低者为胜，若成绩相等，采计球道胜数多者或加赛定胜负。球道赛，则各球道以杆数低者为胜，最终以所胜球道多者为胜；若成绩相等，以最低杆创造者为胜，若成绩相等则看次低杆，依此类推。

（六）木球运动礼仪与技巧

1. 木球运动基本礼仪

木球是一项体育竞技活动，也是良好的社交活动，它提供以球会友的好机会，更是亲朋好友假日相聚、联络情感的户外活动，因此，为享受和谐的球赛及挥杆的乐趣，一般需

适当注意运动中的礼仪和规范:

(1) 穿着合适,举止文雅,球场上不宜有抽烟、嚼槟榔等不雅动作。

(2) 球赛中,球员们轮流发球,当其他球员击球时,应保持肃静,以免影响他人专注击球。勿任意穿越球道,避免被球打伤及干扰球员击球。

(3) 依裁判指示之顺序击球,勿拖延时间或过于急躁不耐。球场上应听从裁判之判决,如有争议时可依事实陈述,或请裁判长裁定,切勿与裁判争执或肢体冲突。

(4) 为了尊重赛会秩序及避免影响比赛球员击球,比赛中勿进入球道练球。

(5) 木球运动重视荣誉,勿因裁判未察觉而私自移动球位或少报杆数。

(6) 比赛中的球最好加上记号作区别,并牢记自己击球的落点,以避免打错球的情形发生。

发现球友记错球之落点,应在击球前提醒对方,避免比赛成绩受到影响。

2. 木球运动基本技巧

(1) 站立姿势要领,如图7-82所示。

①双脚均与肩同宽,左右分开双脚平行站立,注意全脚掌应贴紧地面。

②双腿之膝盖关节略弯曲,使身体自然下降而维持重心稳定。

(2) 持杆与置杆要领,如图7-83所示。

①双手握住球杆上方,将球杆头放置球体后面的地面上,使球杆与身体成斜放角且可适度调整来配合各种距离的打击方法。

②双臂自然下垂,双肩放松,不可因持杆而有如重担在身而影响挥杆。

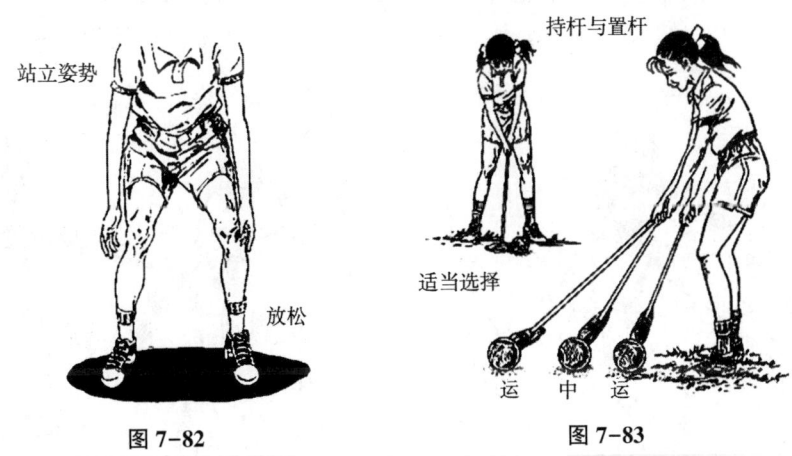

图7-82   图7-83

(3) 握杆方法,如图7-84所示。

①双手握杆有如握棒球棒方式,并以倒握方式将杆向地面放置。

②双手握球杆位置,以个人习惯用手和打击方向,将同方向之手掌握在球杆上方,另一只手掌放在上面手掌之下握住球杆。双掌要握紧球杆,以免因撞击松手而影响挥杆。

(4) 置球原则，如图 7-85 所示。

①选择平或突起地面将球放置，千万别放在凹底处。

②配合打击距离方式，使球与双脚尖成等腰三角形，或略靠前脚之垂直线上，以利于挥杆击球角度。

图 7-84　　　　　　　　　　　图 7-85

(5) 基本姿势。

①钟摆姿势，如图 7-86 所示。

a. 双手持球杆以身体垂直为中心，练习以钟摆方式左右摆杆。

b. 依摆杆之大小，身体重心也配合左右移至脚尖上，以体会全身的放松。

②上挥杆姿势，如图 7-87 所示。

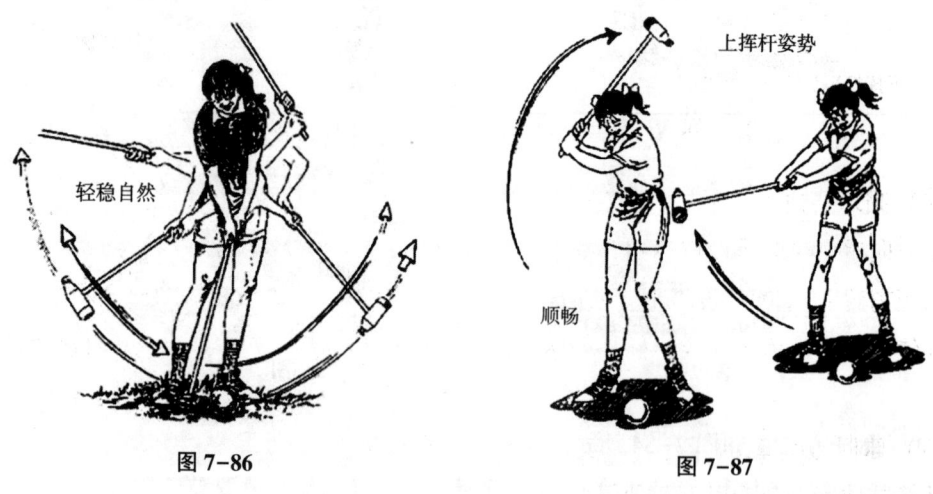

图 7-86　　　　　　　　　　　图 7-87

a. 提杆后以钟摆方式将球杆往后上方举，在球杆头接近垂直点停止，全程称为上挥杆。

b. 当上挥杆时：双目仍注视球体；身体重心移至同侧脚上；手与双肩三点成倒三角形，以保持手臂之长度。

③下挥杆姿势，如图 7-88 所示。

a. 从上举杆暂停位置，以左肩为圆心，左肩到球杆头为半径，挥杆画弧待球杆头撞击球体后，前摆上举到球杆头接近左肩上方垂直点时停止，全程称为下挥杆。

b. 当下挥杆时：双眼仍注视球体；身体重心随下挥杆动作而将重心移至前脚上；在击球之前仍保持左肩到球杆头的半径长度，以准确击中球体；当击中球后双眼跟随球体落点而移动。

c. 当击中球后球杆仍向前；注意身体重心移动，若重心移动有高低现象，容易导致球杆击地或挥空。

④全程挥杆打击姿势，如图 7-89 所示。

全程挥杆打击是以前段上挥杆加后段下挥之动作为挥杆打击姿势。以放松顺畅挥杆、落实击中球为手段，使球达到预设位置目的，而完成打击目标。

图 7-88　　　　　　　　　　图 7-89

（6）瞄球要诀，如图 7-90 所示。

①方向感——为了使球达到目标，应确定球的移动方向路线。

②距离感——为了使球到达目的地，应预设球到达位置之距离长度。

③使力感——为了完成目标、到达目的地，决定击球力量之选择，全靠自己之球感和经验。

（7）球杆与球撞击。

球杆与球撞击分为以下四种情形：

①如击中球体之中心点，球向前移动较平稳，速度及方向也较容易控制，如图 7-91 所示。

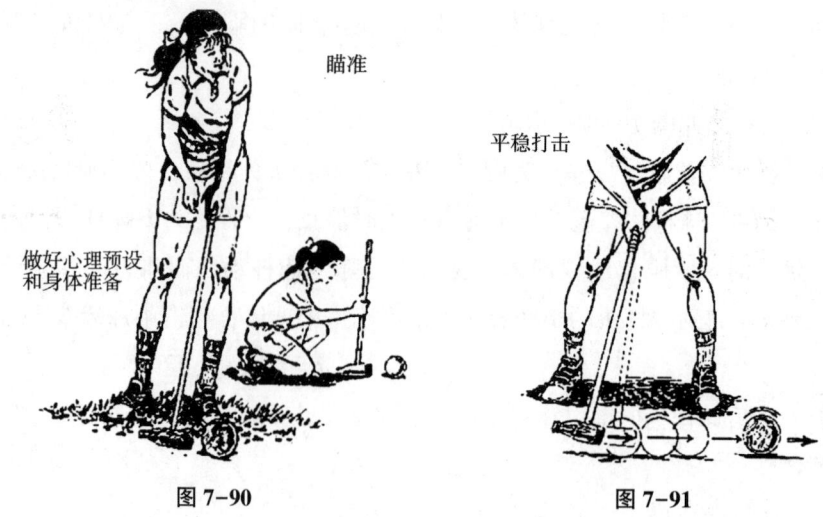

图 7-90　　　　　　　　图 7-91

②如击中球体之上方，球会滚动得较快，球之移动也很平稳，这是适合在草短的球道上采用的击球方式，如图 7-92 所示。

③如击中球之下方，球较容易腾空做短暂飞行；球落地后跳动较不规则，且球之前进方向、距离较不好控制。长距离的打击，可采用此击球方式。偶尔也会有一杆进门的佳绩出现，如图 7-93 所示。

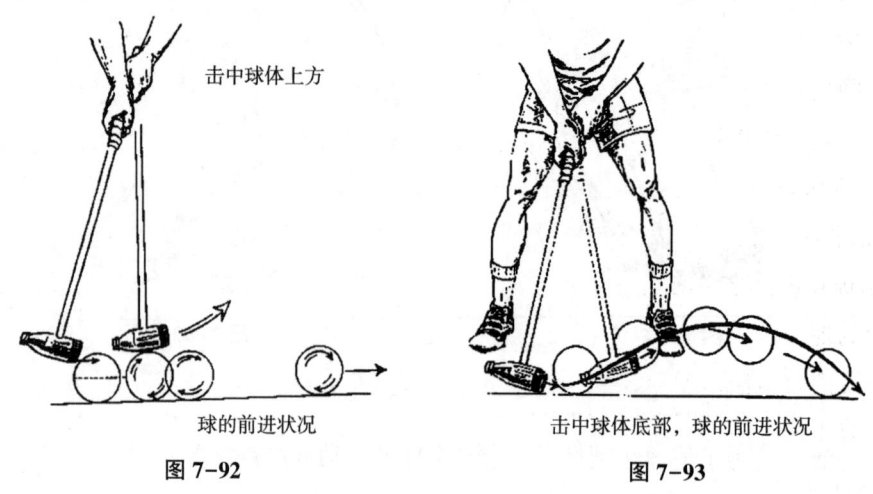

图 7-92　　　　　　　　图 7-93

④如击中球体左右侧时，球体会由外向内旋转。但因球体较重且地面草长，间隙不均，球之侧旋转移动没办法像乒乓球之旋转效应，所以打到球之侧面时会使球之移动路线歪斜不稳，容易偏离预设轨道无法达到目标，少用为妙，如图 7-94 所示。

（8）基本打法。

①长距离打击法，如图 7-95 所示。

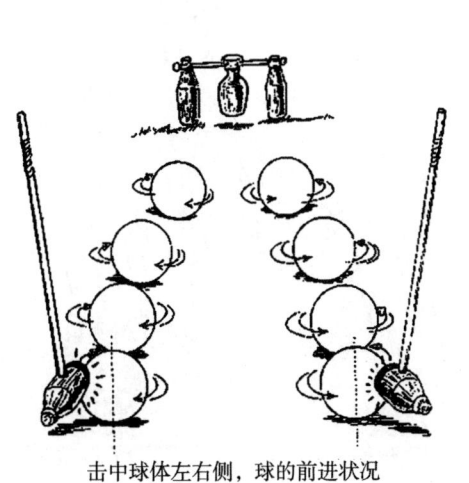

击中球体左右侧，球的前进状况

图 7-94

长距离打击

图 7-95

用在发球和远目标的击球方法。

a. 站姿略低，双脚微宽，球可至中央线或略靠左肩垂直点。

b. 击球动作要大且有力，但千万不可使身体太过摇晃或扭转。

c. 击球点以球之中心点或球之下方为佳，且球杆与球接触后，瞬间将球头往上扬起，或提向目标。

②中距离打击法，如图 7-96 所示。

用在修正或中程目标的击球方法。

a. 自然站姿即可，球至于双脚中央在线。

b. 击球动作要大，但力量要求顺畅自然，使球达到预设位置为目的。

c. 击球点以球之中心点或球之上方为佳，且球杆与球之接触瞬间以落实感为佳，易使球到达目的地。

③短距离打击法，如图 7-97 所示。

用在修正或攻门之击球方法。

a. 双脚可并靠或略宽，要求自己站姿好像隐隐黏住地面的感觉，球之位置约在离双脚尖 10 cm 的地面上。

b. 击球动作以钟摆方式，摆动球杆，要求球门、球、球杆三点在一条直线上。要谨慎、要准确和信心才能成功。

c. 击球点以球之中心点为最佳，球之上方次之。球杆与球接触要顺畅、迅速，力量要控制得宜，千万不可过小，否则球员的可惜、懊悔的感叹之声会随击而起。

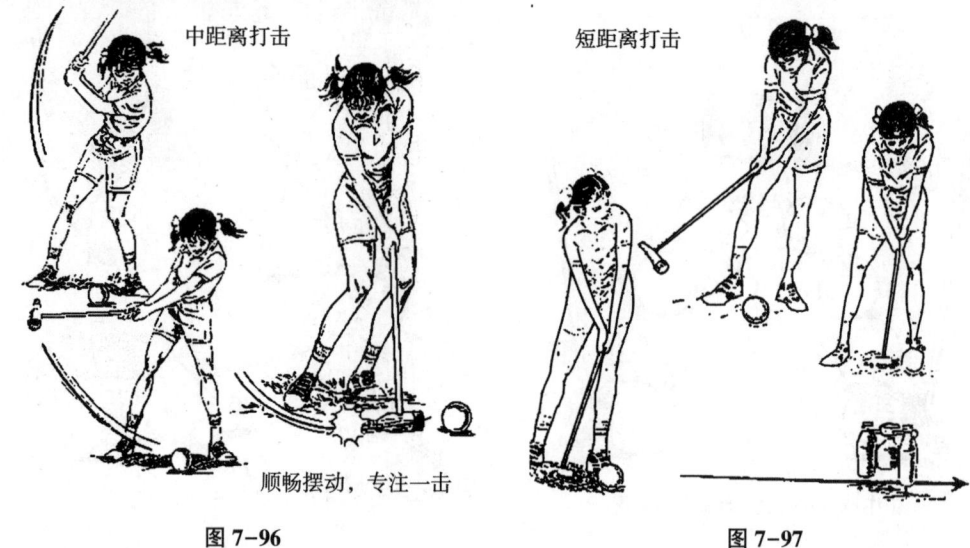

图 7-96 　　　　　　　　　图 7-97

球门之有效角和死角，如图 7-98 所示。

（9）攻门击球角度。

①球门之前后方均可攻门打击，因球门是一具立体设备，故造成攻门有效击球角度和死角。

②位于死角的球，只好以修正球方式处理，将球击到球门前后方之有效角度内，距球门 30~50 cm 为佳。千万不可硬闯或用不正当的推送或扭转击球方式击球。

（10）攻门击球路线，如图 7-99 所示。

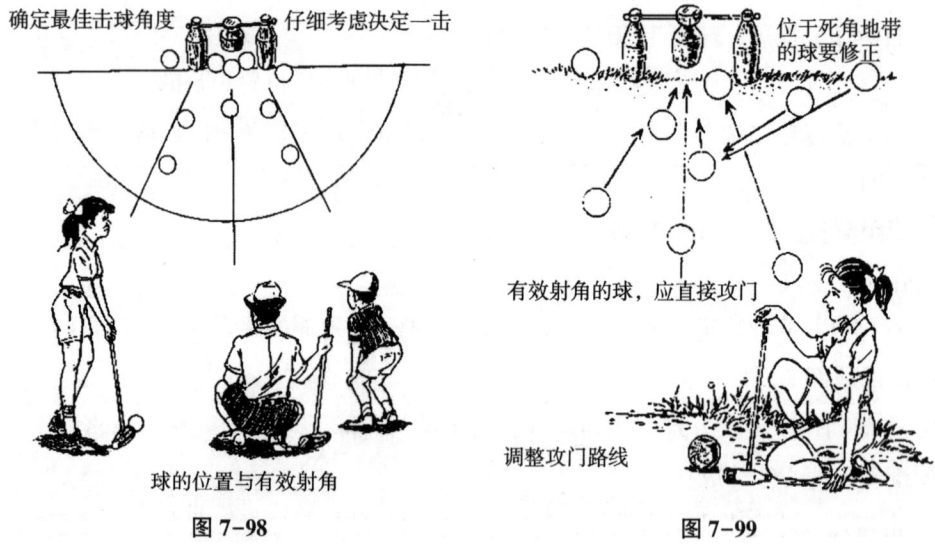

图 7-98 　　　　　　　　　图 7-99

以球平置于球体后方地面上，瞄准球杆、球、球杯三点成一直线。要预设球门内缘宽距与球之直径的兼容宽度，以免球碰撞球门柱而产生偏离。

a. 在死角地带球要将球修正到球门前有效射角内。

b. 在有效射角内的球，应采用直接攻门。

（11）攻门要领，如图7-100所示。

①双脚可并靠或稍大、平稳贴紧地面站立。

②双肩放松下垂摆动，双手握杆稍短，不可提杆或摆动击球。

③球在左脚尖上方10~20 cm地面上。以左肩为打球方向。

④击球力量要平稳、准确，击球时要有信心、专注，且力量要大，又不可太大或太小，应自我体会。

对准一击

图7-100

思考题

1. 简述篮球运动的基本技术及其运用。

2. 简述篮球比赛规则和裁判法。

3. 简述足球阵型的演变过程。

4. 试述足球规则如何判罚直接任意球和间接任意球。

5. 简述排球运动的基本技术、基本战术及其运用。

6. 简述排球运动的竞赛规则。

7. 简述乒乓球、羽毛球、网球的双打接发球次序。

8. 简述乒乓球、羽毛球、网球的健身价值。

9. 简述木球运动的基本技术要领。

第八章 游 泳

内容提要

游泳是具有较大实用价值的运动项目。本章分节简述了游泳的起源、发展种类、游泳的意义，以及游泳技术和救护方法。

思政目标

培养学生集体荣誉感和责任感及锐意进取的意志品质。

第一节 游泳概述

游泳是利用水的特性，凭借肢体动作与水的相互作用而进行的一项运动，现代游泳运动起源于英国。1896 年在希腊举行的第一届奥运会上，游泳被列为正式的比赛项目；1912 年在瑞典斯德哥尔摩举行的第五届奥运会上，女子游泳被列为比赛项目。现在奥运会竞技游泳有 32 个单项，世界游泳联合会承认世界纪录的游泳项目有 40 个单项。

中华人民共和国成立前，我国游泳运动发展缓慢且技术水平较低；中华人民共和国成立后，在党和政府的领导和关怀下，群众游泳发展迅速，在奥运会上，中国游泳运动员取得了显著的成绩，震动了世界泳坛。

游泳是集娱乐、健身、竞技于一体的一项锻炼价值很高的运动。

第二节 泳姿介绍

竞技游泳项目包括蛙泳、自由泳、仰泳和蝶泳四种泳式以及由这四种泳式组成的混合泳。这里主要介绍蛙泳和自由泳。

一、蛙泳

蛙泳，因其模仿青蛙动作而得名，是最古老的一种游泳姿势。规则规定，蛙泳时身体必须俯卧，两臂须与水面平行，两腿要在同一水平面上做向上翻转及蹬腿动作，两手应在水面下同时向后划水，并同时从胸前伸出，在整个游程中，头的一部分应始终露出水面。蛙泳呼吸方便、省力、实用性较强，因此深受人们的喜爱。

（一）身体姿势

蛙泳在游进中，身体不是固定在一个位置、一个姿势上，而是随着腿蹬水和臂划水的进行不断地变化。当蹬腿结束时两腿并拢伸直，两臂并拢前伸，运动员处于流线型滑行姿势，身体较平，头部略抬起，这时身体纵轴与水平面成5°～10°角，如图8-1所示。

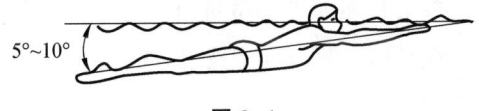

图8-1

当划臂时躯干略有抬高，划水结束时，即臂前移时躯干与水面成15°～20°角。

（二）腿部动作

蛙泳腿部动作是蛙泳游进时的主要推进力之一，腿的完整动作分为收腿、翻脚、蹬腿和划行四个阶段。

蛙泳技术中，腿与臂的协调配合是第一重要的，配合不协调会影响划臂和蹬腿的效果，影响前进速度的均匀性。现在大多数运动员采用的腿臂配合技术为在臂划水时，腿保持放松和伸直姿势。

二、自由泳

自由泳又称爬泳。游自由泳时，运动员几乎水平地俯卧在水面上，两腿交替做鞭状打水。两臂轮流由前向后划水，动作像是爬行，所以这种姿势称为爬泳。自由泳是四种竞技泳式中游速最快的一种。

（一）身体姿势

（1）身体纵轴与水平面构成3°~5°的仰角，前胸与水平面构成20°~30°角，如图8-2所示。

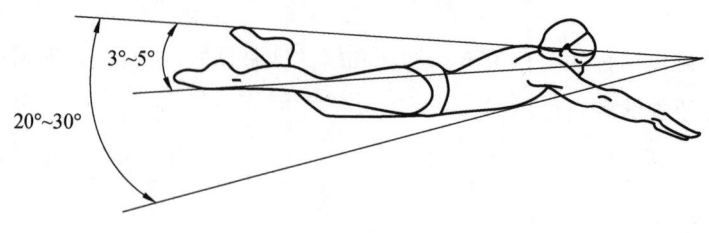

图8-2

（2）头部应自然地稍抬起，两眼注视前下方，水平面接近发际，臀略高于脚，肩略高于臀，这样便于腿臂发挥力量。

（3）前进过程中，应围绕身体纵轴有节奏地转动，转动的幅度一般在35°~45°，身体的这种转动，是由于划臂、转头呼吸所形成的自然运动，如图8-3所示。

（二）腿部动作

在自由泳技术中，运动员打腿的主要作用是维持身体平衡及抬高下肢的位置，使身体呈较好的流线型，协调两臂划水动作，推动身体前进。游自由泳时腿打水动作几乎是在与水平面垂直方向上进行

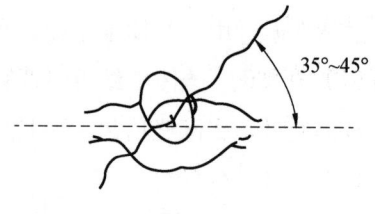

图8-3

的，两腿上下动的距离最多不超过40 cm，膝关节最大弯曲约为160°，如图8-4所示。

正确的打水技术是脚稍内旋，踝关节放松，向上和向下的打水动作应从髋关节开始，最后到脚跟和脚趾，形成一个鞭打动作，如图8-5所示。

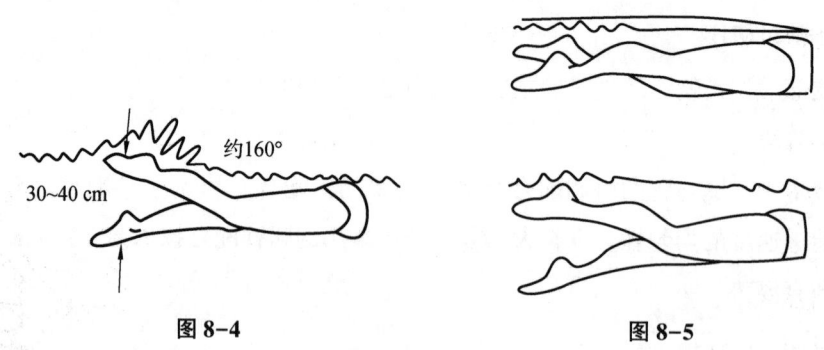

图8-4　　　　　　　　图8-5

腿向下打水是主要的，可以产生较好的效果，因此，应该用较大的力量和较快的速度来进行。

(三) 臂的动作

自由泳技术中，臂划水动作是推动运动员身体前进的主要动力。臂的一个完整循环动作分为入水、抱水、划水、出水和空中移臂几个部分。

第三节 技术练习

一、熟悉水性的教学

(一) 水中行走练习

1. 练习目的

体会水的阻力和浮力，初步掌握水中维持平衡的方法，消除怕水心理。

2. 练习方法

(1) 在池边向前、后及两侧行走。

(2) 两手保持平衡，向后及两侧走动。

(3) 上下跳跃动作。

(4) 在水中做追逐、走、跑或接力跑等游戏。

(5) 在水中用两手做各种方向的摸水动作。

(二) 呼吸练习

1. 练习目的

掌握游泳的呼吸方法，进一步消除怕水心理。

2. 练习要点

吸足一口气，闭气后浸入水中，抬头时呼气，嘴露出水面。

3. 练习方法

(1) 手扶池边，将嘴浸入水面下做吐泡泡练习。注意抬头后让水自然流下，不要用手抹水。

(2) 手扶池槽或同伴，吸一口气后闭气下蹲，将嘴浸入水中，停留片刻后站起，嘴露出水面后，先呼后吸，如图8-6所示。

图 8-6

（3）同上练习，由两腿开立、两臂在水中前伸开始，要求连续做 20~30 次，如图 8-7 所示。

（三）水中站立练习

1. 练习目的

体会水的浮力，初学者学会在水中控制身体姿势的方法，进一步消除怕水心理，增强学会游泳的信心。

2. 动作要点

低头前吸足一口气，低头时肌肉放松。

图 8-7

3. 练习方法

（1）站立时收腹，收腿，抬头，同时臂下压，然后两腿伸直，脚触池底站立。

（2）浮体练习。

原地站立，两脚分开，深吸一口气后低头下蹲团身抱膝，自然漂浮至水面，如图 8-8 所示。

（3）展体浮体练习。

两脚分开，两臂前伸放松，吸气低头前倾，两脚轻轻蹬离池地，成俯卧姿势漂浮水面，两臂两腿自然伸直。

图 8-8

（四）滑行练习

1. 练习目的

进一步体会水的浮力，掌握水中漂浮和滑行姿势。

2. 动作要点

低头，伸臂，伸肩。

3. 练习方法

（1）蹬底滑行练习。

两脚前后分立，两臂在水中前伸并拢，深吸气后屈体前倾，当头和肩浸入水中时，后腿抬起，前脚蹬地，随后两脚并拢伸直，使身体呈流线型向前滑行。

（2）蹬边滑行练习。

背向池壁，一臂拉水槽，一臂在水中前伸，同时一脚站立，一脚贴池壁，深吸、低头，上体成俯卧姿势，然后支撑向上收起，两脚撑住池壁，臂尽量靠近池壁，随即拉水槽的一臂向前伸臂，两臂并拢，头夹于两臂之间，两脚用力蹬壁，使身体呈流线型向前滑行。

二、蛙泳的教学

由于蛙泳腿部技术是学习蛙泳技术的基础,所以应先学习蛙泳腿部技术,后学蛙泳臂的技术及臂腿配合技术,最后学习完整配合。

(一)腿部动作教学

1. 陆上模仿练习

(1)坐在岸上或池边,上体稍后仰,两手后撑,按口令做蛙泳的腿部动作练习,开始四拍体会收、翻、蹬、夹、停的动作,再过渡到两拍,最后做一拍的完整练习。

(2)俯卧凳上做收、翻、夹、停的动作。可由同伴帮助体会和纠正动作,先分解做,后连贯做,重点体会动作的节奏、路线及翻脚腕的动作,如图8-9、图8-10所示。

图8-9

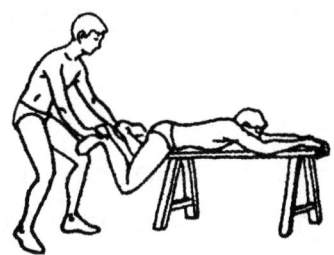
图8-10

2. 水中练习

(1)手扶池槽或池边做腿的练习(也可采用双人练习,帮助者可手托练习者的脚部帮助练习者体会翻脚动作)。身体平卧于水中,两脚做收、翻、蹬、夹、停的动作,体会翻脚和弧形蹬夹水的动作,然后连贯起来做,如图8-11、图8-12所示。

图8-11

图8-12

(2)蹬边或蹬底滑行做蛙泳腿的练习。要求收腿时边收边分,注意放松,收腿将结束时,翻腿要及时,蹬脚要适当用力,蹬夹动作要连贯。

3. 教学提示

（1）蛙泳腿的动作教学，关键是腿部动作的节奏、路线和翻脚。在陆上模仿练习时注意动作节奏和路线，强化"翻脚"的肌肉感觉。当体会和掌握了基本动作要领后，应及时转入连贯动作练习，以免影响动作节奏。

（2）蹬夹腿后一定要强调并腿滑行。可采用在有限距离内计蹬腿次数的办法进行教学比赛来提高蹬水效果。

（二）手臂动作及手臂与呼吸配合动作教学

1. 陆上模仿练习

站立，上体前倾，两臂前伸，两手并拢，掌心朝下。开始按口令分三拍做划、收、伸蛙泳臂的动作，然后按两拍做划和收伸的动作，最后成一拍连贯起来练习。基本掌握一拍臂的动作后，再结合抬头动作体会臂与呼吸的配合。强调在划水时抬头吸气，伸臂时低头呼气还原。

2. 水中练习

（1）两脚开立站于齐胸深的水中，上体前倾，两臂前伸并拢，两臂按口令分三拍划、收、伸做划水动作，划水时不要用力，主要体会划水路线。当掌握基本动作后，立即成一拍连贯起来练习，主要体会动作的节奏。

（2）两脚开立站于齐胸深的水中，上体前倾，两臂前伸并拢，成一拍划水连贯练习配合呼吸动作，强调臂开始下划时抬头，嘴露出水面时呼气结束，同时吸气开始，伸臂时低头并徐徐呼气，如图8-13所示。

图 8-13

（3）同练习（2）。由原地到走动，练习时要求在体会划臂动作的基础上适当用力，借助划水反作用力向前移动，体会前臂及手掌的划水动作。

（三）完整配合动作教学

1. 陆上模仿练习

原地站立，两臂上举伸直并拢，按口令做"一"，两臂向两侧划水；"二"，收手的同时收腿（单腿站立，另一腿做收腿动作），收腿结束后立即翻脚；"三"，臂向上将要伸直时，翻脚的腿向下做弧形蹬夹动作，还原成预备姿势，稍停再重复进行练习。有体会后立即变为两拍及一拍的练习，如图8-14所示。

图 8-14

2. 水中练习

(1) 滑行后闭气做臂、腿的分解配合。即划一次臂后,再做一次收腿和蹬腿动作。臂、腿交替进行练习。

(2) 在练习(1)的基础上过渡到收手的同时收腿。

(3) 在蹬边滑行、腿臂连贯配合练习的基础上,加上抬头吸气动作。由腿臂配合两次、呼吸一次,逐步过渡到腿臂配合一次、呼吸一次的完整配合。

(4) 逐步增长游泳练习的距离,不断改进和提高动作质量。

3. 教学提示

(1) 蛙泳腿部动作的教学收到一定效果之后,再开始做配合动作的教学较为有利。

(2) 学习臂与呼吸配合时,臂的动作宜小不宜大,采用早呼吸配合,即一开始划水就立即抬头吸气,借助向后划的反作用帮助抬头,这样做,头能抬起来而且嘴露在水面上的时间较长,初学者容易掌握。对初学者的呼吸动作,教师要强调呼气,初学者掌握了呼气,吸气就好进行了。

(3) 进行完整动作配合教学时,腿臂动作与呼吸动作的配合是关键。开始先做抬头睁眼但不呼吸的完整配合练习。可先吸一口气,逐渐要求多吸几口气,直到协调地呼吸。

三、自由泳的教学

自由泳的教学一般采用先教腿,后教臂,再教呼吸和配合动作。因为腿是自由泳的基础,两臂划水是前进的主要动力,呼吸动作是自由泳教学的难点,呼吸应先于其他技术进行教学。

(一) 腿部动作教学

1. 陆上模仿练习

坐或俯卧在池边,两腿向前伸直并拢并稍内旋,直腿模仿腿打水的练习。练习时要眼看两腿的动作，如图 8-15、图 8-16 所示，开始按教师节拍做，可快慢交替。

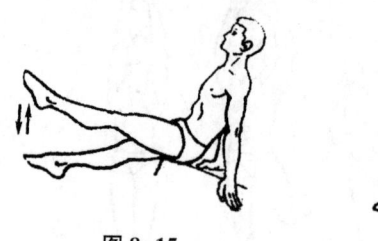 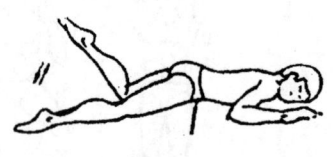

图 8-15　　　　　　　　　　图 8-16

2. 水中练习

（1）俯卧水中，手握池槽或手撑池底，身体成水平姿势，两腿伸直，做直腿打水练习，如图 8-17、图 8-18 所示。

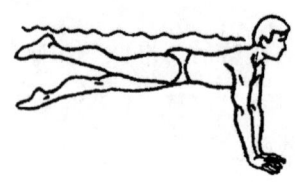 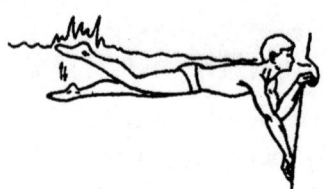

图 8-17　　　　　　　　　　图 8-18

（2）扶板及蹬边滑行打水练习，开始要求直腿，逐渐过渡到踝膝关节适当放松弯曲的鞭状打水，如图 8-19 所示。

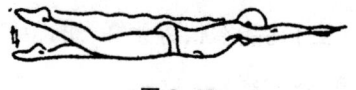

图 8-19

（二）臂动作与呼吸配合动作教学

1. 陆上模仿练习

（1）原地两腿开立，上体前倾，用直臂做划水模仿练习，如图 8-20 所示。着重体会推水结束后的空中移臂动作和臂入水的动作，移臂时强调放松。先单臂练习，后两臂交替练习。

（2）练习同（1），要求划水时做出屈臂的动作，着重体会动作结构及动作路线。强调划水用力，其他阶段放松。移臂时注意动作要连贯、放松。

（3）站立，上体前倾，两手扶膝，做向侧转头呼吸动作练习，向侧转头时呼气，如图 8-21 所示。

图 8-20　　　　　　　　　　图 8-21

（4）同步练习（2）配合呼吸练习，在同侧臂开始划水时转头并加速呼气，嘴露出水面时立即呼气转为吸气，当移臂至肩侧时，头部还原，并徐徐呼气，如图8-22所示。

2. 水中练习

（1）站立浅水中，上体前倾，用直臂做划水模仿练习，如图8-23所示。

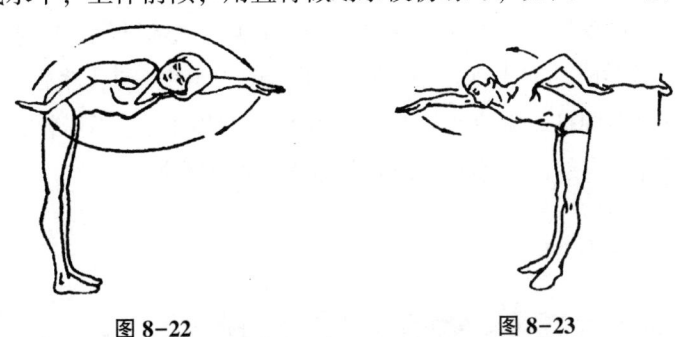

图8-22　　　　　　　　　图8-23

（2）站立浅水中，做划臂与呼吸配合的练习，注意向侧转头时不宜抬头。

（3）在浅水中做划臂与呼吸配合的练习，由原地练习过渡到走动练习。要求划水适当用力，注意划臂动作的连贯性。

（4）蹬边划行后，两臂配合做划水动作，不做呼吸动作。

（三）完整配合动作教学

1. 陆上模仿练习

（1）俯卧蹬加上做臂腿配合模仿练习。

（2）俯卧蹬加上做完整配合模仿练习。

2. 水中练习

（1）滑行中的自由泳腿打水，配合单臂划水练习（一臂前伸，一臂划水），要求腿打水正常的情况下加划臂。

（2）滑行中的自由泳腿打水，配合两臂连贯划水。不做呼吸动作，注意打水不能停顿，臂的动作要连贯，有节奏。

（3）滑行中的自由泳腿打水，两臂轮流连贯划水，加呼吸配合的练习。开始臂腿配合多次，呼吸一次，逐渐过渡到两臂划一次，呼吸一次。强调腿不停顿地用力打水，如图8-24所示。

图8-24

3. 教学提示

（1）自由泳腿的教学，要求初学者直腿打水，初学者容易体会和掌握动作。自由泳腿的练习比较枯燥，但一定要坚持练习，可通过变换练习方式来提高兴趣。扶边打腿时，可快慢交替，定时打腿。滑行打腿时可在有限的距离内进行集体比赛。

（2）臂部动作的教学时，初学者首先要注重的是划臂动作的连贯性，即动作的节奏，然后注重动作的路线和动作的结构。

（3）自由泳的呼吸是自由泳教学的难点，因此，从一开始进行自由泳腿部动作教学时就应抓呼吸练习。通过较长时间的反复练习，真正掌握自由泳呼吸的方法。

（4）完整配合教学时，应先练好不呼吸的自由泳，即闭气游，然后加呼吸动作。完整配合游时，不必过分强调打6次腿，只要划臂和呼吸时腿的动作不停顿、下肢能浮上来即可，即使以后腿臂配合自然，也不必要改成打6次腿的配合游。

第四节　水上救护

一、间接救护

间接救护是救护员用救护器材，对意识尚清醒的溺水者施救的技术。下面介绍几种常用的救护器材及使用方法。

（1）救生圈：使用时最好在救生圈上系一条较长的绳子，绳子的另一端握在救生员手中，当急用时，将救生圈抛给溺者，当溺者摸到救生圈或抓到绳子后，救生员将溺者用绳子拖至岸边，使溺者得救。

（2）绳子：在绳子的一端系有相当质量的浮游物，将绳子盘成圆形，绳子的另一端握在救生员的手里，或系在手腕上。当发现有人溺水时，将绳子对准溺者抛出并使其能抓住，用力将其拖上岸使之得救。

二、直接救护

直接救护是徒手对溺者施救的一种救护技术。直接救护时要求救护员一定要有舍己为人的精神和较好的游泳技术。直接救护过程可分为入水前的观察、在最佳入水点入水、游近溺者、拖运、上岸、抢救等。

（1）入水前的观察：发现溺者首先要与救护站联系，然后立即简单观察周围的环境、水流方向、水面宽窄及最佳入水点。

（2）在最佳入水点入水：要求入水后始终能观察到溺者，同时速度要快。

（3）游近溺者：入水后，一般采用抬头爬泳，亦可采用头不埋入水的蛙泳，目的是既要往前游，又要保持观察的能力；当游至距离溺者1～2 m处，深吸一口气后从水下接近

溺者，从溺者的背面用两手托其颈部使脸和嘴露出水面，以便呼吸。

（4）拖运：一般采用手不出水的侧游和反蛙泳拖运溺者。

（5）上岸：上岸时要将溺者抬至平坦、通风地段，遇到昏迷的溺者，要检查呼吸和脉搏，迅速送往急救中心抢救。

（6）抢救：拖上岸的溺者，如心脏停止跳动，应立即抢救，在运输工具到来之前的这一段时间里检查呼吸，看瞳孔。如果呼吸也停止了，应当考虑怎样恢复心率，然后进行人工呼吸，一般人在停止心跳 300 s 之内是可以救活的。心脏的按摩是一门专门技术，这里只是简单介绍：将溺者仰卧抬到较平坦的地方，救生员双掌重叠，压在溺者胸骨柄与肋骨之间心脏的位置上，以每分钟 70 次的频率下压，向下用力要慢，上抬要快；如果溺者口中有泥草或其他杂物，应想办法把牙撬开，垫上硬物将泥土及杂物清除干净，这对溺者是性命攸关的时刻，只要能呼吸空气就是有生命的希望。

三、自我救护

游泳时，身体各部分的肌肉都可能发生抽筋现象，人抽筋的原因通常是：下水前没有做准备活动，身体过于疲劳，水温过低，过分紧张或动作失调。

发生抽筋时必须保持镇静、不慌张，可以求救也可自救。抽筋后不应继续游，应立即靠边上岸，注意保暖，按摩抽筋部位。

在水中自我解救抽筋的方法，主要是拉长抽筋的肌肉，使抽筋的肌肉松弛或伸展，具体做法如下：

（1）手指抽筋：将手握拳，然后用力将手掌展开，这样迅速反复做几次，直到抽筋症状缓解或消除为止。

（2）小腿或脚趾抽筋：先吸足一口气，仰卧在水面上，用抽筋部位异侧的手握住抽筋的脚趾，腿伸直，用力向身体方位拉，同时用同侧的手压住抽筋的膝盖，帮助抽筋伸直。

（3）大腿抽筋：可采用拉长抽筋肌肉的办法解救抽筋。

思考题

1. 游泳对人体健康有哪些积极影响？
2. 游泳运动的正式比赛项目有哪些？
3. 游泳技术分哪几个阶段？练习方法有哪些？

第九章 技巧 健美操 体育舞蹈

内容提要

体操是通过徒手、持轻器械和在器械上完成不同类型与难度的单个动作或成套动作，并具有一定艺术要求的体育项目，从技巧、健美操和体育舞蹈方面进行阐述。

思政目标

培养学生健康的思想作风，营造良好的校园文化，增强爱校爱国的理念。

第一节 技 巧

技巧的内容丰富，形式多样，对场地条件要求不高，易于开展，根据技术结构有各种平衡、倒立等静力性动作，以及各种滚翻、平翻、空翻等动力性动作。

一、前滚翻

（一）动作做法

蹲撑，提臀，两脚稍蹬地，同时屈臂、低头、含胸，用头的后部、颈、背、腰、臀依次触垫前滚。当滚到背腰时，两手迅速抱腿，上体前跟成蹲立。前滚翻动作如图9-1所示。

图 9-1

（二）技术要点

（1）前滚时，要头、颈、背、腰、臀依次触垫。

（2）上体向前跟进要主动，与抱小腿协调一致。

（三）保护帮助

保护者跪于练习者侧方，推背帮助其起立。

（四）练习方法

（1）初学时，先做滚动练习，身体团紧，屈肘翻掌于肩上，来回滚动。

（2）做"前滚翻成并腿坐"，体会腿的伸直过程。

二、后滚翻

（一）动作做法

蹲撑，重心后移，低头，团身后滚。当滚到头颈部位时，两手在肩上用力推撑，使身体继续翻转，顺利越过头部，经蹲撑站立。后滚翻动作如图 9-2 所示。

图 9-2

（二）技术要点

（1）后滚要有一定速度，团身紧。

（2）身体重心超过头颈位时，要及时推手。

（三）保护帮助

保护者单腿跪在练习者后侧方，当其后滚重心超越头颈位时，一手托肩，一手推背，助其翻转；也可双手提其髋部。

（四）练习方法

（1）做团身前后滚动时，注意将手放于肩上，尽量扬掌，指尖向肩，两肘内夹。

（2）在斜坡上由高处向低处运动。

三、后滚翻成跪撑

（一）动作做法

由坐撑开始，体前屈，接着上体后倒，举腿翻臀，屈体后滚，同时两手快移至肩上撑地（指尖向肩），当重心滚至肩颈部位时，用力推撑，越过头部屈膝成跪撑。后滚翻成跪撑动作如图9-3所示。

图9-3

（二）技术要点

（1）上体后倒要快，并带动下肢举腿翻臀。
（2）重心过头时要及时推手，脚背先着地，接着屈膝。

（三）保护帮助

保护者单腿跪在练习者侧后方，双手提其腰侧。

（四）练习方法

（1）先做屈体后滚练习，放好手型。
（2）由高处向低处运动。

四、肩肘倒立

（一）动作做法

坐撑，上体后倒，收腹举腿，当脚尖至头上方时，两臂在体侧下压，两腿上伸；至倒立部位时，髋关节充分挺开，臀部收紧，屈肘手撑背部，停住。肩肘倒立动作如图9-4所示。

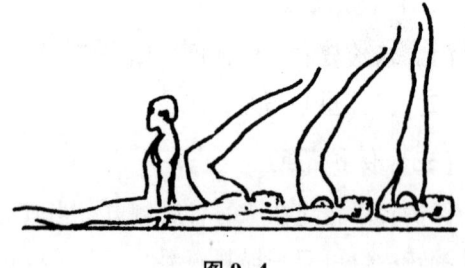

图9-4

（二）技术要点

（1）伸腿方向应沿眼睛向上的垂直方向。

(2) 至倒立部位时，应尽力上伸、紧身、展髋。

(三) 保护帮助

保护者站在练习者侧方，两手握住练习者的腿上提，必要时可用膝盖顶其臀部，使其充分展髋。

(四) 练习方法

(1) 坐撑后倒伸髋，再回原位，体会伸腿、压臂及方向。
(2) 结束动作可做"前倒团身起立"，即先直体前倒，然后迅速团身，上体前跟蹲起。

五、手倒立

(一) 动作做法

直立，两手向前撑地（同肩宽），稍含胸，一腿后摆，另一腿蹬地。当摆动腿至垂直上方时，蹬地腿向摆动腿并拢，顶肩、立腰、紧身成手倒立。手倒立动作如图 9-5 所示。

图 9-5

(二) 技术要点

(1) 手向前撑地时，要含胸、顶肩，蹬摆腿力量要适当。
(2) 倒立部位时，要紧身、立腰、顶肩。
(3) 及时调整身体重心，如重心向前时，手指要用力顶住，同时，稍抬头顶肩；如重心向后时，掌根用力，稍冲肩。

(三) 保护帮助

保护者站在练习者侧前方，两手握住练习者的腿上提，亦可用单腿顶住肩部，防止冲肩。当练习者重心过于向前时，要立即屈臂、低头、团身并顺势做滚翻，也可放开一手转体落下，以达到自我保护的目的。

(四) 练习方法

(1) 用小力量做蹬摆成半倒立再还原，体会蹬摆、撑地、顶肩的配合以及回落技术。

(2) 靠墙做倒立，停留一定时间，训练臂、腰力量。

(3) 背对墙距离 20 cm 左右做手倒立，练习控制。

六、侧手翻

（一）动作做法

侧向站立，右臂侧举，左臂上举，头左转；上体左侧屈，左脚落地（脚尖向左），右腿侧摆，左手撑地，左腿随之蹬地，摆起右手撑地；经分腿手倒立向右翻转，接着推开左手，右腿从右侧下落，推开右手，身体侧起经分腿开立，右腿靠拢左腿成直立。侧手翻动作如图 9-6 所示。

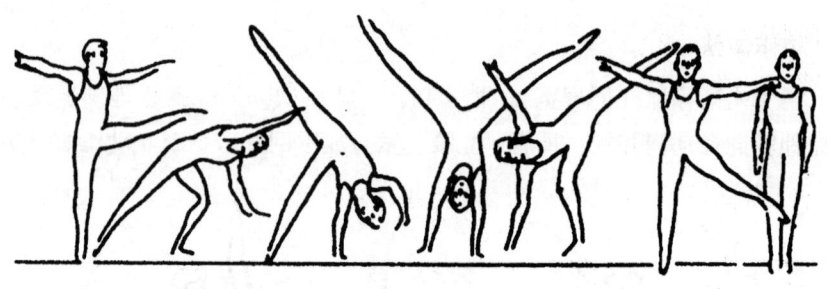

图 9-6

（二）技术要点

(1) 摆腿要向侧，尽量将髋打开。

(2) 经手倒立时要顶肩、立腰、大分腿。

(3) 腿的蹬摆与手的撑顶要协调配合。

（三）保护帮助

保护者站在练习者背后，两臂交叉掐住练习者的腰部，随着动作顺势提拔，帮助翻转。

（四）练习方法

(1) 在他人帮助下做侧起分腿倒立（一人背后掐腰，一人腹前扶腿）。

(2) 腹部贴墙做侧起，分腿倒立或做完整侧手翻（初学者可在他人帮助下做练习）。

(3) 在地上画一条线，沿线练习，要求手脚都在线上。

七、跪跳起

（一）动作做法

跪立，臂上举，上体稍前倾，屈髋两臂一摆，接着再前摆，同时快速伸腰展髋。当膝部离地后，两臂急速制动，收腹提膝成蹲立。跪跳起动作如图 9-7 所示。

图 9-7

(二) 技术要点

(1) 两臂后摆、前摆要与髋关节的弹性屈伸配合，使动作有节奏感。

(2) 前摆臂与伸腰，小腿与脚背下压同时发力。

(3) 膝离地后，制动两臂与收腹、提膝同时进行。

(三) 保护帮助

保护者站在练习者侧方，随练习者臂前摆提其上臂；也可在后侧方双手提其腰部。

(四) 练习方法

(1) 做摆臂膝离地再跪下，反复练习。

(2) 女同学初学时，可由左右两位保护人帮助。

八、仰卧起坐同时手脚相触

(一) 动作做法

仰卧在垫上，两腿伸直，两臂上举，在收腹举腿（两脚面绷直）的同时两臂上摆，上体迅速前屈，两手触及脚背，然后积极还原成仰卧。仰卧起坐同时手脚相触动作如图 9-8 所示。

图 9-8

(二) 保护帮助

帮助者单腿跪立于练习者的侧方，一手托其背，另一手托其腿，帮助其手脚相触。

(三) 练习方法

(1) 做仰卧起坐练习（有人帮助压脚）。

(2) 做仰卧举腿练习。帮助者手握练习者小腿，然后做快速举腿（脚面绷直），帮助者把其腿向下推。反复做。

(3) 做完整动作练习。

第二节 健美操

健美操丰富多变,协调优美。徒手体操动作是健美操最基本的内容,包括按照解剖学部位从头颈、肩部、上肢、胸部、腰部、下肢等部位采用屈、伸、举、转、绕、弹、振、摆、扭动,以及各种踏步、跳步、跑步等动作。

(一) 头、颈动作（如图 9-9）

(1) 屈：指头颈关节的弯曲,有前屈、后屈、左屈、右屈。

(2) 转：指头颈绕垂直轴的转,有左转、右转。

(3) 绕和绕环：指以头颈为轴的弧形运动和圆形运动,包括左、右绕和左、右绕环。

图 9-9

(二) 肩部动作（如图 9-10）

(1) 提肩、沉肩：指肩胛骨做向上、向下的运动,包括单肩提沉,双肩同时提沉和依次提沉。

(2) 绕肩及肩绕环：以肩关节为轴做小于360°的弧形运动为绕,做360°及360°以上的圆形运动为绕环,包括向前、后绕和绕环,双肩同时和依次向前、后绕和绕环。

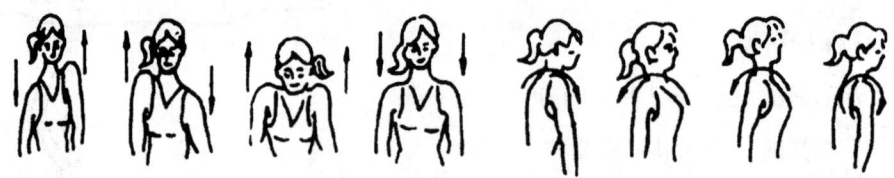

图 9-10

(三) 上肢动作

(1) 手型：健美操手型主要有掌（分掌、合掌）和拳两种,常见的手型有：西班牙舞手式、芭蕾舞手式、推掌式、一指式等，如图 9-11 所示。

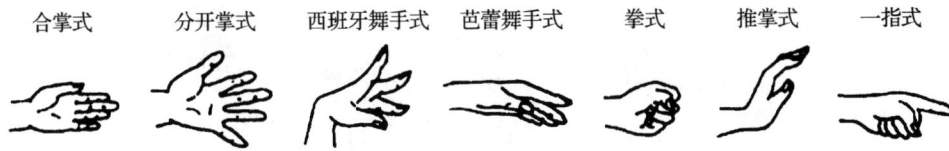

图 9-11

(2) 举：指以肩为轴，臂的活动范围不超过 180°而停止在某一部位的动作，包括单臂和双臂的前、后、侧和中间方向的举。

(3) 屈：指肘关节产生一定的角度，包括胸前屈、胸前平屈、肩侧屈、肩上侧屈、肩下侧屈、肩上前屈、腰间屈、头后屈等，如图 9-12 所示。

图 9-12

(4) 振：指手臂挥摆后迅速还原的动作，或臂用力摆至最大幅度，包括各个方向的直臂、屈臂的向后、向侧举。

(5) 旋：指以肩或肘为轴做臂旋内或旋外动作。

(6) 绕、绕环：指以肩、肘、腕为轴，向各个方向做圆周运动，范围在 180°~360°的运动为绕，360°以上的运动为绕环，包括单臂和双臂的绕和绕环，可以同时或依次向同方向和不同方向做。

(四) 胸部动作（如图 9-13）

(1) 含胸、展胸：含胸，两肩内收，低头；展胸，两肩外张，挺胸，头正视前方。

(2) 振胸：指肩向后快速外展，有弹性。

(五) 腰部动作（如图 9-14）

(1) 屈：包括上体沿水平轴前、后屈，上体沿矢状轴左、右侧屈，可以结合手臂和腿的动作做各种练习。

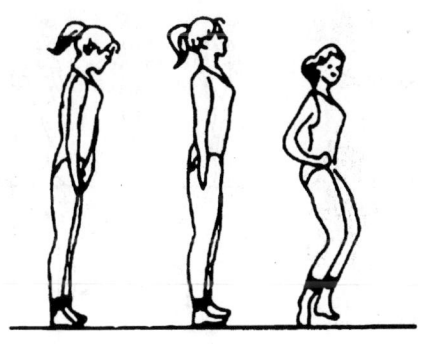

图 9-13

(2) 转：指上体沿垂直轴向左、右的扭转。

(3) 绕、绕环：指上体沿垂直轴向左、右做弧形、圆形运动。

图 9-14

（六）髋部动作（如图 9-15）

（1）顶髋：指髋关节向左、右、前、后水平移动。

（2）提髋：指髋关节急速向一侧的上提动作。

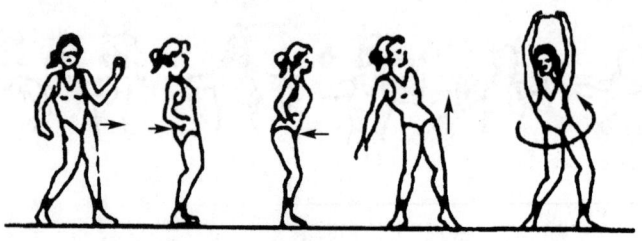

图 9-15

（3）绕髋：指髋向左或向右做 360°以内的弧形运动。

（4）髋绕环：指髋向左或向右做 360°以上的圆形运动。

（七）下肢动作

（1）踏步：踏步是健美操常用的一种步伐，是在原地踏步的基础上变化出很多种踏步方法，如图 9-16 所示。

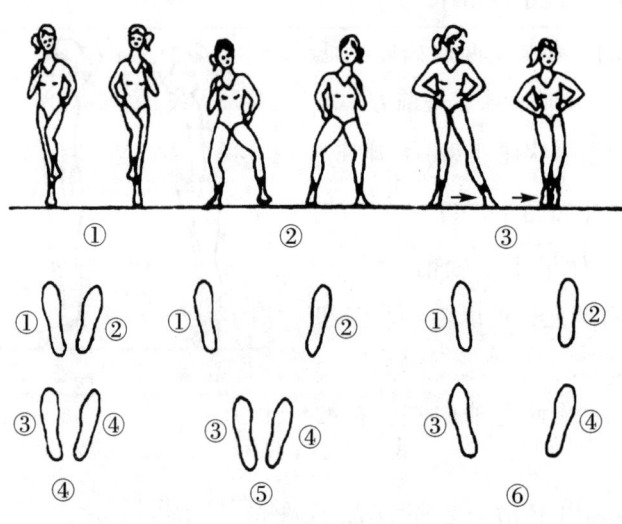

图 9-16

①原地踏步：两脚原地上下起落，两臂前后摆动。

②开立位踏步：左脚向左踏一步，两手屈肘前后摆动。

③侧踏步：左脚向左踏一步，右脚在左脚旁踏一步；出右脚动作相同，方向相反。

④前后踏步：左脚向前踏一步，右脚在左脚旁踏一步；左脚向后踏一步，右脚在左脚旁踏一步。

⑤"V"形踏步：左脚开始向前开立位踏两步，再后退原地踏两步，踏步路线呈"V"形。

⑥方形踏步：左脚开始向前开位踏两步，再后退开位踏两步，踏步路线呈方形。

⑦踏点步：左脚原地或者稍向前踏一步，右脚脚后跟在左脚前点地，右脚也可以在侧面点地，也可以在左脚左前侧用脚前掌点地；换脚做时方向相反。

（2）交叉步：左脚向左一步，脚尖向外，用脚后跟过渡到全脚掌，稍屈髋，右脚在左脚后交叉一步，左脚再向左一步，右脚并左脚，最后一步并步时也可以双脚小跳一次，如图 9-17 所示。

图 9-17

（3）点弓步：一脚向侧成弓步，另一脚跟进、并拢。

（4）滚动步：从前脚掌过渡到全脚掌，两脚交替做。

（5）跳步，如图 9-18 所示。

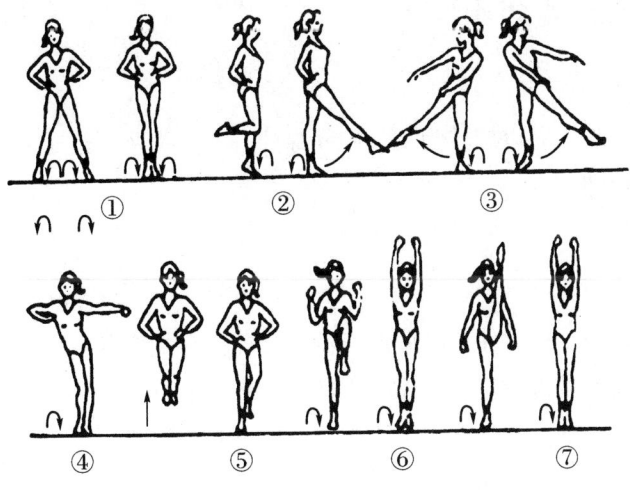

图 9-18

①开合跳:并腿跳至开立,分腿跳至并立。

②弹踢腿跳:左腿小跳一次,右腿屈小腿;左腿再小跳一次,右腿向前踢摆。换腿做时方向相反,反复练习。踢摆的腿可以向侧踢摆,也可以向后蹬伸,结合各种手臂动作进行练习。

③侧摆腿跳:左腿小跳一次,右腿向右踢摆。换腿做时方向相反。也可以跳一次,一拍一动。

④并腿跳:双腿并拢,直膝或者屈膝跳。

⑤弓步跳:两腿并腿跳起,落地时左腿屈膝站立,右脚勾脚前点地成后弓步。也可以成前弓步或侧弓步。

⑥吸腿跳:单脚小跳两次,同时另一腿向前、向侧或者异侧上提,还原。

⑦大踢腿跳:单脚小跳两次,同时另一腿向前、向侧或者异侧大踢腿还原。吸腿跳和大踢腿跳可以结合在一起跳,做一次吸腿跳,还原;再做一次大踢腿跳,还原。

第三节　体育舞蹈

体育舞蹈是集舞蹈美、音乐美、体态美、服饰美于一体的具有健身性、自娱性和表演性的一项新兴体育运动项目。体育舞蹈从其练习的目的与作用看可分为普通性体育舞蹈和竞技性体育舞蹈(又称国际体育舞蹈)。本节着重介绍普通体育舞蹈华尔兹、布鲁斯、迪斯科集体舞和恰恰舞以供大家学习。

一、体育舞蹈基本步法

(一)华尔兹

华尔兹又称慢三步,它以旋转为主,中间穿插一些交叉步、进退步、变换步组合等作为调节,节奏为嘭嚓嚓。

1. 进退步

(1)前进步。

嘭:男伴左脚进一步;女伴右脚后退一步。身体反身动作升。

嚓:男伴右脚稍前横跨一步;女伴左脚横跨一步。

嚓:男伴左脚并右脚;女伴右脚并左脚。身体反身动作降。

第二小步换右脚起,动作同前,方向相反。

（2）后退步。

后退步动作与前进步动作相同，只是第一步后退出脚。

2. 90°转体步

（1）左转步。

嘭：男伴左脚前进一步，同时用脚前掌左转90°；女伴右脚后退一步，同时左转。

嚓：男伴右脚做一横步，女伴左脚做一横步。

嚓：男伴左脚并右脚，女伴右脚并左脚。

（2）右转步。

右转步步法同左转步，唯独身体向右转动。

3. 180°旋转步

（1）左旋转步。

嘭：男伴左脚前进一步，同时用脚前掌向左转动；女伴右脚后退一步，同时左转。

嚓：男伴右脚前进一小横步，继续左转；女伴左脚后退一步，并左转。

嚓：男伴左脚并右脚，女伴右脚并左脚。

嘭：男伴右脚后退一步，继续左转；女伴左脚前进，左转。

嚓：男伴左脚前进一小横步，继续左转；女伴右脚后退一步，继续左转。

嚓：男伴右脚并左脚，女伴左脚并右脚。

（2）右旋转步。

右旋转步同左旋转步，只是身体向右旋转180°。

4. 交叉步

嘭：男伴左脚前进一步，女伴右脚后退一步。

嚓：男伴右脚前进一边步，女伴左脚后退一边步。

嚓：男伴右脚在左脚靠拢右脚的同时，随即左转45°，女伴右脚并左脚随即左转。

嘭：男伴右脚向女伴右侧前进，女伴左脚向左后退步。

嚓：男伴左脚向左前侧前进一步，女伴右脚后侧退步。

嚓：男伴左脚向右转45°，右脚并左脚；女伴右脚转动，左脚并右脚。

5. 追步（开式位）

嘭：男伴右脚前进一步，女伴左脚前进。

嚓：男伴左脚前进同时右脚在左脚后跟进一步，女伴右脚前进，同时左脚跟进一步，两次快步行进用脚前掌。

嚓：男伴左脚横步稍前，女伴右脚横步稍后。

6. 迂回步

嘭：男伴右脚前进，女伴左脚前进。

嚓：男伴左脚前进向左转带成闭合式；女伴左转，右脚横步稍后。

嚓：男伴右脚横步，同时左转；女伴左转，左脚横步。

嘭：男伴左脚在女伴右侧后退，女伴右脚向身后左侧退。

嚓：男伴右脚后退，女伴左脚后退。

嚓：男伴右脚横步，女伴左脚横步。

7. 犹豫步

嘭：男伴右脚前进，稍右转；女伴左脚后退，稍右转。

嚓：男伴左脚横步，继续转体；女伴右脚一小横步。

嚓：男伴右脚并左脚，女伴左脚并右脚。

嘭：男伴左脚后退，女伴右脚前进。

嚓：男伴右脚横步向右转体 90°，女伴左横步转体。

嚓：男伴左脚落右脚旁点步，女伴右脚落左脚旁点步。

（二）布鲁斯

布鲁斯又叫慢四步，基本步法为常步和并步，可穿插一些交叉步、转体、旋转步、叠步、锁步，变换组合加以配合。节奏为慢慢快快。布鲁斯每小节第一步固定为男伴出左脚、女伴出右脚，以后依次进行。

1. 后退前进步

慢：男伴左脚后退一常步，右脚在左脚旁点步；女伴右脚前进一常步，左脚在右脚旁点步。

慢：男伴右脚前进一常步，随即左脚跟上点步；女伴左脚后退一常步，右脚跟上点步。

快：男伴左脚前进一常步，女伴右脚后退一常步。

快：男伴右脚并左脚，女伴左脚并右脚。

2. 横步

慢：男伴左脚左横一旁步，女伴右脚右横一旁步。

慢：男伴右脚左前一左边步，女伴左脚右后一左边步。

快：男伴左脚左横一旁步，女伴右脚右横一旁步。

快：男伴右脚并左脚，女伴左脚并右脚。

3. 90°转身步

（1）右转身步。

慢：男伴左脚前进一常步，女伴右脚后退一常步。

慢：男伴右脚前进一常步，同时右转 90°；女伴左脚后退一常步，同时右转体 90°。

快：男伴左脚前进一步，女伴右脚后退一步。

快：男伴右脚并左脚，女伴左脚并右脚。

（2）左转身步。

慢：男伴左脚后退一常步，女伴右脚前进一常步。

慢：男伴右脚后退一常步，同时左转90°；女伴左脚前进一常步，并左转90°。

快：男伴左脚后退一步，女伴右脚前进一步。

快：男伴右脚并左脚，女伴左脚并右脚。

4．180°旋转步

（1）右旋转步。

慢：男伴左脚向左后方斜退，女伴右脚向右前方斜进。

慢：男伴右脚向右跟转，女伴左脚前掌转。

快：男伴左脚左前横一小旁步，同时继续右转至180°；女伴右脚横一小步，右转达180°。

快：男伴右脚并左脚，女伴左脚并右脚。

（2）左旋转步。

慢：男伴左脚前进一步，女伴右脚后退一步。

慢：男伴右脚前进同时向左转，女伴左脚后退同时左转。

快：男伴左脚左后横一旁步，继续左转至180°；女伴右脚前横一旁步，同时转180°。

快：男伴右脚并左脚，女伴左脚并右脚。

5．交叉步

慢：男伴左脚前进一常步，女伴右脚后退一常步。

快：男伴右脚右横一旁步，女伴左脚左横一旁步。

快：男伴左脚并右脚，女伴右脚并左脚。

慢：男伴右脚前进一左边步，女伴左脚后退一右边步。

6．左转步

慢：男伴左脚前进一常步，开始左转；女伴右脚后退一常步，并左转。

快：男伴右脚前进一旁步，继续左转；女伴左脚后退一旁步，左转。

快：男伴左脚并右脚，左转135°；女伴右脚并左脚，左转135°。

慢：男伴右脚后退一常步，左转；女伴左脚前进一常步，左转。

快：男伴左脚后退一旁步，接着左转；女伴右脚前进一旁步，左转。

快：男伴右脚并左脚，加转至135°；女伴左脚并右脚，转至135°。

慢：男伴左脚前进一常步，女伴右脚后退一常步。

（三）迪斯科集体舞

迪斯科集体舞都以基本舞步构成花样，可一人自己跳，两人对跳，集体跳。一般分为点步、交叉踩步、踏步、转身等，下面介绍几种基本步法：

1. 点步

点步可分前、后点步，侧点步，旁点步，移动点步等。

（1）前点步。

①左脚向前点步，脚尖向右前，左胯前顶，身体左转，两手握拳在腰部自然外展、内收。

②左脚收回，身体和胯的姿势不变，手不变。

③左脚做第二次前点步。

④左脚回收右脚旁，双手放下，还原。

⑤至⑧出右脚做，动作与①至④左脚动作相同。

（2）后点步、侧点步、旁点步。

后点步、侧点步、旁点步与前点步动作相同，都在出脚的方向变化。

（3）移动点步（又分左右移、前后移），以向前移动点步为例。

①左脚向前方上步。

②右脚向左脚前方上步。

③左脚继续向前方上步。

④右脚点左脚旁，脚尖内扣，屈膝。

2. 交叉踩步

①左脚向左后方退步。

②右脚向左脚前方踩步。

③右脚向右后方退步。

④左脚向右脚前方踩步。

3. 踏步

踏步分侧踏步、前踏步，以向左侧踏步为例。

①左脚向左侧踏步。

②右脚移步向左脚靠拢。

③左脚继续向左侧踏步。

④右脚拖步向左脚靠拢，脚掌点地。

向右侧踏步、前踏步、后踏步均与向左侧踏步动作相同，只是出脚方向不同。

4. 转身

转身分左转身、右转身、前转身，以左转身360°为例。

①左脚开步向左侧踏步，同时左转90°。

②右脚越过左脚向左踏步并转至180°，继续左转。

③左脚越过右脚向左上步，转至360°。

④右脚掌点步左脚旁。

右转身、前转身均同左转身，只是出脚和转体方向不同。

5. 跳步

跳步分单、双脚跳。有单脚的后撤步前踢腿跳，前进步后踢腿跳等；双脚的开合跳、点步、撤步跳等。以单脚后撤步前踢腿跳为例。

①右脚后退一步。

②左脚后退一步。

③右脚继续退步，同时左腿前踢跳起。

④左脚下落，左脚跟上。

单脚前进步后踢踢腿跳与后撤步前踢腿跳动作相同，只是踢腿和行进方向不一；双脚跳步只是在双脚同时跳跃而已。

上述舞步可以按顺序连接，也可任意组合；舞步动作简单易学，花样新颖、多变。

(四) 恰恰舞

恰恰舞是一种以女子为主的舞蹈，一般四拍走五步，第1、2、3拍各走一步，第4拍走两步。节奏为1、2、3、恰恰。

1. 基本动作：闭式位开始

①男伴左脚向前一步，女伴右脚后退一步。

②男伴重心回落右脚，女伴重心回落左脚。

③至⑤男伴做向左追步，女伴则向右追步。

⑥男伴右脚后退一步，女伴左脚前进一步。

⑦男伴重心回落左脚，女伴重心回落右脚。

⑧至⑩男伴做向右追步，女伴向左追步。

2. 扇形：闭式开始

①男伴左脚前进一步；女伴右脚后退一步，左转。

②男伴重心回落右脚；女伴重心回落左脚，左转。

③至⑤男伴向左追步；女伴右追步，左转至45°。

⑥男伴右脚后退一步，女伴左脚前进一步。

⑦男伴重心回落左脚,女伴向后偏右位展开并松左手,同时左转。

⑧至⑩男伴做向右追步;女伴后锁步,同时左转至90°。

3. 纽约步:手环握开始

①男伴左脚前进一步,同时右转90°成并肩位,右手放开;女伴右脚向前,左转90°成并肩位,左手放开。

②男伴重心回右脚,同时左转;女伴重心回左脚,同时右转。

③至⑤男伴左追步,继续左转至90°,手环握;女伴右追步,右转90°,手环握。

⑥男伴右脚前进一步,同时左转90°成并肩位,左手放开;女伴左脚前进一步,右转90°成并肩位,右手放开。

⑦男伴重心回左脚,同时右转;女伴重心回右脚,开始左转。

⑧至⑩男伴右追步,继续右转至90°,手环握;女伴左追步,左转至90°,手环握。

4. 阿列曼娜:扇形位开始

①男伴左脚前进,女伴右脚靠左脚。

②男伴重心回右脚,女伴左脚前进。

③至⑤男伴左追步;女伴前锁步,同时右转45°。

⑥男伴右脚后退步;女伴左脚前进步。同时右转。

⑦男伴重心回左脚;女伴右脚前进,继续右转。

⑧至⑩男伴右追步;女伴前锁步,完成右转体达45°,成闭式位。

5. 右分展步:闭式开始

①男伴左脚前进稍右转;女伴右脚后退,同时右转180°。

②男伴重心回落右脚,开始左转;女伴回左脚,左转。

③至⑤男伴向左追步,还原;女伴右追步,左转180°。

6. 定点转,面对面开立

①男伴左脚前进,同时右转90°;女伴右脚前进,左转90°。

②男伴右脚前进,右转180°;女伴左脚向前,左转180°。

③男伴左追步,同时右转90°;女伴右追步,同时左转90°。

7. 扭臀步:闭式开始

①男伴左脚前进一步,同时稍右转;女伴右脚后退,右转180°。

②男伴重心回右脚,女伴重心回左脚。

③至⑤男伴做向左追步,同时左转还原;女伴向右追步,左转180°。

⑥男伴右脚后退;女伴左脚前进,右转135°。

⑦男伴重心回左脚,女伴右脚向后右出脚并左转90°。

⑧至⑩男伴右追步，女伴右脚向右出脚并左转45°。

二、体育舞蹈练习方法

（1）模仿练习。练习基本身体姿态、运步方法及基本舞步。

（2）对照练习。对基本舞步、身体姿态、运步方法进行对照比较练习，练习时可通过音像、镜前模拟进行对照比较。

（3）数节拍练习。通过"听""数""练"音乐节拍，提高舞步节奏感。

（4）双人对练。主要是掌握动作的衔接，练习时应先简后难，可穿插组合。

（5）提高练习。要求固定舞伴或优带劣。

（6）组合练习。舞步合拍连接。

思考题

1. 试分析侧手翻动作保护与帮助的作用和意义。
2. 试述学习体育舞蹈的作用和意义。

第十章 武术与搏击

内容提要

武术是以技击动作为主要内容，以套路、格斗、功法为运动形式，注重内外兼修的中国传统体育项目。它具有悠久的历史传承和广泛的群众基础，是我国劳动人民在长期的生活和斗争实践中不断积累和丰富起来的一项宝贵文化遗产。本章分四节简述了武术基本功、初级长拳第三路、二十四式简化太极拳和跆拳道。

思政目标

培养学生的爱国主义情怀，增强优秀传统文化自信。

第一节 武术基本功

武术运动基本功和基本动作一般包括肩、臂、腰、腿、手、步，以及跳跃、平衡等练习。在练习过程中可穿插一些徒手动作的连接组合练习。广大武术爱好者在长期的练习实践中积累了很多行之有效的训练手段，逐步形成了一整套由浅入深，并且具有完整系统的基本功和基本动作。

第十章 武术与搏击

一、手的基本动作

(一) 手型

1. 拳

四指并拢卷握，拳面要平，拇指紧扣食指和中指的第二指节。

要点与要求：拳握紧，拳面平，直腕，如图 10-1 所示。

2. 掌

四指并拢伸直，并向后伸张，拇指弯曲靠于食指一旁，如图 10-2 所示。

3. 勾

五指的第一指节捏拢在一起，屈腕，如图 10-3 所示。

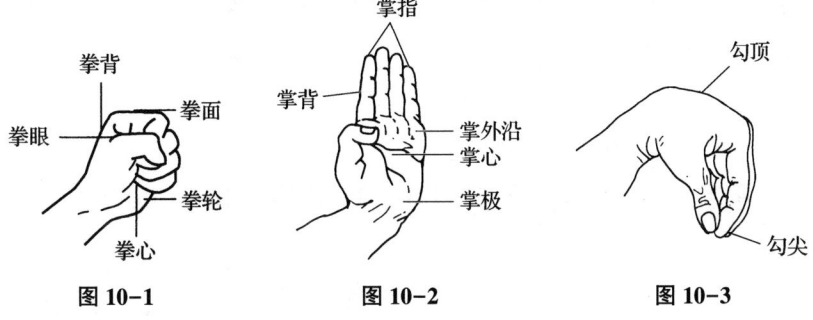

图 10-1　　　　　图 10-2　　　　　图 10-3

(二) 手法

1. 冲拳

预备姿势：两脚左右开立，两拳抱于腰间，拳心朝上，图 10-4 所示。

动作说明：右拳从腰间旋臂向前猛力冲出，力达拳面，目视前方，如图 10-5 所示。

图 10-4　　　　　图 10-5

要点：挺胸、收腹、直腰，出拳快速有力，做好拧腰、顺肩、急旋前臂的动作。

2. 架拳

预备姿势：同冲拳，如图 10-6 所示。

动作说明：右拳向右上方架起，拳眼向下，目视左方，如图 10-7 所示。

要点：松肩，肘微屈，前臂内旋，力达前臂外侧。

图 10-6　　　　　图 10-7

3. 推掌

预备姿势：同冲拳。

动作说明：右拳变掌，以掌外沿为力点向前猛力推出，目视前方，如图 10-8 所示。

要点：同冲拳，注意沉腕、翘掌，力达掌外沿。

4. 亮掌

预备姿势：同冲拳，如图 10-9 所示。

动作说明：抖腕亮掌，臂成弧形举于头上，目视左方，图 10-10 所示。

要点：抖腕、亮掌与转头要同时完成。

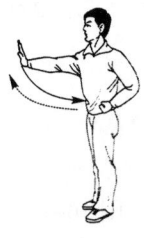  

图 10-8　　　　图 10-9　　　　图 10-10

二、腿的基本动作

（一）步型

1. 弓步

要点及要求：前腿弓，后腿绷，挺胸，沉胯；前腿同后腿成一条直线，如图 10-11 所示。

2. 马步

要点及要求：两脚平行开立（距离约为本人脚长的三倍），脚尖正对前方，屈膝半蹲，两大腿与地面平行，挺胸，塌腰，如图 10-12 所示。

图 10-11　　　　　图 10-12

3. 虚步

要点及要求：两脚前后开立，后脚（支撑腿）外展45°，屈膝半蹲；前腿膝微屈，稍内扣，脚面绷平，脚尖内侧虚点地面，如图 10-13 所示。

4. 仆步

要点及要求：两脚全脚着地，左右开立，一腿屈膝全蹲，另一腿向体侧伸直，挺胸抬头，如图 10-14 所示。

图 10-13　　　　　图 10-14

5. 歇步

要点及要求：前后腿交叉下蹲。臀部坐于后脚接近脚跟处，挺胸抬头，如图 10-15 所示。

（二）腿法

1. 正踢腿

预备姿势：并步站立，两臂侧平举，如图 10-16 所示。

图 10-15　　　　　图 10-16

动作说明：左脚上步直立，右腿挺膝，脚尖勾起向前额处猛踢；目向前平视，如图 10-17 所示。

要点：挺胸、收腹、立腰。踢腿时，迅速收髋、收腹，脚尖勾起绷落，过腰后动作加快，要有寸劲。

2. 斜踢腿

预备姿势：同正踢腿。

动作说明：向异侧耳际猛踢，动作同正踢腿；目向前平视。如图 10-18 所示。

图 10-17　　　　图 10-18

要点：同正踢腿。

3. 侧踢腿

预备姿势：同正踢腿。

动作说明：右脚上步，脚尖外展；左脚跟稍提起，身体略右转，两臂后举。随着左腿勾脚向左耳际踢起，右臂上举亮掌，左臂立于右肩前；目向前平视，如图 10-19、图 10-20 所示。

要点：开髋、侧身、猛收腹。

图 10-19　　　　图 10-20

4. 外摆腿

预备姿势：同正踢腿。动作说明：右脚上步；左脚尖勾紧，向右侧上方踢起，经面前向左侧上方摆动，直腿落在右脚旁；目向前平视，可用掌在面前依次迎击脚面，如图 10-21、图 10-22 所示。

要点：展髋，腿呈扇形外摆，幅度要大。

图 10-21

图 10-22

5. 里合腿

预备姿势：同正踢腿。

动作说明：同外摆腿，唯由外向内合，如图 10-23、图 10-24 所示。

要点：除要求合髋，要点同外摆腿。

图 10-23

图 10-24

6. 拍脚

预备姿势：并步站立，如图 10-25 所示。

动作说明：左脚上步；右腿挺膝，绷脚面向上猛力踢摆。同时右拳变掌，于前上方迎击右脚面；目向前平视，如图 10-26 所示。

要点：收腹、立腰。踢腿高度过胸，击拍脚面要准确、响亮。

图 10-25

图 10-26

7. 弹腿

预备姿势：同拍脚。

动作说明：支撑腿直立或稍屈，另一腿由屈到伸向前弹出，如图 10-27 所示。脚面绷平，力达脚尖，如图 10-28 所示。

图 10-27

图 10-28

要点：收髋，弹击有寸劲，力达脚尖。

8. 蹬腿

预备姿势：同弹腿。

动作说明：同弹腿，唯脚尖勾起，力达脚跟，如图 10-29 所示。

要点：同弹腿。

9. 侧踹腿

预备姿势：成插步，如图 10-30 所示。

动作说明：右腿伸直支撑；左腿由屈到伸，脚尖里扣，用脚掌猛力踹出，高与腰平，上体倾斜；目视左侧方，如图 10-31 所示。

图 10-29

图 10-30

图 10-31

要点：挺膝、开髋、猛踹，脚外侧朝上，力达脚掌。

三、腰的基本动作

1. 俯腰

上体前俯，两手五指交叉，尽量在脚尖前贴地；再向左右俯腰，使两手在脚外侧俯腰；然后两手松开，向后抄抱小腿下方，尽量折体，如图 10-32 所示。

图 10-32

2. 甩腰

以腰髋为轴，上体前后屈甩动，如图 10-33 所示。

3. 涮腰

以髋关节为轴，上体绕环，如图 10-34 所示。

图 10-33　　　　　　　图 10-34

第二节　初级长拳第三路

　　长拳是一种拳术流派的总称。中华人民共和国成立后，原国家体委把群众中流传广泛的查、华、炮、洪、少林等拳种，根据其风格特点，综合整理创编了长拳。长拳是以套路为主的拳术，既适合基础武术训练，又适合于进行竞赛和技术水平的提高。这类拳术的共同特点是姿势舒展、动作灵活、快速有力、节奏鲜明，并具有起伏转折、蹿蹦跳跃、跌扑滚翻等动作和技术。

　　经常从事长拳锻炼，能有效地增强体质，提高各项身体素质，锻炼内脏器官的功能。长拳中的各种手法、步法、腿法和身法，动作幅度大，牵动关节多，使肌肉、韧带拉长并富有弹性，柔韧性大大提高。套路中许多踢打摔拿、蹿蹦跳跃和跌扑滚翻等动作，可很好地发展灵敏度、速度、力量等身体素质，提高弹跳力和协调性。一套长拳几十个动作要在很短的时间里完成，动作又多起伏转折，节奏多变，因此强度和运动量很大，有效地提高了循环系统、呼吸系统和消化系统的机能。长拳要求每一动作都能做到"手、眼、身法、步、精神、气、力、功"八法协调,对神经系统有良好的影响,使支配各肌肉群活动的运动中枢和内脏器官活动的植物神经系统能很好地配合工作。运动节奏的变化,增强了中枢神经系统快速转换的能力和兴奋与抑制交替过程的灵活性。

初级长拳第三路编创于 1957 年。全套除了预备式和结束动作,分为四段,每段八个动作,合计三十六个动作。其套路动作路线是直来直往,进退、起落、转折基本在一条线上,它以快速移动的步法、灵活多变的手法,配合起伏转折、蹿蹦跳跃和造型优美的定势动作,一气呵成,给人以明快、大方、干净利落的美感。套路内容充实,包括了拳、掌、勾三种手型,弓步、马步、虚步、仆步、歇步五种步型。有冲拳、劈拳、抡拳、砸拳、栽拳等拳法,有推掌、挑掌、穿掌、摆掌、亮掌等掌法,有盘肘、顶肘等肘法;有弹腿、踹腿、踢腿、拍腿等腿法;还有跳跃和平衡等动作。套路编排合理,由简而繁,由易到难,有利于循序渐进地进行练习;套路布局和路线变化前后呼应,左右兼顾,均匀合理;在强调动作规格化、注重功力的同时,还较好地体现了攻防意识,增强了学习的兴趣。

一、长拳的基本技法与风格

(一)姿势准确

长拳套路是由许多动作有机地衔接组成的,无论是动态还是静态,对身体各部分的姿势要求都有一定的规格,拳谚上要求做到"式正招圆"。"式",通常指各种静止姿势。基本要求是:头正、项竖、肩沉、胸挺、腰直、臀敛,上肢动作要挺拔舒展,下肢动作要稳健匀称、轮廓清楚。"招",主要是指由动到静的一个完整的技术方法。它不仅要求做得有头有尾,过程清楚,而且要求身体各部位达到高度的协调、圆满、完整,各种拳法、掌法、步法、身法的变化做到路线清晰、力点准确、攻防有序。

(二)劲力顺达

要有劲力,首先要做到用力顺达,讲究发力顺序。武术中有"三节""六合"的说法,手和脚为梢节,肘和膝为中节,肩和胯为根节,这六个部位在运动中和谐配合,称为"六合"。一般来说,上肢发力应是"梢节起,中节随,根节催";下肢则是"起于根,顺于中,达于梢"。牵涉到上下肢的动作,则是"起于腿,发于腰,传于肩,顺于肘,达于手",使腿、膝、胯的力量,通过腰力作媒介,以送肩、顺肘而达于拳面,使上、中、下三节都贯通起来。

除了讲究发力的顺序外,还要做到发劲的刚柔变化、肌肉的松紧配合。通常,动作开始时要放松,逐渐加速,力达末端时达到最高速,这种劲力既迅速敏捷,又有弹性。

(三)节奏鲜明

一个套路由几十个动作组成,形成不同的运动节奏。长拳中主要表现为动与静、重与轻、起与伏、快与慢、长与短的变化。动与静的变化,要做到"动迅静定",动则疾风般的迅速,静若山岳似的稳定。重与轻的变化,武术有"重如铁""轻如叶"之说,如震

脚、砸拳、踏步等动作力沉千钧，而弧形步、跃步前穿则要轻灵，若风飘柳絮。起与伏，则是从动作的空间运动来讲节奏变化的，高的动作要挺拔，有顶天立地的气概；低的动作要沉得下去，有鱼翔浅底的本领。快与慢也体现了一定的节奏变化，不能一快到底，为了表现身法和动作的韵律，常出现以慢带快或快而轻慢而后更快的生动节奏。长与短的变化，就像写文章点标点，武术中的"长句"称挂串动作，即连续完成多个动作；"短句"称顿挫动作，有时做一两个动作即停，长短相参，使节奏更加多变。

(四) 精神饱满

武术中通常称为"精、气、神"，主要指精神、意念和气质。练套路时，首先，要精神饱满、严肃认真、思想集中、充满信心，要有假设性的攻防含义和击打形象，表现出勇敢、机智、无所畏惧的气概。其次，在每个动作中，要注意手与眼的严谨配合，通过眼睛的传神会意来表现动作的攻防变化。"眼随手动，步随身行"，就是说，动作的攻防、架挡、进击、格守，眼神都在贯注中紧密配合，传神会意。"眼到手到，步到身到"，当动作戛然而止时，眼睛全神贯注，静中含动，通过传神会意来体现人的精神面貌，使动作相互有机地联系起来，做到形断气不断、势停意不停。

(五) 呼吸得法

练习长拳时，动作和呼吸的配合，讲究"提、托、聚、沉"四种方法。一般情况下，由低动作进入高动作或跳跃动作时，应该运用"提"法（吸气，提高重心）；当静止性动作出现时，应该运用"托"法（短暂地停止呼吸，稳定重心）；当刚脆、短促发力动作出现时，应该运用"聚"法（呼气过程）；由高动作转入到低动作时，应该运用"沉"法（呼气后短暂停吸，下降重心）。这些呼吸随动作变化，运用时要在自然呼吸的基础上慢慢体会，在反复实践中逐步掌握。

二、动作说明

(一) 预备动作

1. 预备势

两脚并步站立，两臂垂于身体两侧，五指并拢，贴靠腿外侧，眼向前平视，如图10-35所示。

要点：头要端正，颌微收，挺胸、塌腰、收腹。

2. 虚步亮掌

(1) 右脚向右后方撤步成左弓步；右掌向右、向上、向前画弧，掌心向上；左臂屈肘，左掌提至腰侧，掌心向上；目视右掌，如图10-36所示。

(2) 右腿微屈，重心后移；左掌经胸前从右臂上向前穿出伸直；右臂屈肘，右掌收至腰侧，掌心向上；目视左拳，如图10-37所示。

(3) 重心继续后移，左脚稍向右移，脚尖点地，成左虚步；左臂内旋向左、向后画弧成勾手，勾尖向上；右手继续向后、向右、向前上画弧，屈肘抖腕，在头前上方成亮掌（即横掌），掌心向前，掌指向左；目视左方，如图10-38所示。

图10-35　　　　　图10-36　　　　　图10-37　　　　　图10-38

要点：三个动作必须连贯；成虚步时，重心落于右腿上，右大腿与地面平行；左腿微屈，脚尖点地。

3. 并步对拳

（1）右腿蹬直，左腿提膝，脚尖里扣。上肢姿势不变，如图10-39所示。

（2）左脚向前落步，重心前移；左臂屈肘，左勾手变掌经左肋前伸；右臂外旋向前下落于左掌右侧，两掌同高，掌心均向上，如图10-40所示。

（3）右脚向前上一步，两臂下垂后摆，如图10-41所示。

（4）左脚向右脚并步，两臂向外、向上经胸前屈肘下按，两掌变拳，拳心向下，停于小腹前，目视左侧，如图10-42所示。

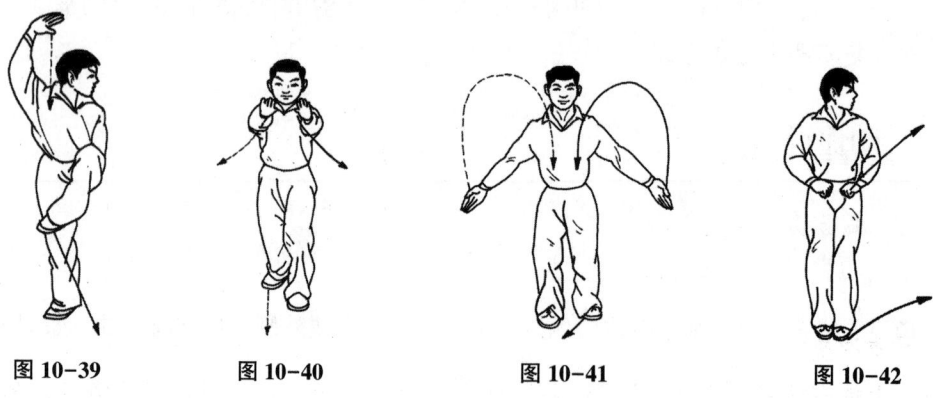

图10-39　　　　　图10-40　　　　　图10-41　　　　　图10-42

要点：并步后挺胸、塌腰；对举、并步、转头要同时完成。

(二) 第一段

1. 弓步冲拳

（1）左脚向左上一步，脚尖向斜前方；右腿微屈，成半马步；左臂向上向左格打，拳眼向后，拳与肩同高；右拳收至腰侧，拳心向上；目视左拳，如图10-43所示。

（2）右腿蹬直成左弓步；左拳收至腰侧，拳心向上；右拳向前冲出，高与肩平，拳眼向上，目视右拳，如图10-44所示。

图10-43　　　　　　　　　　图10-44

要点：成弓步时，右腿充分蹬直，脚跟不要离地；冲拳时，尽量转腰顺肩。

2. 弹腿冲拳

重心前移至左腿，右腿屈膝提起，脚面绷直，猛力向前弹出伸直，高与腰平；右拳收至腰侧，左拳向前冲出；目视前方，如图10-45所示。

要点：支撑腿可微屈，弹出的腿要有爆发力，力达脚尖。

3. 马步冲拳

右脚向前落步，脚尖里扣，上体左转；左拳收至腰侧，两腿下蹲成马步；右拳向前冲出；目视右拳，如图10-46所示。

要点：呈马步时，大腿要平，两脚平行，脚蹬、挺胸、塌腰。

图10-45　　　　　　　　　　图10-46

4. 弓步冲拳

（1）上体右转90°，右脚尖外撇向斜前方，成半马步；右臂屈肘向右格打，拳眼向后；目视右拳，如图10-47所示。

（2）左腿蹬直成右弓步；右拳收至腰侧；左拳向前冲出；目视左拳，如图10-48所示。

图 10-47

图 10-48

要点：与上文弓步冲拳相同，唯左右相反。

5. 弹腿冲拳

重心前移至右腿，左腿屈膝提起，脚面绷直，猛力向前弹出伸直，高与腰平；左拳收至腰侧，右拳向前冲出；目视前方，如图 10-49 所示。

要点：与上文弹腿冲拳相同，唯左右相反。

6. 大跃步前穿

（1）左腿屈膝；右拳变掌内旋，以手背向下挂至左膝外侧，上体前倾；目视右手，如图 10-50 所示。

图 10-49

图 10-50

（2）左脚向前落步，两腿微屈；右掌继续向后挂，左拳变掌，向后向下伸直；目视右掌，如图 10-51 所示。

（3）右腿屈膝向前提起，左腿立即猛力蹬地向前跃出；两掌向前、向上画弧摆起；目视左掌，如图 10-52 所示。

图 10-51

图 10-52

（4）右腿落地全蹲，左腿随即落地向前铲出成仆步；右掌变拳抱于腰侧，左掌由上、向右、向下画弧成立掌，停于右胸前；目视左脚，如图10-53所示。

要点：跃步要远，落地要轻，落地后立即接做下一个动作。

7. 弓步击掌

右腿猛力蹬直成左弓步；左掌经左脚面向后画弧至身后成勾手，左臂伸直，勾尖向上；右拳由腰侧变掌向前推出，掌指向上，掌外侧向前；目视右掌，如图10-54所示。

图 10-53

图 10-54

8. 马步架掌

（1）重心移至两腿中间，左脚脚尖里扣成马步，上体右转，右臂向左侧平摆，屈肘；同时左勾手变掌由后经左腰从右臂内向前穿出，掌心均朝上；目视左手，如图10-55所示。

（2）右掌立于左胸前；左臂向左上屈肘、抖腕亮掌于头部左上方，掌心向前；目向右转视，如图10-56所示。

图 10-55

图 10-56

要点：马步同马步冲拳。

(三) 第二段

1. 虚步栽拳

（1）右脚蹬地，屈膝提起；左腿伸直，以前脚掌为轴向右后转体180°；右掌由左胸前向下经右腿外侧向后画弧成拳状；左臂随体转动并外旋，使掌心朝右；目视右手，如图10-57所示。

（2）右脚向右落地，重心移至右腿上，下蹲成左虚步；左掌变拳下落于左膝上，拳眼向里，拳心向后；右勾手变拳，屈肘向上架于头右上方，拳心向前；目视左方，如图10-58所示。

图 10-57　　　　　　　图 10-58

2. 提膝穿掌

（1）右腿稍伸直；右拳变掌收至腰侧，掌心向上；左拳变掌由下向左、向上画弧盖压于头上方，掌心向前，如图 10-59 所示。

（2）右腿蹬直，左腿屈膝提起，脚尖内扣；右掌从腰侧经左臂内向右前上方穿出，掌心向上；左掌收至右胸前成立掌；目视右掌，如图 10-60 所示。

图 10-59　　　　　　　图 10-60

要点：支撑腿与右臂充分伸直。

3. 仆步穿掌

右腿全蹲，左腿向左后方铲出成左仆步；右臂不动，左掌由右胸前向下经左腿内侧，向左脚面穿出；目随左掌转视，如图 10-61 所示。

4. 虚步挑掌

（1）右腿蹬直，重心前移至左腿，成左弓步；右掌稍下降，左掌随重心前移向前挑起，如图 10-62 所示。

图 10-61　　　　　　　图 10-62

（2）右脚向左前方上步，左腿半蹲，成右虚步；身体随上步左转180°；在右脚上步的同时，左掌由前向上向后画弧成立掌，右掌由后向下、向前上挑起成立掌，指尖与眼平；目视右掌，如图10-63所示。

要点：上步要快，虚步要稳。

5. 马步击掌

（1）右脚落实，脚尖外撇，重心稍升高并右移，左掌变拳收至腰侧；右掌俯掌向外掤手，如图10-64所示。

图10-63　　　　　　　　图10-64

（2）左脚向前上一步，以右腿为轴向右后转体180°，两腿下蹲成马步；左拳从右臂上成立掌向左侧击出；右掌变拳收至腰侧；目视左掌，如图10-65所示。

要点：右手做掤手时，先使臂稍内旋，腕伸直，手掌向下向外转，接着臂外旋，掌心经下向上翻转，同时抓握成拳；收拳和击掌动作要同时进行。

6. 叉步双摆掌

（1）重心稍右移，同时右拳变掌；两掌向下、向右摆，掌指均向上；目视右掌，如图10-66所示。

图10-65　　　　　　　　图10-66

（2）右脚向左腿后插步，前脚掌着地；两臂继续由右向上、向左摆，停于身体左侧，均成立掌，右掌停于左肘窝处；目随双掌转视，如图10-67所示。

要点：两臂要画立圆，幅度要大，摆掌与后插步配合一致。

7. 弓步击掌

（1）两腿不动；左掌收至腰侧，掌心向上；右掌向上、向右画弧，掌心向下，目视右掌，如图 10-68 所示。

图 10-67　　　　　图 10-68

（2）左腿后撤一步，成右弓步；右掌向下、向后伸直摆动，成勾手，勾尖向上；左掌成立掌向前推出；目视左掌，如图 10-69 所示。

8. 转身踢腿马步盘肘

（1）两脚以前脚掌为轴向左后转体 180°；在转体的同时，左臂向上、向前画半立圆，右臂向下、向后画半圆，如图 10-70 所示。

图 10-69　　　　　图 10-70

（2）上动不停，两脚不动，右臂由后向上、向前画半立圆，左臂由前向下、向后画半立圆，如图 10-71 所示。

（3）上动不停，右臂向下成反臂勾手，勾尖向上；左臂向上成亮掌，掌心向前上方；右腿伸直，脚尖勾起，向额前踢，如图 10-72 所示。

图 10-71　　　　　图 10-72

（4）右脚向前落地，脚尖里扣；右手不动，左臂屈肘下落至胸前，左掌心向下；目视左掌，如图 10-73 所示。

（5）上体左转90°，两腿下蹲成马步；同时左掌向前向左平掳变拳收至腰侧，右勾手变拳，右臂伸直，由体后向右向前平摆，至体前时屈肘，肘尖向前，高与肩平，拳心向下；目视肘尖，如图10-74所示。

图 10-73

图 10-74

要点：两臂抡动时要画立圆，动作连贯。盘肘时要快速有力，右肩前倾。

（四）第三段

1. 歇步抡砸拳

（1）重心稍升高，右脚尖外撇；右臂由胸前向上、向右抡直；左拳向下、向左，使臂抡直；目视右拳，如图10-75所示。

（2）上动不停，两脚以前脚掌为轴，向右、向后转体180°；右臂向下、向后抡摆，左臂向上、向前随身体转动，如图10-76所示。

图 10-75

图 10-76

（3）紧接上动，两腿全蹲成歇步。左臂随身体下蹲向下平砸，拳心向上，臂部微屈，右臂伸直向上举起；目视左拳，如图10-77所示。

要点：抡臂动作要连贯完成，画成立圆。歇步要两腿交叉全蹲，左腿大、小腿靠紧，臀部贴于左小腿外侧，膝关节在右小腿外侧，脚跟提起，右腿尖外撇，全脚着地。

2. 仆步亮掌

（1）左脚由右腿后抽出前上一步，左腿蹬直，右腿半蹲，成右弓步；上体微向右转；左拳收至腰侧，右拳变掌向下经胸前向右横击掌；目视右掌，如图10-78所示。

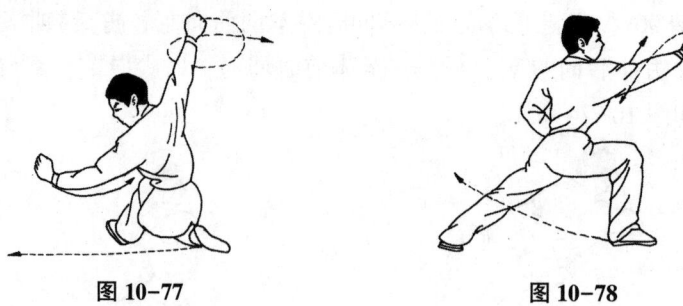

图 10-77　　　　　　　　　　图 10-78

（2）右脚蹬地屈膝提起，上体右转；左拳变掌从右掌上向前穿出，掌心向上；右掌平收至左肘下，如图 10-79 所示。

（3）右脚向右落步，屈膝全蹲，左腿伸直成仆步；左掌向下、向后画弧成勾手，勾尖向上；右掌向右、向上画弧微屈，抖腕成亮掌，掌心向前；头随右手转动，至亮掌时，平视左方，如图 10-80 所示。

图 10-79　　　　　　　　　　图 10-80

要点：仆步时，左腿充分伸直，脚尖里扣，右腿全蹲，两脚脚掌全部着地；上体挺胸塌腰，稍左转。

3. 弓步劈拳

（1）右腿蹬地立起；左腿收回并向左前方上步；右掌变拳收至腰侧，左勾手变掌由下向前、向上，经胸前向左做掳手，如图 10-81 所示。

（2）右腿经左腿前方向左绕上一步，左腿蹬直成右弓步；左手向左平掳后再向前挥摆，虎口朝前，如图 10-82 所示。

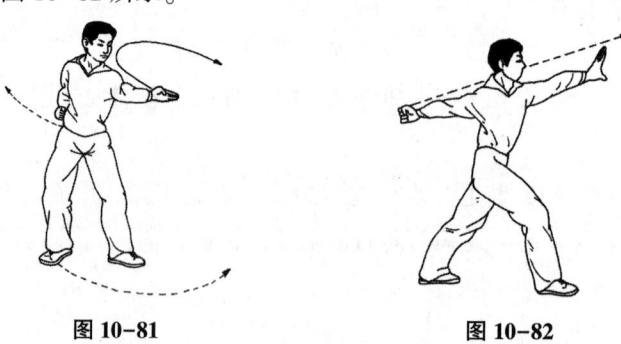

图 10-81　　　　　　　　　　图 10-82

(3) 在左手平捋的同时,右拳向后平摆,然后向前向上做抡劈拳,拳高与耳平,拳心向上,左掌外旋接扶右前臂;目视右拳,如图 10-83 所示。

要点:左右脚上步稍带弧形。

4. 换跳步弓步冲拳

(1) 重心后移,右脚稍向后移动;右拳变掌,臂内旋,以掌背向下画弧,挂至右膝内侧;左掌背贴靠右肘外侧,掌指向前;目视右掌,如图 10-84 所示。

图 10-83　　　　　　　　图 10-84

(2) 右腿自然上抬,上体稍向左扭转;右掌挂至体左侧,左掌伸向右腋下;目随右掌转视,如图 10-85 所示。

(3) 右脚以全脚掌用力向下震踩,与此同时,左脚急速离地抬起,右手由左向上、向前捋盖而后变拳收至腰侧;左掌伸直向下、向上、向前屈肘下按,掌心向下;上体右转,目视左掌,如图 10-86 所示。

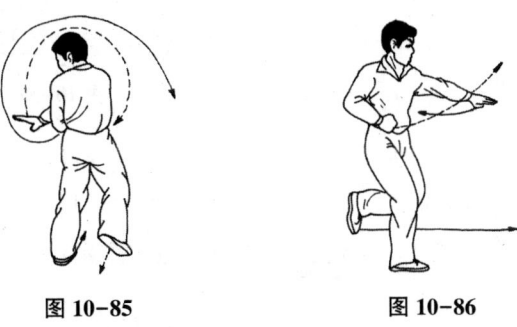

图 10-85　　　　　　　　图 10-86

(4) 左脚向前落步,右腿蹬直成左弓步;右拳向前冲出,拳高与肩平;左掌藏于右腋下,掌背贴靠腋窝;目视右拳,如图 10-87 所示。

要点:换跳步动作要连贯、协调;震脚时腿要弯曲,全脚掌着地,左脚离地不要高。

5. 马步冲拳

上体右转 90°,重心移至两腿中间,成马步;右拳收至腰侧,左掌变拳向左冲出,拳眼向上;目视左拳,如图 10-88 所示。

图 10-87

图 10-88

6. 弓步下冲拳

右腿蹬直,左腿弯曲,上体稍向左转,成左弓步;左拳变掌向下经体前向上架于头左上方,掌心向上,右拳自腰侧向左前斜下方冲出;目视右拳,如图10-89所示。

7. 叉步亮掌侧踹腿

(1) 上体稍右转;左掌由头上下落于右手腕上,右拳变掌,两手交叉成十字;目视双手,如图10-90所示。

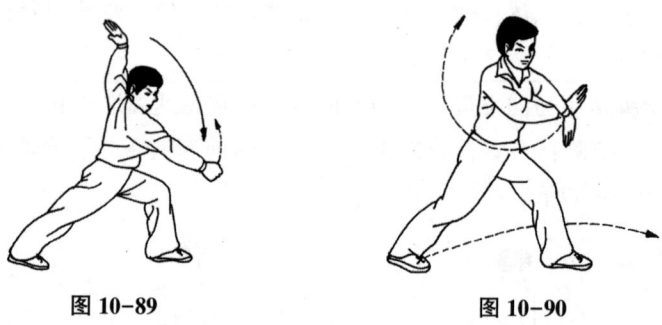

图 10-89　　　　　　图 10-90

(2) 右脚蹬地并向左腿后插步,以前脚掌着地;左掌由体前向下、向后画弧成勾手,勾尖向上;右掌由前向右向上画弧、抖腕亮掌,掌心向前;目视左侧,如图10-91所示。

(3) 重心移至右腿,左腿屈膝提起,向左上方猛力蹬出;上肢姿势不变,目视左侧,如图10-92所示。

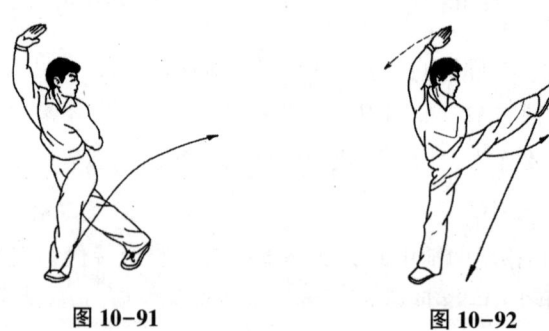

图 10-91　　　　　　图 10-92

要点:插步时上体稍向右侧;腿、臂的动作要一致;侧踹高度不能低于腰,大腿内旋,着力点在脚跟。

8. 虚步挑拳

（1）左脚在左侧落地；右掌变拳稍后移，左勾手变拳由体后向左上挑，拳背向上，如图 10-93 所示。

（2）上体左转 180°，微含胸前俯；左拳继续向前、向上画弧上挑，右拳向下、向前画弧挂至右膝外侧，同时右膝提起；目视右拳，如图 10-94 所示。

（3）右脚向左前方上步，脚尖点地，重心落于左脚，左腿下蹲成右虚步；左拳向后画弧收至腰侧，拳心向上；右拳向前屈臂挑出，拳眼斜向上，拳与肩同高；目视右拳，如图 10-95 所示。

图 10-93　　　　　图 10-94　　　　　图 10-95

要点：整个动作连贯，左脚落地挑左拳，右脚上步挑右拳。

（五）第四段

1. 弓步顶肘

（1）重心升高，右脚踏实；右臂内旋向下直臂画弧以拳背下挂至右膝内侧，左拳不变；目视前下方，如图 10-96 所示。

（2）左腿蹬直，右腿屈膝上抬；左拳变掌，右拳不变，两臂向前、向上画弧摆起；目随右拳转视，如图 10-97 所示。

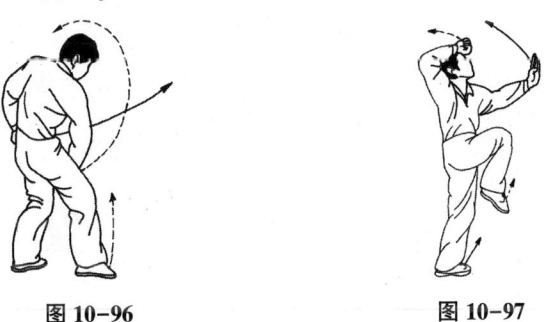

图 10-96　　　　　图 10-97

（3）左脚蹬地起跳，身体腾空，两臂继续画弧至头上方，如图 10-98 所示。

（4）右脚先落地，右腿屈膝，左脚向前落步，以前脚掌着地；同时两臂向右、向下屈肘停于右胸前，右拳变掌，左掌变拳；右掌心贴靠左拳面，如图 10-99 所示。

（5）左脚向左上一步，左腿屈膝，右腿蹬直成左弓步；右掌推左拳，以左肘尖向左顶出,高与肩平;目视前方,如图 10-100 所示。

图 10-98　　　　图 10-99　　　　图 10-100

要点:交换步时不要过高,但要快;两臂抢摆时要成圆弧。

2. 转身左拍脚

(1)以两脚前脚掌为轴向右后转体 180°;随着转体,右臂向上、向右、向下画弧抢摆,同时左拳变掌向下、向后、向前上抢摆,如图 10-101 所示。

(2)左腿伸直向前上踢起,脚面绷平;左掌变拳收至腰侧,右掌由体后向上、向前拍击左脚面,如图 10-102 所示。

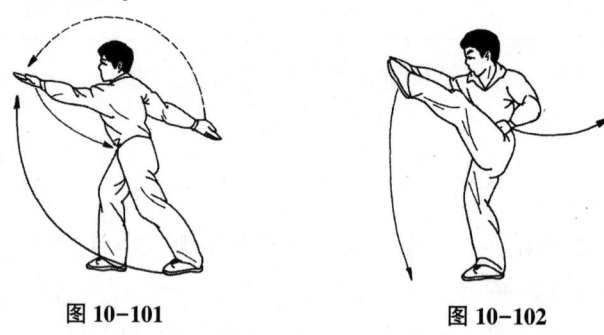

图 10-101　　　　图 10-102

要点:右掌拍脚时手掌稍横过来,拍脚要准而响亮。

3. 右拍脚

(1)左脚向前落地,左拳变掌向下、向后摆,右掌变拳收至腰侧,如图 10-103 所示。

(2)右腿伸直向前上踢起,脚面绷平;左掌由后向上、向前拍击右脚面,如图 10-104 所示。

图 10-103　　　　图 10-104

要点：与本节的转身左拍脚相同。

4. 腾空飞脚

（1）右脚落地，如图 10-105 所示。

（2）左脚向前摆起，右脚猛力蹬地跳起，左腿屈膝继续前上摆；同时右拳变掌向前向上摆起，左掌先上摆而后下降拍击右掌背，如图 10-106 所示。

（3）右腿继续上摆，脚面绷平。右手拍击右脚面，左掌由体前向后上举，如图 10-107 所示。

图 10-105　　　　　图 10-106　　　　　图 10-107

要点：蹬地要向上，不要太向前冲，左膝尽量上提；击响要在腾空时完成，右臂伸直成水平。

5. 歇步下冲拳

（1）左、右脚先后相继落地；左掌变拳收至腰侧，如图 10-108 所示。

（2）身体右转 90°，两腿全蹲成歇步；右掌抓握、外旋变拳收至腰侧；左拳由腰侧向前下方冲出，拳心向下；目视左拳，如图 10-109 所示。

图 10-108　　　　　　　图 10-109

要点：落地时注意要稳健，冲拳时要顺肩。

6. 仆步抡劈拳

（1）重心升高，右臂由腰侧向体后伸直，左臂随身体重心升高向上摆起，如图 10-110 所示。

（2）以右脚前脚掌为轴，左腿屈膝提起，上体左转 270°；左拳由前向后下画立圆一周；右拳由后向下、向前上画立圆一周，如图 10-111 所示。

（3）左腿向后落一步，屈膝全蹲，右腿伸直，脚尖里扣成右仆步；右拳由上向下抡劈，拳眼向上；左拳后上举，拳眼向上；目视右拳，如图 10-112 所示。

图 10-110　　　　　　　图 10-111　　　　　　　图 10-112

要点：抡臂时一定要画立圆。

7. 提膝挑掌

（1）重心前移成右弓步；同时右拳变掌由下向上抡摆，左拳变掌稍下落，右掌心向左，左掌心向右，如图 10-113 所示。

（2）左、右臂在垂直面上由前向后各画立圆一周；右臂伸直停于头上，掌心向左，掌指向上；左臂伸直停于身后成反勾手；同时右腿屈膝提起，左腿挺膝伸直独立；目视前方，如图 10-114 所示。

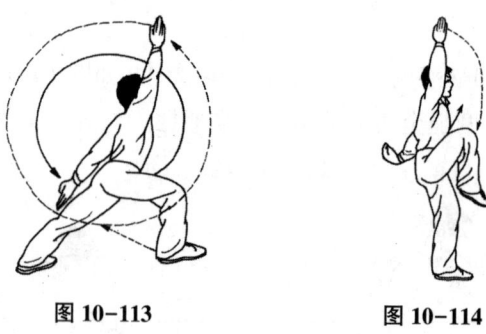

图 10-113　　　　　　　图 10-114

要点：抡臂时要画立圆。

8. 提膝劈掌弓步冲拳

（1）下肢不动。右掌由上向下猛劈伸直，停于右小腿内侧，用力点在小指一侧；左勾手变掌，屈臂向前停于右上臂内侧，掌心向左；目视右掌，如图 10-115 所示。

（2）右脚向右后落地。身体右转 90°，同时左掌变拳收至腰侧，右臂内旋向右画弧做推掌，如图 10-116 所示。

（3）上动不停，左腿蹬直成右弓步；右手抓握变拳收至腰侧，左拳由腰侧向左前方冲出；目视左拳，如图 10-117 所示。

图 10-115

图 10-116

图 10-117

要点：弓步与冲拳方向大约成直角。

(六) 结束动作

1. 虚步亮掌

(1) 右脚扣于左膝后，两拳变掌，两臂右上左下屈肘交叉于体左前；目视右掌，如图 10-118 所示。

(2) 右脚向右后落步，重心后移，右腿主蹲，上体稍右转；同时右掌向上、向右、向下、向左画弧停于左腋下；左掌向左、向上、向右画弧停于右臂上与右胸前，两掌心左上右下；目视左掌，如图 10-119 所示。

(3) 左脚尖稍向右移，右腿下蹲成左虚步；左臂伸直向左、向后画弧成反勾手；右臂伸直向下、向右、向上画弧抖腕亮掌，掌心向前；目视左方，如图 10-120 所示。

图 10-118

图 10-119

图 10-120

2. 并步对拳

(1) 左腿后撤一步，同时两掌从两腰侧向前穿出伸直，掌心向上，如图 10-121 所示。

(2) 右腿后撤一步，同时两臂分别向体后下摆，如图 10-122 所示。

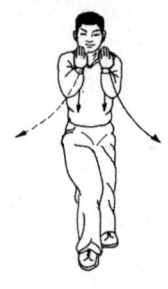
图 10-121

图 10-122

（3）左脚后退半步向右脚并拢；两臂由后向上经体前屈臂下按，两掌变拳，停于腹前，拳心向下，拳面相对；目视左方，如图 10-123 所示。

3. 还原

两臂自然下垂，目视正前方，如图 10-124 所示。

图 10-123

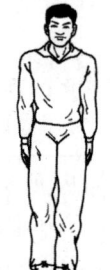
图 10-124

第三节　二十四式简化太极拳

一、二十四式简化太极拳简介

二十四式简化太极拳是在杨式太极拳的基础上，删去了繁难和重复的动作，加以简化、改编的太极拳普及套路。

这套拳分为 8 组，包括"起势""收势"共 24 个动作，又称"二十四式"。动作结构和整个套路安排符合由简至繁、先易后难的原则。全套动作既不复杂，又能充分体现太极拳动作的柔和、缓慢、圆活、连贯的特点，易学易懂。练习者可进行整套练习，也可根据身体情况选择单式或分组练习。

练习太极拳时要求做到：精神贯注，上下相随，虚实分明，连贯圆活，速度均匀，动作运行路线处处带有弧形，如行云流水，连绵不断。

二、动作说明

预备势

要点：两脚并拢，放松直立，表情自然，精神集中；要做到"三对、三要"，即鼻尖对肚脐，中指对裤缝，尾闾对脚跟；下颏要微收，腋下要空，脊背要直。

（一）第一段

1. 起势（如图10-125至图10-129）

该势包括向左开步、两臂前平举、两臂下按、屈蹲下按四个分解动作。

要点：左脚开步时，重心要先移向右腿，左脚跟要先离地，随之前脚掌再离地；向左开步落脚时，前脚掌要先着地，随之全脚掌逐渐踏实；要体现"轻起轻落、点起点落"，两手臂前平举和屈蹲下按掌时，要保持沉肩垂肘，切勿掀肘耸肩；两掌下按与屈膝要协调一致，须展掌、舒指（不可翘指坐腕），精神贯注。

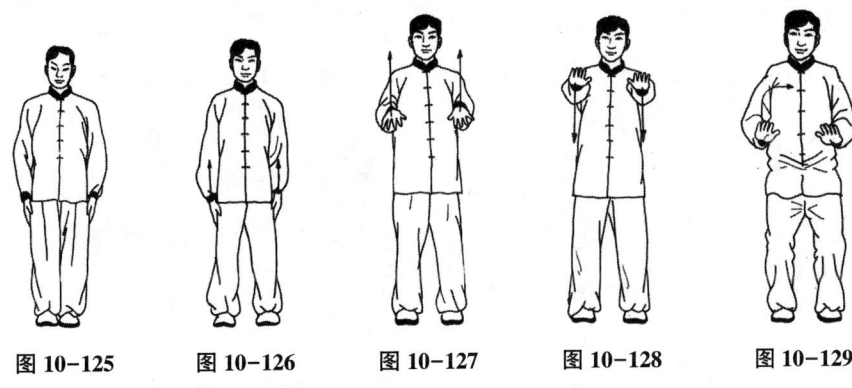

图10-125　　图10-126　　图10-127　　图10-128　　图10-129

2. 左右野马分鬃（如图10-130至图10-144）

该势包括丁步抱球、弓步分靠两个分解动作。

要点：上体不可前俯后仰，胸部必须宽松舒展；两臂分开时要保持弧形，身体转动时要以腰为轴，弓步动作与分手的速度要均匀一致；弓步时，两腿的横向距离应保持在10~30 cm；步法、步型应按踏掌、弓腿、转腰、蹬腿成弓步的顺序缓慢进行，分手时前手臂要有"靠"意，后手要有"探"意，双臂要有"捌"意；转换势时上体要保持正直，身体不可起伏，移动幅度不必过大，以避"断劲"脱节。

图 10-130 　　图 10-131 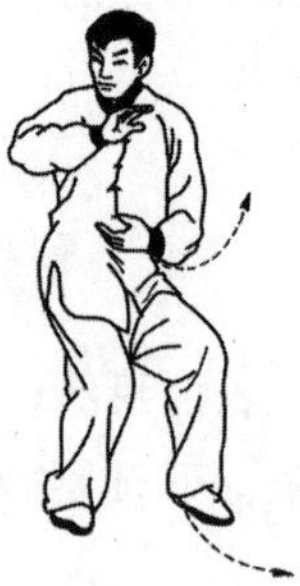　　图 10-132 　　图 10-133

图 10-134 　　图 10-135 　　图 10-136 　　图 10-137

图 10-138 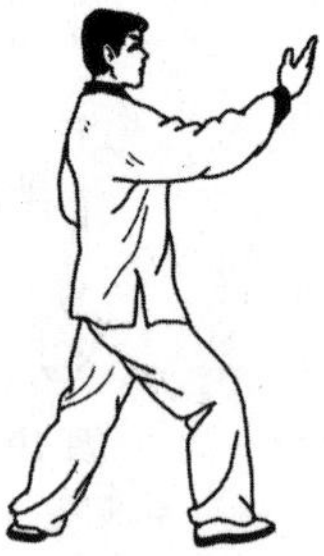　　图 10-139 　　图 10-140 　　图 10-141

图 10-142 　　图 10-143 　　图 10-144

3. 白鹤亮翅（如图 10-145 至图 10-147）

该势包括转体后坐、虚步分手两个分解动作。

要点：步法转换应在腰部旋转带动下协调进行，跟步时要微左转，后坐时要微右转，虚步时要围正；右手上提，左手下按，分开应注意身体重心后移，头虚领上顶，腰松胯沉要协调一致；定势时要含胸拔背目视远方，两腿要虚实分明，两臂上下都要保持半圆形。

图 10-145　　　　图 10-146　　　　图 10-147

4. 左右搂膝拗步（如图 10-148 至图 10-162）

该势包括后坐翘脚、丁步托掌、弓步搂推三个分解动作。

要点：要求身体正直，肩平，胯平，以腰转动带动"搂""推"；推掌时要由虚而实——舒指，屈掌，虎口撑圆，掌根前顶，腕肘下沉，领劲于食指、中指。搂手动作要体现"探劲""搂""推"与松腰、弓腿上下协调一致；上步时，脚跟要先着地，重心要稳；弓步时，两脚跟的横向距离应为 30 cm 左右。

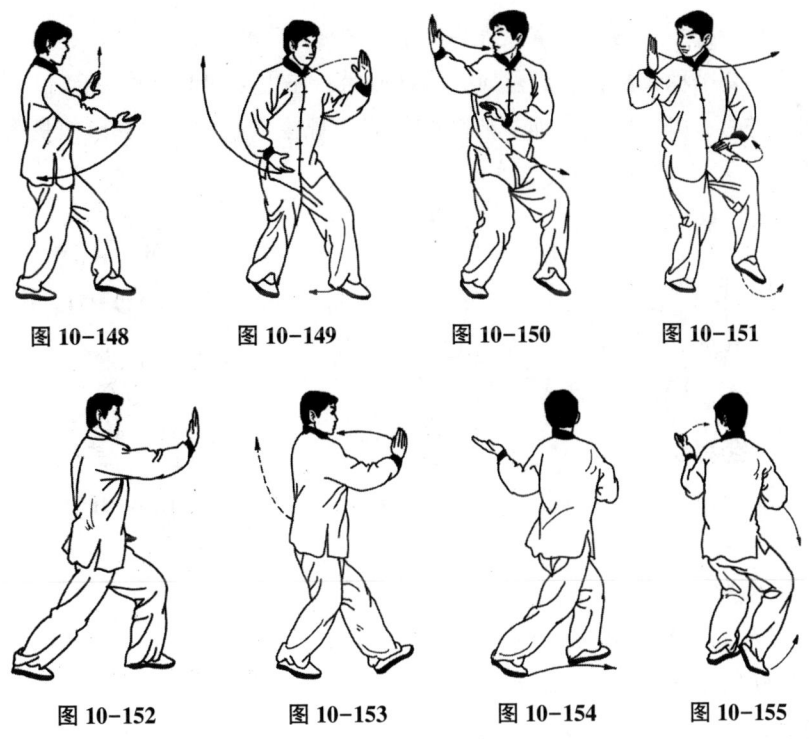

图 10-148　　　图 10-149　　　图 10-150　　　图 10-151

图 10-152　　　图 10-153　　　图 10-154　　　图 10-155

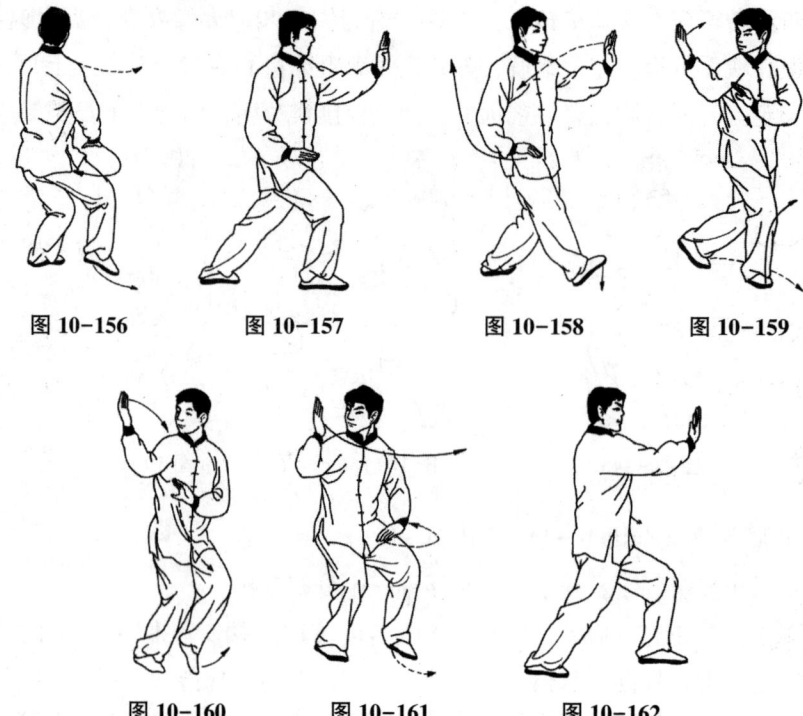

图 10-156　　　图 10-157　　　图 10-158　　　图 10-159

图 10-160　　　图 10-161　　　图 10-162

5. 手挥琵琶（如图 10-163 至图 10-165）

该势包括跟步松手、后坐挑掌、虚步送手三个分解动作。

要点：身体要平稳自然，沉肩垂肘，胸部放松；左手上起时要由左向上、向前，略带弧形；右脚跟进时，脚掌要先着地，再全脚踏实；身体重心后移，松腰沉胯和左手上起、右手回收形成合劲，要协调一致。

图 10-163　　　图 10-164　　　图 10-165

（二）第二段

6. 左右倒卷肱（如图 10-166 至图 10-179）

该势包括转体撤手、虚步推掌两个分解动作。

要点：要"点起点落""轻起轻落"，由实到虚、由虚到实要逐渐变转，步幅、落点、指向要适当，应避免两脚落在一条直线上，身体不歪斜、不俯仰、不起伏，两腿虚实分明；两脚横向距离应在 10 cm 左右；卷肱不可做成卷腕，两臂要始终保持弧形，手的速度要一致；前推到顶点时要坐腕、展掌、舒指，体现由虚到实的劲力变化。

图 10-166 　　　图 10-167 　　　图 10-168 　　　图 10-169

图 10-170 　　　图 10-171 　　　图 10-172 　　　图 10-173

图 10-174 　　　图 10-175 　　　图 10-176 　　　图 10-177

图 10-178 　　　图 10-179

7. 左揽雀尾（如图 10-180 至图 10-191）

该势包括丁步抱球、弓步掤臂、后坐下捋、弓步前挤、后坐收掌、弓步按掌六个分解动作。

要点：上、下肢要协调配合，掤、挤、按要与弓腿一致；捋和引力要与屈腿后坐一致，重心移动要充分；上体要松正舒展，不可前俯后仰，弓腿要顶头沉肩、竖脊、展背；坐腿时要松腰、屈膝、落胯；弓步时，两脚跟横向距离不超过 10 cm。

图 10-180 　　图 10-181 　　图 10-182 　　图 10-183

图 10-184 　　图 10-185 　　图 10-186 　　图 10-187

图 10-188 　　图 10-189 　　图 10-190 　　图 10-191

8. 右揽雀尾（如图 10-192 至图 10-205）

要点：过渡动作中要右手随身体右转平行向右画弧，左手不可向右摆动，两臂要注意略外撑，成侧平举状。以下与"左揽雀尾"相同，唯左右相反。

第十章 武术与搏击

图 10-192　　图 10-193　　图 10-194　　图 10-195

图 10-196　　图 10-197　　图 10-198　　图 10-199

图 10-200　　图 10-201　　图 10-202　　图 10-203

图 10-204　　图 10-205

9. 单鞭（如图10-206至图10-211）

该势包括扣脚云手、丁步勾手、弓步推掌三个分解动作。

要点：定势时上体要保持正直，松腰；右肘部要稍下垂，左肘要与左膝上下相对，两肩要下沉；左手指尖、鼻尖要相对；两臂之间夹角约120°，两脚横向宽度约10 cm，弓步正前偏左15°~30°；左手向外翻掌前推时，要以前臂旋转带动，要随转体边翻边推出，不要翻掌太快或撮手"耍腕花"；勾手时腕部也不要故意绕转成"腕花"；上下要协调一致。

图10-206　　　图10-207　　　图10-208　　　图10-209

图10-210　　　图10-211

（三）第三段

10. 云手（如图10-212至图10-226）

该势包括转体松勾、扣脚云手、收脚云手、开步云手、收脚云手、开步云手、收脚云手七个分解动作。

要点：身体转动要以腰脊为轴，要转腰带手，身手合一，自然圆活，速度缓慢均匀；要松腰、松胯，身体不可忽高忽低；脚步移动要轻柔渐进，不可突兀；步幅要合度；两脚掌要轮流踏实，脚尖向前，此落彼起，虚实分明；视线要随左右手而移动，不可死盯移动的手掌。

图 10-212 　　　图 10-213 　　　图 10-214 　　　图 10-215

图 10-216 　　　图 10-217 　　　图 10-218 　　　图 10-219

图 10-220 　　　图 10-221 　　　图 10-222 　　　图 10-223

图 10-224 　　　图 10-225 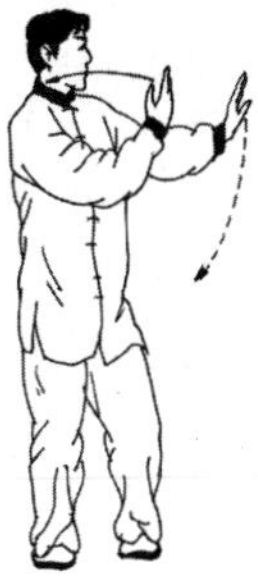　　　图 10-226

11. 单鞭（如图 10-227 至图 10-231）

要点：与上文"单鞭"相同。

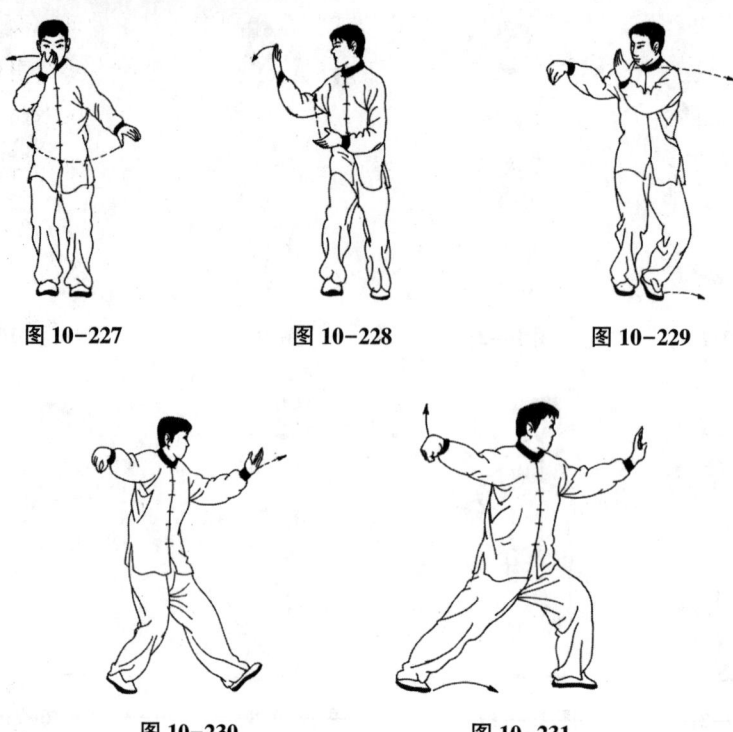

图 10-227　　　　　图 10-228　　　　　图 10-229

图 10-230　　　　　　　　图 10-231

12. 高探马（如图 10-232 和图 10-233）

该势包括跟步翻掌、虚步探掌两个分解动作。

要点：上体要自然正直，双肩要下沉，右肘要微下垂，手指高要与眼平；跟步转换重心时，身体不要有起伏；后坐翻掌时，头要随身体稍右转，眼睛要向右前方扫视，不要过分转头看侧后方右手；定势时要看右手，由近及远。

图 10-232　　　　　　　　图 10-233

13. 右蹬脚（如图 10-234 至图 10-239）

该势包括穿手提脚、上步翻手、弓步分手、收脚抱手、翻手提腿、蹬脚分手六个分解动作。

要点：手臂动作在"穿掌分手合抱撑开"的整个过程中，双手要两次交叉和分开；手臂动作与收脚上步、过渡弓步和提腿蹬脚要协调配合，上下一致；定势时身体要稳定，不可前俯后仰；两手臂要撑开，腕与肩齐平；向右前30°蹬脚时，左腿要微屈，右脚尖要回勾，力点在脚跟，右臂和腿上下相对；眼要随左、右手转视，定势时要看右远方。

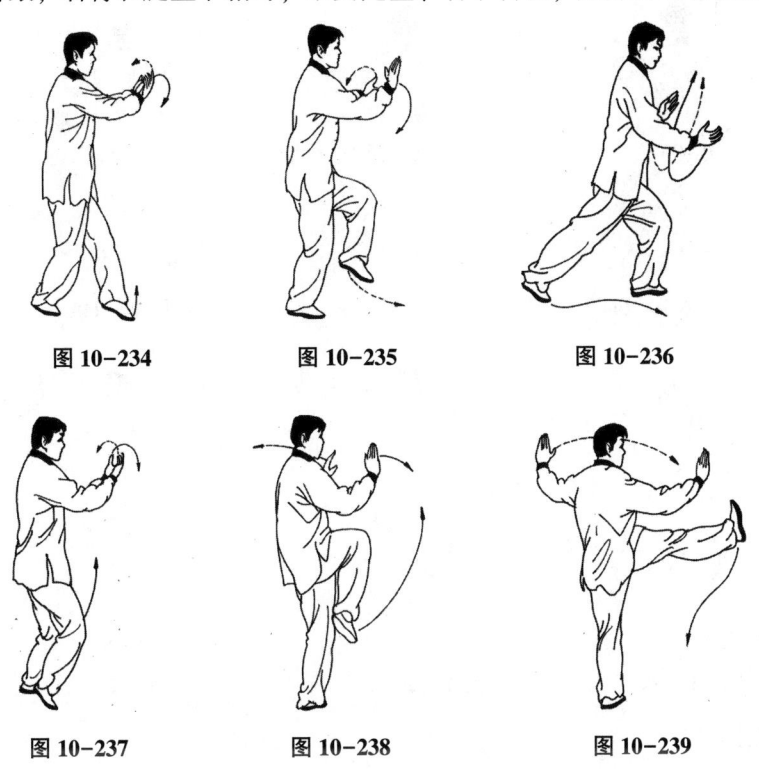

图 10-234　　　　图 10-235　　　　图 10-236

图 10-237　　　　图 10-238　　　　图 10-239

14. 双峰贯耳（如图 10-240 至图 10-243）

该势包括屈膝并手、上步落手、弓步双贯拳三个分解动作。

要点：并手、落手、贯拳与屈膝、落脚、弓步要协调一致；定势时，头颈上体要正直，要松腰松胯，两拳松握，拳眼相对，沉肩垂肘，两臂均保持弧形；弓步和身体方向要与右蹬脚方向相同；弓步的两脚横向距离应为 10~20 cm。

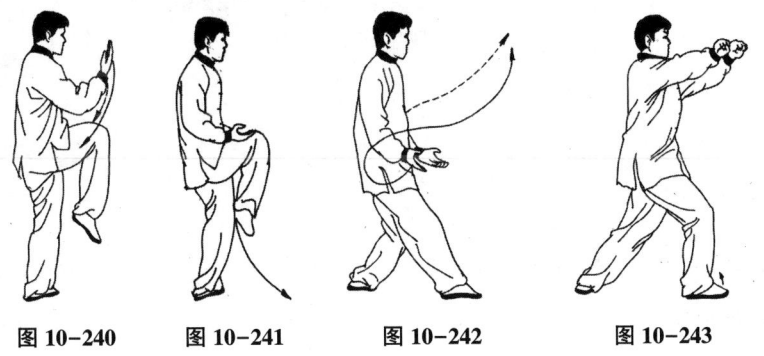

图 10-240　　图 10-241　　图 10-242　　图 10-243

(四) 第四段

15. 转身左蹬脚（如图 10-244 至图 10-249）

要点：与"右蹬脚"式相同，唯左右相反；左蹬脚方向要与右蹬脚方向成 180°。

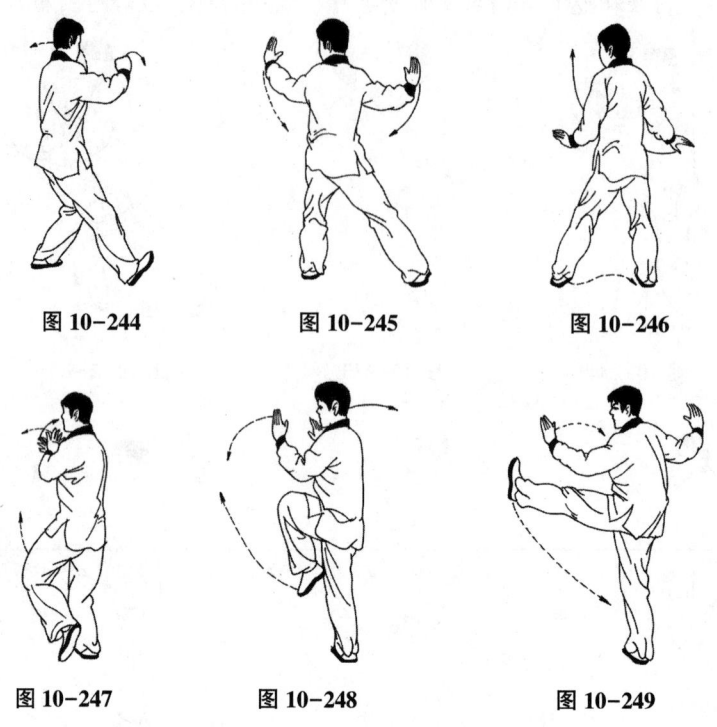

图 10-244　　　　图 10-245　　　　图 10-246

图 10-247　　　　图 10-248　　　　图 10-249

16. 左下势独立（如图 10-250 至图 10-256）

该势包括收脚勾手、屈蹲开步、仆步穿掌、起身弓步、提膝挑掌五个分解动作。

要点：下势、仆腿时不要擦着地面仆出，上体不要过于前倾；左腿要伸直，脚尖须向里扣，两脚脚掌要全部着地；左脚尖与右脚跟踏在中轴线上；起身独立时，上体要直立，独立的腿要微屈，右腿提起时脚尖要自然下垂；眼视右手，由近而远。

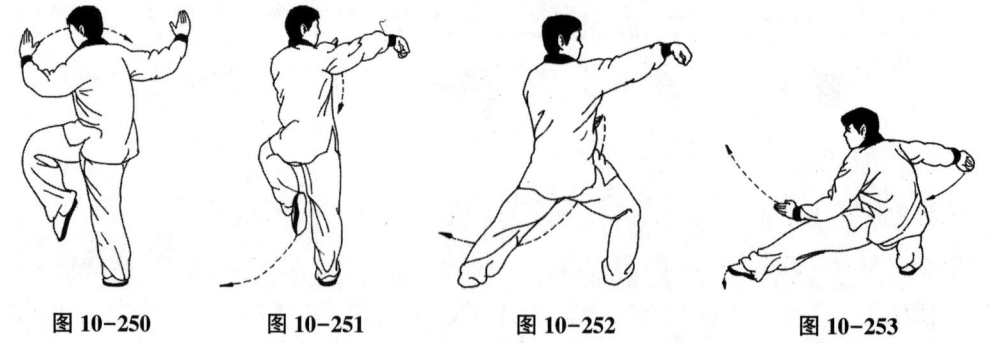

图 10-250　　　　图 10-251　　　　图 10-252　　　　图 10-253

图 10-254　　　　　图 10-255　　　　　图 10-256

17. 右下势独立（如图 10-257 至图 10-263）

要点：右脚触地后必须稍微提起，然后向下仆腿；其他均与"左下势独立"相同，唯左右相反。

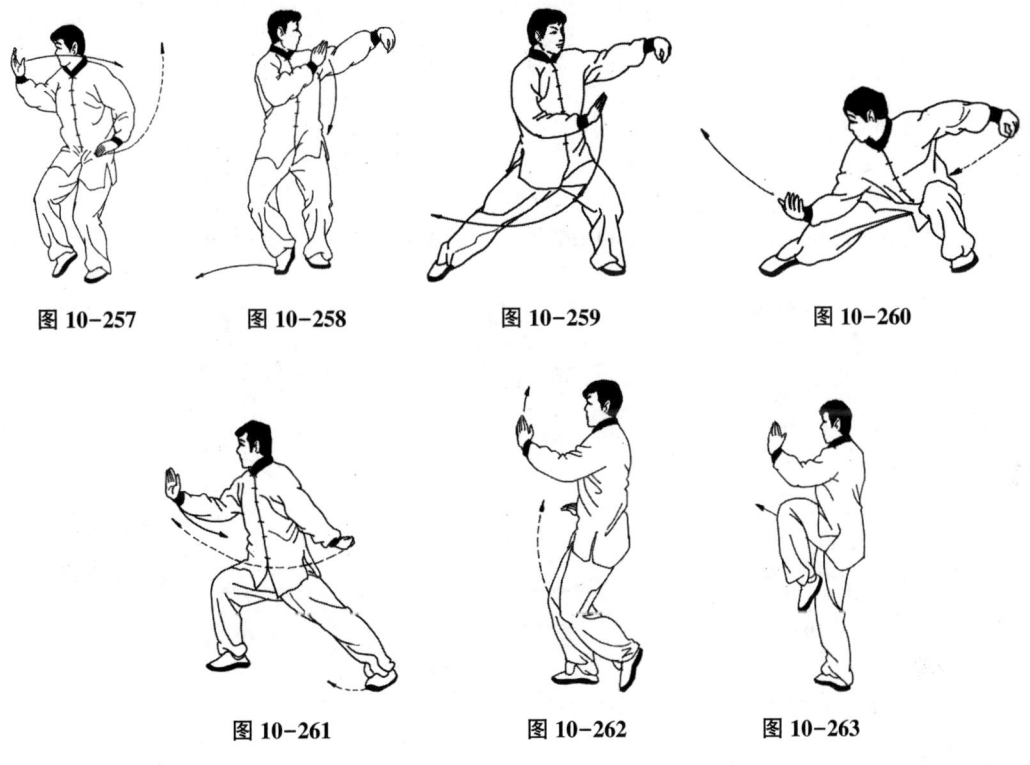

图 10-257　　　图 10-258　　　图 10-259　　　图 10-260

图 10-261　　　图 10-262　　　图 10-263

18. 左右穿梭（如图 10-264 至图 10-274）

该势包括丁步合抱、上步错手、拗步架推三个分解动作。

要点：左右穿梭是拗弓步推掌，弓步应斜向右（左）前方约 30°，横向距离约 30 cm，保持上体松正，不可歪扭；两手的动作路线要恰如把胸前的"球"向右（左）上方翻转滚动，然后右（左）手开始上架，左（右）手收至肋侧，再上撑、推掌；手架上举时，要防止耸肩翻肘；架举、前推要与弓腿松腰上下协调一致。

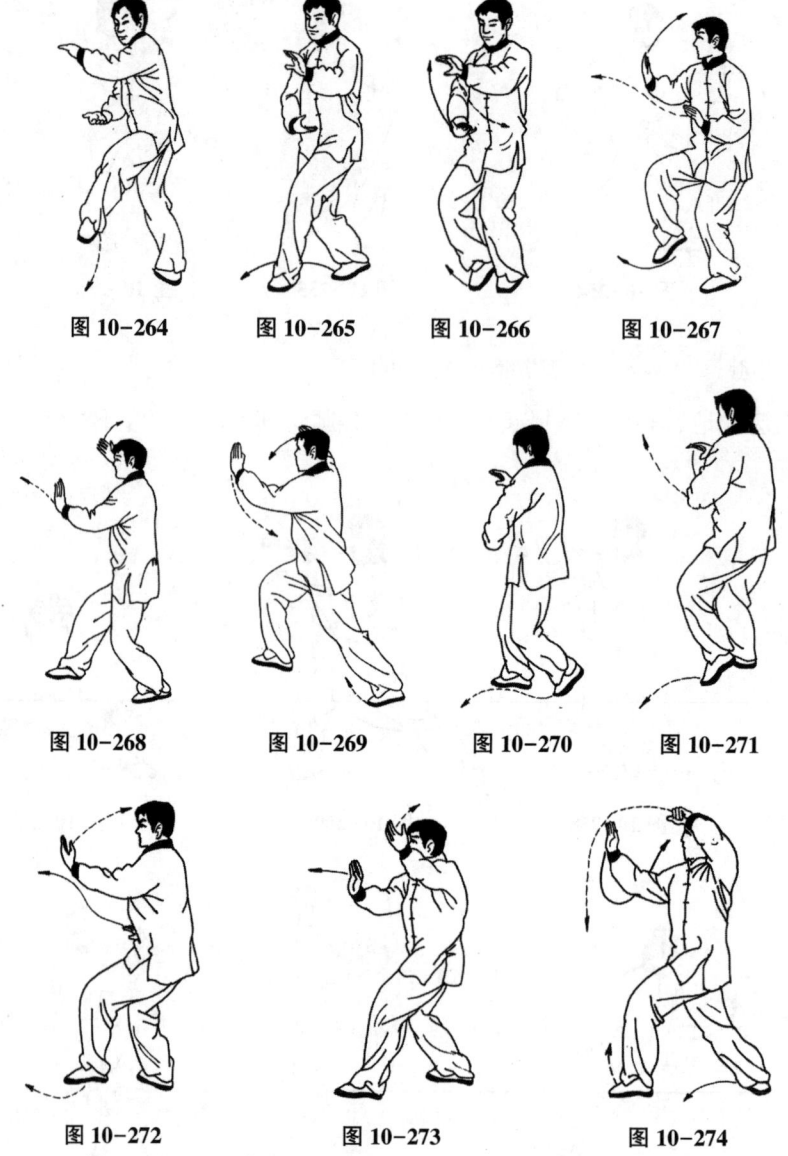

图 10-264　　图 10-265　　图 10-266　　图 10-267

图 10-268　　图 10-269　　图 10-270　　图 10-271

图 10-272　　图 10-273　　图 10-274

19. 海底针（如图 10-275 至图 10-276）

该势包括后脚跟步、后坐提手、虚步插手三个分解动作。

要点：身体要先向右转，再向左转；上体要舒展伸拔，不可太前倾，切勿弯腰驼背、耸肩、缩脖、凸臀，左腿要微屈；右手插掌不要做成"劈""砍"状；眼要视前下方地面。

图 10-275

图 10-276

20. 闪通臂（如图 10-277 至图 10-279）

要点：完成姿势上体要自然正直，松腰松胯；左臂不要完全伸直，背肌要伸展开；推掌、引举手和弓腿的动作要协调一致；弓步时，左手臂与左腿要上下相对，两脚跟横向距离应不超过 10 cm。

图 10-277

图 10-278

图 10-279

21. 转身搬拦捶（如图 10-280 至图 10-288）

该势包括转身扣脚、转体握拳、踩脚搬拳、转体收拳、上步拦掌、弓步出捶六个分解动作。

要点：转身动作要虚实清楚，转换轻灵，重心平稳；注意脚的扣转，腿的屈伸，切忌转身时后腿不屈坐，挺膝挺髋，重心升高，上体歪扭或后仰；右拳不要握得太紧，回收时前臂要慢慢内旋画弧，然后外旋停于右腰旁，拳心向上；左手拦掌与收脚上步、身体右转要协调一致；向前打拳时，右肩要随拳略向前引伸，沉肩垂肘，右臂要微屈；弓步时，两脚横向距离应为 10 cm 左右。

图 10-280 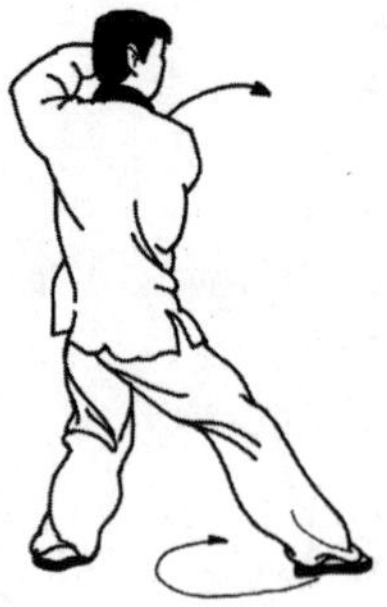　　　　图 10-281 　　　　图 10-282

图 10-283 　　　　图 10-284 　　　　图 10-285

图 10-286 　　　　图 10-287 　　　　图 10-288

22. 如封似闭（如图 10-289 至图 10-294）

该势包括穿手翻掌、后坐收掌、弓步按掌三个分解动作。

要点：身体后坐时，要含胸缩髋，避免后仰，臀部不可凸出；两臂随身体屈肘旋臂后引时，不可前臂上蜷，两肘夹肋；肩、肘部应略向外松开，不要直着回抽；前按时两掌要平行向前，宽度不要超过两肩；不可分合或上挑。

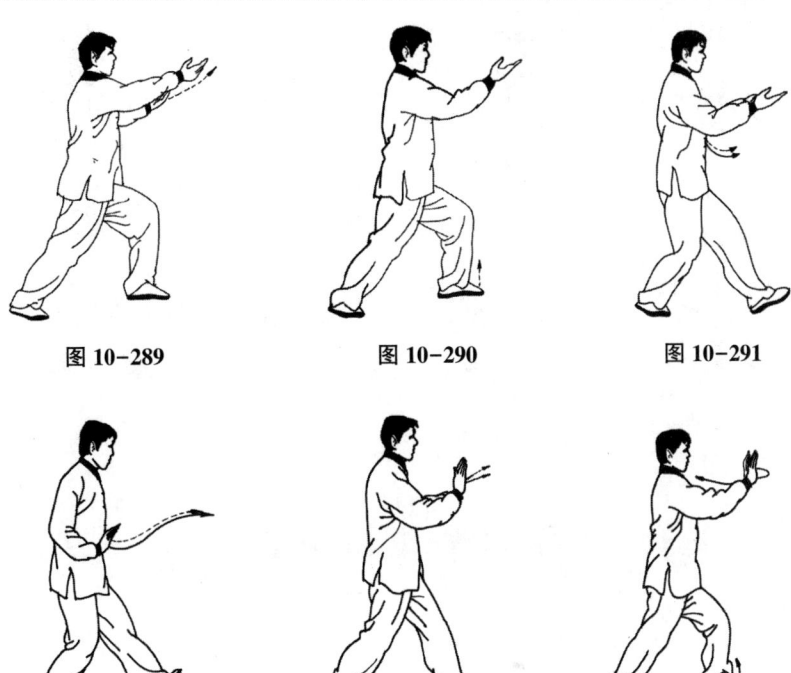

图 10-289　　　　　图 10-290　　　　　图 10-291

图 10-292　　　　　图 10-293　　　　　图 10-294

23. 十字手（如图 10-295 至图 10-298）

该势包括转体扣脚、弓步分手、转体落手、收脚合手四个分解动作。

要点：转体扣脚与外撇弓腿分手动作要连贯圆滑，一气呵成，不可停顿断劲；两手分开和合抱时，上体要保持端正，不要前俯，合抱要撑圆；站起时，身体要自然正直，头要略向上顶。

图 10-295　　　　图 10-296　　　　图 10-297　　　　图 10-298

24. 收势（如图 10-299 至图 10-302）

该势包括翻掌分手、垂臂下按、并步还原三个分解动作。

要点：两手左右分开下落时，要由两前臂内旋带动手掌翻转向下，不可太松弛"折腕"或"耍腕花"翻掌；全身要放松；同时气也徐徐下沉；呼吸平稳后，再收左脚做走动休息。

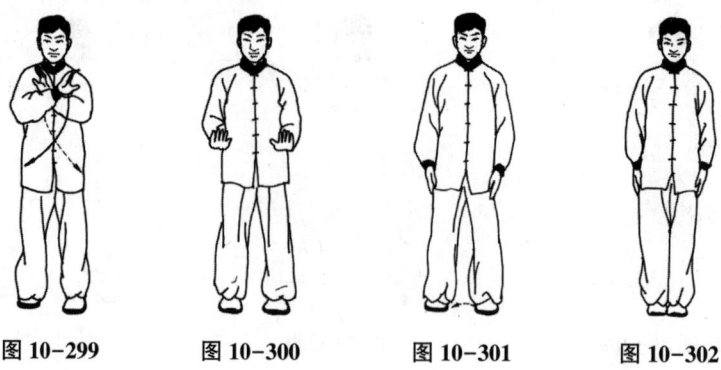

图 10-299　　　图 10-300　　　图 10-301　　　图 10-302

第四节　跆拳道

一、跆拳道简介

跆拳道古称跆跟、花郎道，起源于古代朝鲜的民间武艺。早在公元688年，新罗王国统一朝鲜，经济繁荣，百业兴旺，并建立了一种"花郎制度"。到真兴王时，便创立了"花郎道"。花郎道是花郎制度的组织形式，即将年轻人组织到一起进行武艺锻炼。其宗旨是"事君以忠、事亲以孝、事友以信、临阵无退、杀身有择"，以此磨炼意志和体魄，培养和造就一批批忠君事孝、英勇顽强、无所畏惧的战士。

公元935年，新罗王朝被推翻，建立了高丽王朝。士兵们的战斗力来自平日的训练和对跆拳道的喜爱。他们平时常常用拳掌击打墙壁或木块，以磨炼手部的攻击能力。十分喜爱徒手搏斗的忠惠王曾专门邀请臂力过人、武功超众的士兵金振都到宫廷表演手搏技艺，使跆拳道声望大震，并日渐为广大民众所接受。1392年，高丽王朝被李朝取代，武功及跆拳道没有得到足够的重视，但在民间这一活动始终没有停止。

1910年日本侵占朝鲜后建立起殖民政府，一度下令禁止所有的文化活动，跆拳道自然也在劫难逃。一些不甘寂寞或被生活逼迫的朝鲜人远离国土，到中国或日本谋生，同时把跆拳道延续下来。更为重要的是，他们将其与中国武术和日本武道交融与结合，孕育了新的技术体系。第二次世界大战后，自卫术再度兴起，从异国他乡回归故土的朝鲜人也将各国的武道技艺带回本国，逐渐与跆拳道融为一体，形成现在的跆拳道体系。1955年，"朝鲜的自卫术"正式命名为"跆拳道"。

今天的跆拳道动作似乎不像以前那样圆滑流畅，也不似以前那样重视运动中身体的平衡。然而对当今跆拳道技术的检验并不在于它的外观，而在于实战之中。具体地说，就是在实战对抗中或在大街上遭受袭击被迫自卫的情形下，新型跆拳道的技术无疑要比拘于形式的老技术更胜一筹。

二、跆拳道运动的特点与作用

跆拳道运动在全球得到广泛的传播，为各国民众所推崇，被称为"腿的艺术"。

（一）跆拳道的特点

1. 以腿为主，以手为辅

跆拳道技术是以腿法为主的，腿法技术在整体运用中约占 3/4，跆拳道运动认为"一寸长一寸强"，因为腿的长度和力量是人体中最长最大的。腿的技法有许多种形式，可高可低、可近可远、可直可屈、可转可旋，威胁力极大，是比赛得分和使用制敌的有效方法。

2. 方法简捷，刚直相向

无论是比赛还是在实战中，跆拳道的进攻方法都是十分简捷而有效的。对抗时双方都是直接接触，以刚制刚，用简练硬朗的方法直接击打对方，或拳或脚，速度快，变化多；防守动作也是以直接的格挡为主，随即是连续的反击，也追求刚来刚去、硬拼硬打来争取实战的胜利。

3. 内外兼修，方法独特

跆拳道理论认为，经过专门训练，人的关节部位能产生不可思议的威力，特别是拳、肘、膝和脚四个部位，尤以脚和手为甚。长期专门练习跆拳道，可以使人达到天人合一的程度，即内功和外功达到统一的巅峰。

（二）跆拳道的作用

1. 修身养性，培养人优秀的意念品质

跆拳道练习推崇"以礼始，以礼终"的尚武精神，练习中要以"礼义、廉耻、忍耐、克己、百折不屈"为宗旨，因此，可以培养人顽强果断、吃苦耐劳的精神，积极向上的品质，养成人礼让谦逊、宽厚待人的美德，造就人热爱祖国、勇于献身的思想，从而完善和提高人的素质。

2. 强体防身，练就人健全的体魄

跆拳道运动紧张激烈，对抗性极强，可使人强壮筋骨，提高各关节的灵活性和肌肉的伸展性和收缩能力，提高人的速度、力量、耐力、反应和灵敏素质，提高人内脏器官的机能和人体神经系统的灵活性，增强人体的击打和抗击打能力。通过攻防练习，练习者可以学习掌握实用的技击术和防身自卫的能力，从而使跆拳道起到保护自身安全和维护社会安

定的作用。

3. 观赏竞技,促进国际交流

跆拳道比赛时,双方队员不仅要斗智斗勇,而且要通过高超的技艺展示跆拳道的技术动作力量和优势,不仅给人以美的享受,还能激发人的斗志,鼓舞人奋发向上的精神。同时,通过切磋跆拳道技艺,增进国际友人的合作与交流。

三、跆拳道技术与教学

跆拳道技术,根据动作可分为手法、步法、防守法和腿法。在竞技跆拳道中许多手法受到了限制,而最大限度地发扬了腿法的技术。例如在拳法中主要突出了正拳的使用,而在腿法的使用上,则体现出了高超、迅速和多样化。

(一)实战姿势和步法

1. 实战姿势

实战姿势也称为预备姿势,是跆拳道比赛中双方开始时的基本姿势。预备姿势应便于进攻和反击以及步法的移动,如图10-303所示。

技术要领:以右势为例,两脚前后开立,与肩同宽,身体呈侧向,前脚内扣30°左右,后脚脚后跟随之抬起,两腿膝关节微屈,前腿较后腿幅度略大;同时,两手半握拳、沉肩、曲肘于身前,重心在两腿之间。身体略升高为高位实战姿势,身体降低为低位实战姿势。

图 10-303

2. 几种主要步法

(1)前滑步。

技术要领:以实战姿势开始,后脚蹬地发力,前脚向前滑动一步;后脚此时快速蹬离地面,向前跟进同样的距离,仍成实战姿势,如图10-304所示。

图 10-304

(2) 后滑步。

技术要领：以实战姿势开始，后脚向后滑退一步，后退一步的距离应略长于前进一步的距离，前脚随即前脚掌蹬离地面，后撤距离与滑退一步的距离相等，仍成实战姿势，如图 10-305 所示。

(3) 换跳步。

技术要领：以实战姿势开始，两脚前后交换，蹬地脚空，同时拧腰转体，两脚同时落地变为实战姿势，如图 10-306 所示。换跳步有前换跳步和后换跳步之分，其主要用于快速换势攻防，是跆拳道中比较重要的步法。

图 10-305　　　　　　　　　　图 10-306

(4) 垫步。

技术要领：以实战姿势开始，后腿发力，前腿向前屈膝抬起。后脚与前脚依次落地成实战姿势，如图 10-307 所示。

(5) 侧移步。

技术要领：主要用于侧面进攻防守。从实战姿势开始，前脚为轴，重心下降，重心平稳，上体保持正直，重心在两脚之间，如图 10-308 所示。

图 10-307　　　　　　　　　　图 10-308

(6) 小碎步。

技术要领：以实战姿势站立，重心放于两腿脚掌之间，脚跟离地，两脚同时朝某一个方向滑动后，恢复成原来实战姿势。小碎步主要适用于步法的调节，在步法移动到一定的位置但还没有找到合适的攻击位置时，就要通过小碎步来调整，争取更好的攻击位置，由实战姿势开始，身体两脚同时朝各个方向碎步移动，注意两脚应是同时滑动，无先后之分。小碎步是跆拳道实战中尤为重要的步法，可以说是衡量一个跆拳道练习者步法移动是否合理、协调的一个重要因素，如图10-309所示。

（7）弹簧步。

技术要领：从实战姿势站立开始，上体姿势放松，含胸拔背，重心下调至自身舒适，然后双脚跟微离地，而两脚掌均匀着地，两腿分开比肩稍宽，使身体重量集中于脚掌，得以锻炼脚掌弹力。上动不停，以双脚掌为力点蹬地弹起使双脚掌离地面1~2 cm，落地后再跳，上下跳动连续不停。弹簧步可以消除实战对抗中的紧张情绪，如图10-310所示。

图10-309　　　　　　图10-310

（二）跆拳道基本腿法

跆拳道是一项以腿法为主的独特武道，约75%的动作由腿法完成。跆拳道的腿法具有丰富灵活、变幻莫测、优美潇洒、威力无比等特点，被世人称为"腿法的艺术"。

跆拳道练习者，特别是初学者，要想很好地掌握跆拳道的腿法，并使其在实战搏击中发挥出巨大的威力，那就必须重视腿法的基础训练。有人形象地把腿法的基础训练比喻成"磨刀石"，它能迅速提高脚技，使脚技这把"钢刀"在实战搏击中更加"锋利"。跆拳道的腿法丰富，名称纷繁，易使练习者产生混乱，为帮助练习者识别各种腿法，掌握其运动技巧，现将跆拳道的腿法分为基础性腿法和实战性腿法两种。

1. 基础性腿法

基础性腿法是跆拳道练习者初级阶段需要掌握的腿法技术，一般常用的有正踢腿、里合腿、侧踢腿等。

（1）正踢腿。

技术要领：以脚前掌为着力点，实战姿势（左势）站立，左脚支撑，以左脚的前脚掌为轴，脚后跟随身体向前转动大约120°，同时，右脚伸直，脚尖勾紧，以前脚掌快速有力地向对方下颌和脸部踢击。右脚快速前落成实战姿势，如图10-311所示。

图 10-311

（2）里合腿。

技术要领：以实战姿势（左势）站立，左脚支撑，以左脚的前脚掌为轴，脚后跟随身体向前转动大约 120°。同时，右脚尖勾起，向右侧上方直腿踢，经脸前向左侧上方直腿摆动，用脚内侧或脚跟、脚底踢击对方，击打后，右脚自然下落成实战姿势（右势），然后分撤右脚至原位成实战姿势（左势）。要求松髋、开胯，以髋关节为轴，里合呈内扇形，如图 10-312 所示。

图 10-312

（3）侧踢腿。

技术要领：以脚后跟或脚外侧边缘（即脚刀）攻击对方膝关节以上部位。以实战姿势（左势）站立，左腿直立或稍屈支撑，右腿屈膝抬起，膝关节与大腿平行，然后右脚后跟朝侧上继续尽量上抬，脚掌正对攻击目标，膝关节由屈至伸快速踹出，力达右脚后跟或脚的外侧边缘。上体稍侧倾。脚落地成实战姿势（左势）。要求上体、大腿、小腿、脚成一条直线，展髋、挺膝，大腿带动小腿向前直线发力，如图 10-313 所示。

图 10-313

2. 实战性腿法

（1）劈腿。

技术要领：以实战姿势（左势）站立，提重心，右脚尽量高举，踝关节放松，展胯，快速、果断下劈腿，踝关节下扣，击打准确、有力，重心平稳，如图 10-314 所示。

图 10-314

（2）旋踢。

技术要领：以实战姿势（左势）站立，首先以左脚前脚掌为轴，左脚后跟外旋带动头部与身体转动约 360°，左脚支撑，右脚提膝与大腿平行，脚尖紧扣，然后以脚关节为轴，由屈到伸展开，向后上方弧形猛力用脚跟或全脚掌旋踢击对方的头、脚、肩、后背等部位，脚、膝、髋、肩、头在空中动作完成的一瞬间在一侧面上，上体稍后仰，右脚在空中提膝收紧或自然下落，右腿自然回落成原实战姿势（左势），如图 10-315 所示。

图 10-315

（3）后踢。

技术要领：以实战姿势（左势）站立，左脚支撑，首先头转动，以左脚前脚掌为轴，左脚脚后跟随身体转动约 270°，带动头与上身同时转动，直指目标，右腿大小腿折叠，右脚后跟外翻朝上。然后拧腰带动身体的转动，右脚由屈快速伸直，用右脚后跟或外侧边缘击打对方的膝以上部位。落成实战姿势（右势），如图 10-316 所示。

图 10-316

（4）旋风踢。

技术要领：以右脚掌为轴，左脚微微抬起，外旋270°，同时带动头部与身体转动，身体正面朝前，然后左脚落地旋转，右腿完成屈膝上提，转髋，鞭打小腿，横向踢腿。要求拧腰转体快，腾空高度不宜高，动作连贯，力达脚背，如图10-317所示。

图10-317

（5）推踢。

技术要领：以实战姿势（左势）站立，以左脚为轴，旋转120°，右腿大小腿折叠抬至胸前，右脚尖向上倾斜45°，然后直线向前推出。脚落地成实战姿势（右势）。要求大小腿与前胸贴紧，出腿呈直线，如图10-318所示。

图10-318

（6）二段踢。

技术要领：以实战姿势（左势）站立，右脚上步，膝关节伸直，脚后跟着地，上体稍后仰，两臂自然后摆。右脚踏实，蹬地向上跳起，左腿和两臂随之向上摆，膝关节弯曲弹击对方后小腿，快收提膝，然后右腿膝关节弯曲，由屈伸向前上方踢摆，左、右脚在空中依次分别踢击目标，力达脚背。左、右脚依次落地成实战姿势。要求起跳腿充分蹬伸，上体后仰进髋，提气，立腰；踢击时收髋、收腰、收腹，上体稍前倾；在空中左、右脚连环击打目标；落地时由前脚掌过渡到全脚，屈腿、屈髋缓冲，如图10-319所示。

图10-319

（三）跆拳道技术的学习方法

1. 个人练习法

单独一人练习，可以提高自己的记忆能力，并根据自身条件来理解动作，培养独立性，使自己能够静心体会动作，不受他人的干扰。

2. 配对练习法

由于跆拳道比赛是两人的直接对抗，在掌握基本动作后，多进行双人的配对攻防练习，尤其是戴上护具后进行配对双人练习。双人练习时要明确练习目的，强调安全性，防止受伤。

3. 分组练习法

在固定某一练习或进行循环练习时多采用分组练习法。如 5 人一组轮流踢沙袋或踢脚靶等。一般是体重相近的几个队员分为一组，或是水平相近的几个队员为一组。在练习中要互相配合，互相鼓励，休息间歇时，同组人员互相指出优点和缺点，以求共同进步。

4. 模拟比赛实战练习法

模拟比赛进行实战练习，以提高实际运用能力。

第十一章
围棋 拔河

内容提要

本章分两节简述了中国围棋和民间传统体育——拔河的基本知识、比赛规则及运用。

思政目标

培养严谨的思维习惯，增强自信心和竞争意识，培养团队合作和交往能力。

第一节 围棋

一、棋盘与棋子

围棋的棋盘由纵横 19 条直线构成，如图 11-1 所示，共有 361 个交叉点，其中有 9 点"·"（黑点）称为星，中央的一颗称为"天元"。棋盘按地域可划分为右上角、右下角、左上角、左下角、上边、下边、右边、左边。围棋棋子是扁圆形的，分为黑子和白子两种。

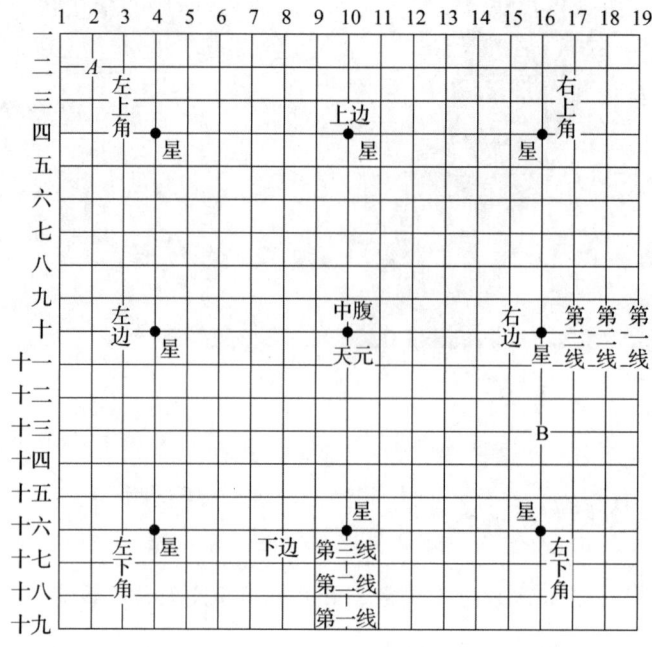

图 11-1

二、基本规则

（一）下子

两人对局，各拿一色棋，黑方先走，以后每人下一子，轮流交替。落子必须在交叉点上，下子后不得拿回，也不许挪动。

（二）棋子的"气"

一个或几个相连棋子与直线相连的空着的交叉点，称为"气"，如图 11-2 所示，①图 2 口气，②图 3 口气，③图 4 口气，④图 6 口气，⑤图 4 口气，⑥图 3 口气。

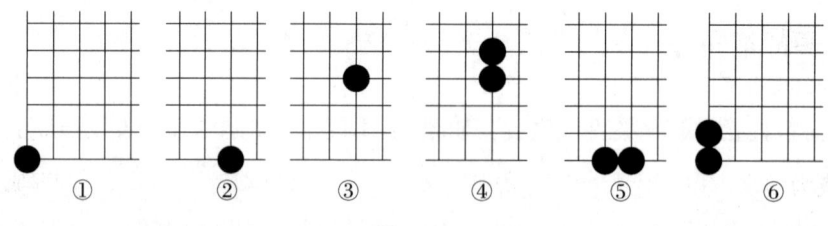

图 11-2

（三）提子和禁入点

凡是没有气的棋子都应从棋盘上拿掉，这就叫"提子"，如图 11-3 所示，①图中 1 个黑子被 4 个白子团团围住，与任何直线都不相连，因此没有气了，应该从棋盘上拿掉，就是"提子"，提子后的情况如②图所示。"禁入点"是指禁止对方下子的地方。如果在禁入点落子，将立即拿掉，并失去一次下子机会。

禁入点必须同时具备两个条件：
(1) 下子后，立即出现自己无"气"的状态；
(2) 不能立即提掉对方的棋子。

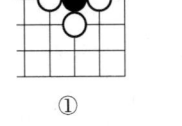
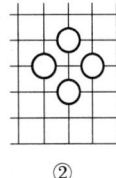

图 11-3

（四）劫与打二还一

1. 打劫

如图 11-4 ①所示，黑方可在 A 位提回白一子，就成了②图的形状。然而按照提子规则，白方也可以在 B 位提黑子而还原成①图。既然如此，黑方便也有权力投子，使它再成为图②。这种双方可以互提的情况就叫"劫"。双方就这样无休无止地提来提去，围棋规则为了制止这种无限循环，便产生了"打劫"的规定：当出现"劫"的时候，一方提子以后，另一方不能马上回提，而必须在别处下一子（"找劫"），给对方造成威胁，迫使其应对（"应劫"）。当又轮到一方下子时，才能提"劫"。如果对方认为威胁不大，可以不予理睬，而将"劫"粘上，这叫作"粘劫"。

2. 打二还一

某一方下一子提去对方二子，另一方立即回提对方刚下的一个子叫作打二还一。打二还一，不是"打劫"。如图 11-5 所示，白方在 A 位提去黑二子后，黑方可接着提回白方下在 A 位之子。类似的情况还有打三还一、打四还一等。

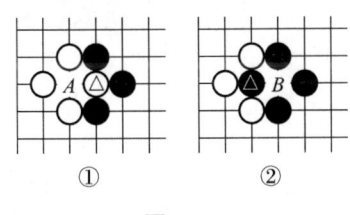

图 11-4

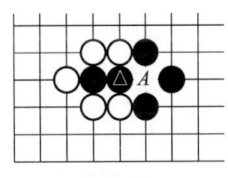

图 11-5

（五）活棋与死棋

死活问题是下围棋最重要的基本功。一般只有活棋才能有效地占领地盘或吃掉对方的棋子，以致取胜。自己一方的棋如果不能成为活棋，则必须使与这块棋纠缠在一起的对方的棋子也不能成为活棋，以便进行对杀，或者迫使对方让自己的棋突围，或者双方都成为活棋。

1. 眼

几个子围住的一个或几个交叉点叫做眼。一块棋，最少要有两个"眼"，才算活棋，眼有真眼和假眼之分，凡是和外界的棋子已连成一片，不可能被对方割开后提子的眼是真眼。凡是和外界的棋子未连成一片，可以被对方分成两部分而分别提去的眼则是假眼。做眼活棋，一般是指做真眼。

2. 活棋

对方无法吃掉的棋就是活棋。活棋有两种形式，一种是有两个或两个以上眼的棋；另一种是"双活"，如图11-6所示，黑棋虽被白棋围住，但黑棋都有两个眼，都是活棋。如图11-7所示，由于双方都不能在A位下子，所以，黑白的两块虽都只有一个眼，但都活了，这就是双活。

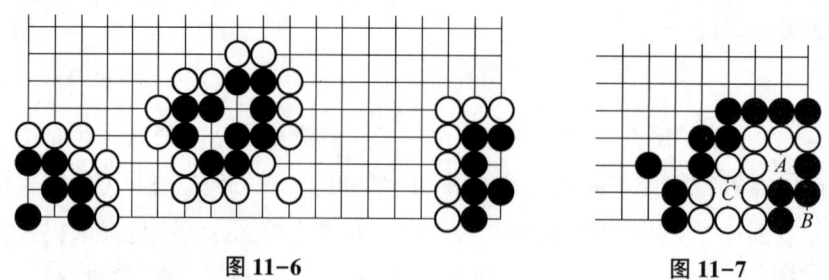

图11-6　　　　　　图11-7

（六）终局与胜负计算方法

棋盘上黑白双方活棋的地界已全划清，就是双方棋子交界外一个空白点也没有了，双方认为无棋可下，就是"终局"。胜负计算较流行的两种方法如下：

1. 数子法

这是我国围棋规则规定的计算胜负的方法。具体方法为：在棋盘已没有空着的交点时，围住交叉点按子计算，数双方各自的棋子数目；若有双活，空着的交叉点以双方各一半计算。由于棋盘上有361个交叉点，在不贴子的情况下，棋子数目超过 $361 \div 2 = 180.5$（个）者获胜。我国正式比赛一般规定，抓黑棋（先下）的一方贴给对方三又四分之三个子，因此黑棋超过一百八十四又四分之一个子时获胜。

2. 填空法

这是日本围棋规则规定的计算胜负的方法。具体地说：棋盘上没有可以被围住的交叉点时，这盘棋就结束了，而不可能被围住的交叉点（我国称为"单官"）双方都不必下子；先把被吃掉的棋子和死棋填在自己围住的交叉点上，再计算各自围住的交叉点（每个围住的交叉点为1目），哪一方围的交叉点多，哪一方获胜。日本规则也规定执黑的一方要贴目，但不同的比赛贴目数有所不同，一般为贴6目半。

三、最简单的死形和活形

先介绍几个术语，一块黑棋，如果黑方先下可以成为活棋，称这块黑棋为"黑先活"；如果白方先下，可以杀死这块黑棋，称这块黑棋为"白先黑死"；如果黑方先下可以成为打劫活，称这块黑棋为"黑先劫"；如果白方先下可以成为劫，称这块黑棋为"白先劫"。

下面介绍一些简单的死形和活形。

1. 直三和曲三

如图 11-8 所示：①图黑棋内有一成直线的三个交叉点，这种形状叫直三；②图黑棋内有拐角的三个交叉点，这种形状叫曲三。

直三、曲三中 A 位是要点，黑先下子于 A 位则两眼活棋，白先下子于 A 位，黑棋则只有一个眼而成为死棋，所以，直三和曲三为黑先活或白先黑死。

2. 直四和曲四

（1）直四在任何情况下都是活棋，如图 11-9 所示，A、B 两点黑棋必得其一，成两眼活棋。

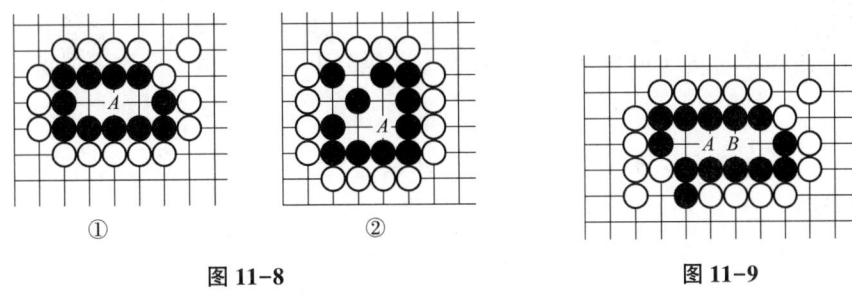

图 11-8　　　　　　　　　　图 11-9

（2）曲四一般情况是活棋。如图 11-10 扬尘，A、B 两点黑棋必得其一。但断头曲四如果不补棋的话则是死棋，如图 11-11 所示，白于 A 位打吃，黑只有在 B 位粘，于是白再于 C 位打吃，黑棋就只有一个眼而被杀。

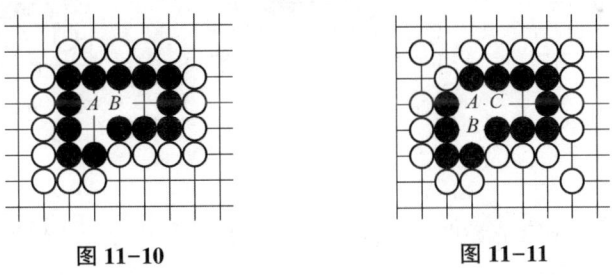

图 11-10　　　　　　图 11-11

（3）盘角曲四的情况比较特殊，我们可通过图 11-12 来分析盘角曲四的死活问题。

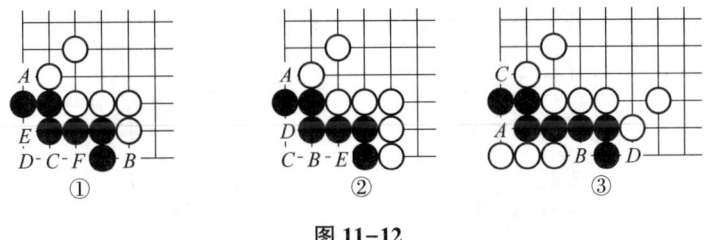

图 11-12

①图中黑棋有 A、B 两口外气，白若于 C 位点，黑便于 D 位扑，待白于 E 位提后，黑

再于 F 位打吃，因白不能 D 位粘（禁着点），故黑必可于 D 位提而成活。这种吃白子的手段称为吃"胀牯牛"。②图中的黑棋只有 A 位一口外气，因此，经过白 B 点、黑 C 扑、白 D 提后，黑不能在 E 位吃"胀牯牛"，而只能在其他地方找劫，待白棋应劫后，再在 C 位提，与白方打劫。因此，在只有一口外气时，这块黑棋为白先劫。③图中黑棋不能在 A 或 B 位紧气，吃白三子，否则白可于 C、D 位紧气，迫使黑棋提白三子成为直三而被杀。因此，白棋暂不必在这里下子，而待全盘棋结束且把所有可能受到黑棋威胁的地方都补好（让黑棋找不到劫材），再在 C、D 位紧气，以后白于 A 位打吃，黑只有 B 位提而成为盘角曲四。这样虽然也能像②图那样形成打劫，但黑棋由于找不到劫材终于被杀。这就是围棋古谱所说的"盘角曲四，动尽棋亡"。

3. 丁四

如图 11-13 所示，为丁四棋形。A 位是要点，黑先下 A 位活棋，白先下 A 位，黑死。

4. 方四

如图 11-14 所示，黑棋无论如何下，都是死棋。

5. 梅花五

如图 11-15 所示，A 位是要点，黑先活，白先黑死。

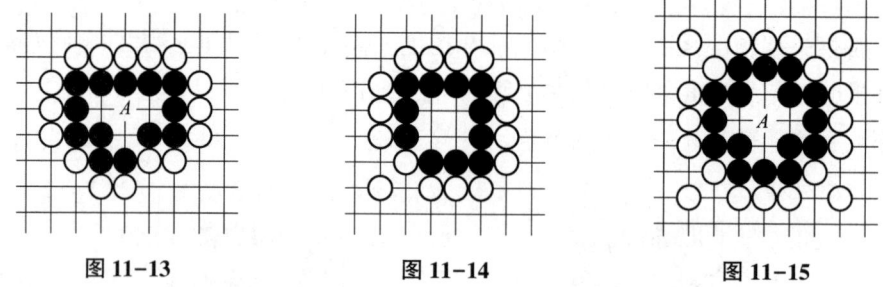

图 11-13　　　　图 11-14　　　　图 11-15

6. 刀板五

如图 11-16 所示，A 位是要点。白先点 A 位，黑死，黑先点 A 位或两眼活棋。当然黑棋点 B 或 C 位可成曲四。

7. 葡萄六

如图 11-17 所示，为葡萄六，A 位是要点，黑先活，白先点 A 位，黑死。

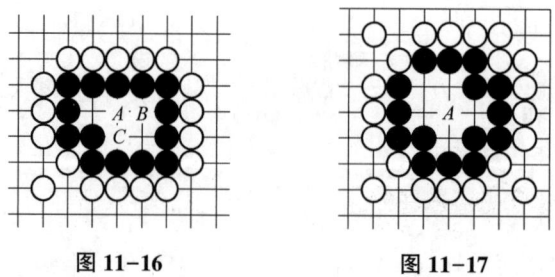

图 11-16　　　　图 11-17

8. 板六

(1) 中腹板六和边上板六：如图 11-18 所示，①图、②图分别是中腹板六和边上板六，都是净活棋形。因为白若在 A 位点，黑可以 B 位顶，以下 C、D 两点黑必得其一。

(2) 断头板六：如图 11-19 所示，这种棋形若被白于 A 或 B 位打吃，黑棋即被杀，故黑先活，白先黑死。

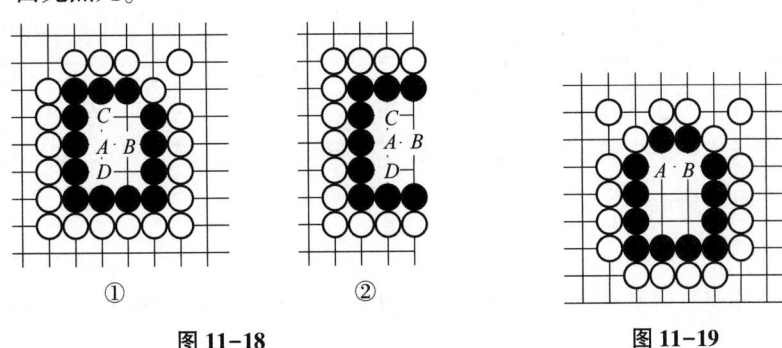

图 11-18　　　　　　　　图 11-19

(3) 角上板六：如图 11-20 所示，其中①图黑棋有两外气，②图黑棋有一口外气，③图黑棋没有外气。①图中，白若于 C 位点，黑便于 D 位顶，接着白若于位 E 抛劫，黑则于下位打吃，形成吃胀牯牛。故有两口外气的角上板六是净活棋。②图中，白若于 B 位点，则在经过黑 C、白 D、黑 E、白 F 后，黑不能在 G 位吃胀牯牛，因此必须打劫。故一口外气的角上板六是劫活或劫杀。③图中，白于 A 位点后，黑若于 B 位夹，白便于 C 位紧气。黑棋由于没有外气而不能在 D 位昆气吃白二子，故必将被杀，因此没有外气的角上板六是死棋。

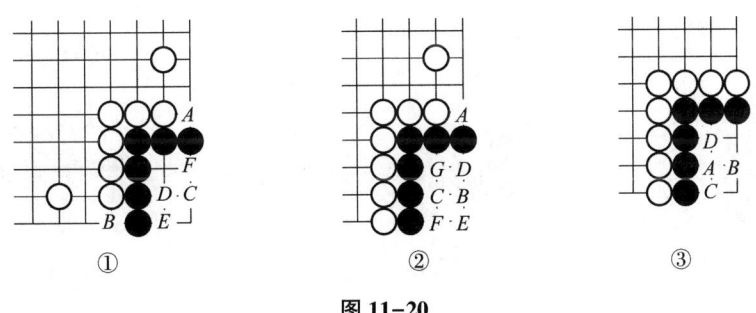

图 11-20

9. 七死八活

指二路爬的一排 7 个子，对方在先下的情况下是死棋，而二路爬的一排 8 个子，是活棋。

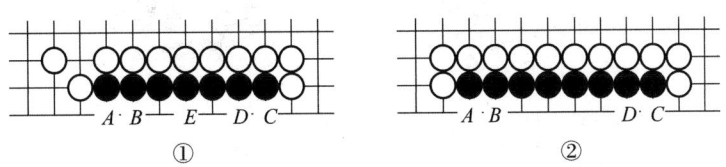

图 11-21

(1) 七死：如图 11-21 ①图所示，白 A、黑 B、白 C、黑 D、白 E、黑死。

(2) 八活：如图 11-21 ②图所示，白 A、黑 B、白 C、黑 D、成直四活。

四、对杀要领

中盘展开激烈战斗时，经常是双方都不能活棋，必须互相围攻，此时常出现"杀气"的问题，通常是：气长杀气短，有眼杀无眼，大眼杀小眼。当然，有时也会出现双活以及其他局面。既然对杀的结果与气的长短有关，在对杀中就必然要紧气。紧气要遵循两个原则：一是先紧外气，再紧为气，最后紧公气；二是先延长已方的棋的气，使之超过对方棋的气，再去吃对方的棋。

1. 外气、内气和公气

外气指棋子外面空着的交叉点。内气指所围成的一个眼里所有的气。公气指双方共同有的空着的交叉点。

2. 对杀举例

（1）在没有公气且外气相等的情况下，任何一方先紧气就可以吃掉对方的棋，如图 11-22 所示。

（2）长气杀短气：如图 11-23 所示，黑 3 口外气，白 2 口外气，无论哪一方先手，黑总能杀白。

（3）大眼杀小眼：其实也是长气杀短气。如图 11-24 所示，黑白 7 个子各有 1 个眼，但黑棋的眼比白棋的眼大。因此，黑棋可在 A 位紧气吃掉白棋。当然，若白方先手，则可在 B 或 C 位扑，让黑方提，这样就变成双活了。

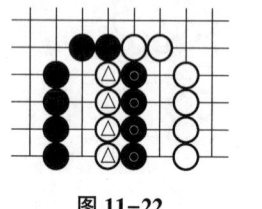

图 11-22

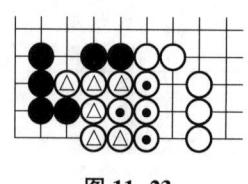

图 11-23

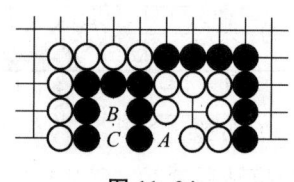

图 11-24

（4）有眼杀无眼，在对杀中，一般情况下有眼的一方可以获胜。其原因在于：在双方收气的最后，如果外气已经全部收完，双方必然要收公气，而无眼的一方因为不入，而无法收最后一口公气，而有眼的一方却可以收最后这口公气，所以有眼的一方必然获胜。在对杀前的计算中，可以把所有公气都算作有眼一方的气。

必须注意的是，有眼杀无眼的情况并非适用于所有的对杀。如果无眼的一方有很多外气，也有可能在对杀中获胜。具体来说，双方气的多少应如此计算：

A. 无眼一方：外气之和，B. 有眼一方：外气之和+公气+1，如果 A 大于 B，则无眼一方胜。

(5) 气长杀有眼。在对杀中，一方虽没有眼，但气较对方长到一定程度，也可以获胜。

五、对局常识

一局棋一般可分为布局、中盘、收官三个阶段。下面介绍有关布局、中盘和收官的基本知识。

(一) 布局基本知识简介

1. 布局的次序

一般为先占空角：因为通常认为空角的价值最大。其次为挂角的守角。挂角分为低挂（利于取地）和高挂（利于取势），守角的目的是不让对方挂角，价值与挂角相当。再次为占据大场。大场指有较大价值的交叉点，如边上星位附近的点等。

2. 棋子的配置

首先，棋子要布开，配置要适当。尽可能把棋子分布在全盘各个有利的部位，配置疏密适当，棋形舒展。其次，要注意棋子的高、低位配合，做到前后呼应，充分发挥子力的作用。

3. 拆地与夹攻

(1) 拆地：在边上不论向左或向右发展，都称为拆。拆地一般不要接近对方厚势，以免遭到攻击，另外拆地最好能兼攻对方的孤子。拆地一般遵循：一子拆二，立二拆三，立三拆四。

(2) 夹攻：从对方孤棋两侧行棋，叫夹攻。夹攻的目的不是一定要将对方吃掉，而是为了阻止对方拆地，在攻击中获利。

(3) 分投：在对方阵势中选择左右都有拆二余地的着点投入，叫作分投。分投要选择最大限度地遏制对方阵势扩展的分投点。

4. 合理选用定式

一方占空角，另一方挂角后，双方在角上争夺中最合理的下法称为定式。这都是经过前人实践、总结得出的，选择定式要将局部和全局结合起来。另外，定式也不是一成不变的，在布局中要审时度势，灵活运用。

(二) 中盘

布局完成后，就进入中盘战斗阶段，中盘战斗中，双方短兵相接，往往会出现十分紧张激烈的局面，既要考虑对全局的影响，又要考虑局部的得失、死活。真是千变万化，难

以捉摸,中盘战斗应注意以下几个方面:

1. 连接

棋子通连在一起,就易于攻守,无后顾之忧。连接的方法有:接、粘、虎、双、尖、飞、长、立等。

2. 分断

分断是非常激烈的攻击手段,断后双方必然引起激烈战斗,所以要在对方两面薄弱的情况下选择断点。分断通常有:扭断、跨断、冲断、挖断、隔断和打入。

3. 棋形

棋形就是棋的分布形状。棋形的好坏直接关系以后行棋的得力与否。已活或易于做活的叫作有"眼形"。

4. 根据

凡活棋、眼形丰富或比较坚实的棋叫做有根棋。无眼形、无利用、漂浮而不易做法的棋叫无根棋,也就是孤棋。有"根据"便于以后行棋无后顾之忧,顺畅发展。

5. 弃子

弃子是指为了获得局部更大利益或全局利益,以主动放弃数子为代价的常用的基本战斗手段。另外,已经没有什么作用的子也以舍弃为宜。这就是古谱中说的"精华已竭多堪弃"。通过弃子,以达到加强外势之目的,叫作"弃子取势"。通过弃子,有时反而会出现严厉攻击对方的手段,如"滚打包收"等。有时,通过弃子可以使自己大块棋突出重围,或达到"弃子求活""弃子生根"等目的。

6. 转换

凡舍弃一处而取得另一处的叫转换,是弃子战术的一种,寻求转换是为了使局势明朗或是摆脱困境。另外,中盘阶段还要注意轻重、厚薄、向背、重复、次序、攻击等要素。

(三) 收官

中盘战斗结束,地域大致划定,就进入了收官(子)阶段。官子既有先手官子和后手官子之分,又有大小之分。一般收官的次序是先收双方先手官子,再收先手官子,最后最大的后手官子。官子多少可采取"出入法"计算。初学者了解以上基本知识以后,就可以进行对局了。但是,围棋是集艺术、科学、体育于一身的项目,变化十分复杂,仅仅通过实战的锻炼,棋艺水平难以提高,如果希望提高水平,必须在认真阅读有关围棋布局、定式、中盘战术、收官等书刊的同时,认真进行实战,局后复盘研究,经常下随手棋的人,水平是难以提高的。

第十一章 围棋 拔河

第二节 拔 河

拔河是一群人与另一群人以绳子为媒质进行的一种民族体育游戏活动，源于中国古时水乡拉纤和水兵操练活动。

游戏目的：培养学生坚强意志和团结合作的精神，发展手臂力量。

游戏准备：在场地上面画三条相距 3 m 的平行线，中间一条线为中线。准备一条长绳子，将绳子放在三条线的垂直平分线上，离排尾 3 m 的地方各画一个小圆圈，圆圈中央放一根小木棒。然后把学生分成人数相等的两个队，各选一个指挥者，站在队外，两队面对面站在绳子两侧，同时手握绳子。

游戏方法：教师发令后，各队用力拉绳子，努力把对方拉过 3 m，让本队最后一个人可以拾起圈内的小木棒。先拾起小木棒的队为胜。站在场外的指挥者喊口令，协调本队队员的动作。

游戏规则：①以三战二胜决定胜负。②如果被对方拉过去时，教师还没有发令停止，不许突然把绳子放开，以免把对方队员摔倒。

教学提示：可以把学生人数分成相等的两队，互相搂着腰。用一根体操棍，两个排头用双手握住体操棍的两端，用力拉，哪队将对方拉过限制线，哪队为胜。

思考题

1. 简述围棋布局的基本知识。
2. 简述拔河比赛的方法和规则。

第十二章 休闲运动

内容提要

现代社会生活节奏快，紧张之余，人们需要放松身心，休闲运动正好迎合了人们的需要，受到普遍欢迎。本章简述了台球、保龄球和轮滑三种常见的休闲运动项目技巧和特点。

思政目标

培养文化自信和身心协调能力。

第一节 台 球

台球运动已有 600 年的历史了，它是一项脑力与体力相结合的高雅运动项目。由于它包含深奥的物理学、几何学知识，因此是一项有益于身心健康和智力发展的体育活动，同时也具有很高的艺术观赏性。由于台球运动在室内进行，不受季节和气候变化的影响，所以成为老少皆宜的体育活动项目。

一、台球的基本技术

（一）握杆方法

后手握杆时，手腕要能自由活动，拇指和食指在虎口处轻轻夹握球杆，好像一个吊环，其余3个手指要虚握。出杆击球时，前后摇动手腕，利用腕力将球击出。这样握杆的优点在于手指、手腕和整个手臂都适度放松，如图12-1所示。

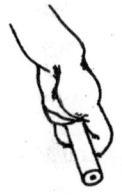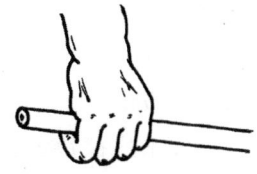

图 12-1

（二）基本架杆方法

架杆就是用手给球杆一个稳定的支撑，并对杆头在主球的击球点进行调整的姿势。先将整个手掌放在台面上，将拇指以外的四指分开，手背稍微弓起，拇指翘起和食指的根部相贴形成一个"V"形的夹角，球杆放在"V"形夹角内。要注意，架杆手的掌根、小拇指、食指以及拇指处的大鱼际部位要充分地贴住台面，切勿使架杆手向左侧或右侧翻起，以确保架杆的稳定，如图12-2所示。

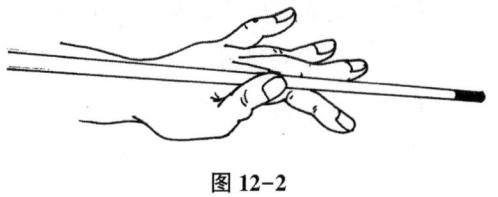

图 12-2

（三）击球动作

击球是台球技术的重要一环。击球时，从侧面看，握杆的后手与小臂必须放松，以肘关节为轴，像钟摆一样能轻松自如地前后摆动，但摆动幅度不要太大，不摆动时应与台面垂直，如图12-3所示。

图 12-3

二、台球的种类和打法

台球运动在流行中形成了各种不同打法，主要分为有袋台球和无袋台球两大类。正式比赛主要有美式、法式、英式和彩弹四种形式，下面主要介绍斯诺克式台球。

斯诺克式是当前世界上最流行的打法。每副共有8种颜色22个球。每个球重145～146 g，直径为5.25 cm。斯诺克比赛的8种颜色、22个球的分值如下：

（1）白色球1个，双方轮流做主球用；

（2）红色球15个，每个球分值为1分；

（3）黄色球1个，分值为2分；

(4) 绿色球 1 个，分值为 3 分；

(5) 棕色球 1 个，分值为 4 分；

(6) 蓝色球 1 个，分值为 5 分；

(7) 粉色球 1 个，分值为 6 分；

(8) 黑色球 1 个，分值为 7 分。

开球前台面的布局：把 15 个红球排列成等边三角形的形状，放置在开球区远端的粉球和黑球之间；蓝球放在台面中心点（即球台两对角线的交点）；黄球和绿球分别放在开球区（球台近端）半圆与开球线的右交点和左交点上；棕球放在开球区半圆的圆心上。

开球以主球击红球开始，每次必须先击入一个红色球进袋，下一杆才可以击任何一个彩球，如彩球被击入袋中，则被立即取出放回原始位置，再击红色球。这样红球彩球交替被击入袋中。红色球入袋得 1 分，不必拿出，彩球入袋按其分值得分，必须拿出放在原始位置。当台面红球全被击入袋中后，从彩色分值低的开始击，依次击入袋中。一局结束后，谁的得分高即为获胜方。单局的一个最高成绩是 147 分（即 15×8+2+3+4+5+6+7 = 147）。每次得分可连续击球，直到未能得分而由对方击球。若有失误，按规则罚分（加在对手的得分上，己方分不减），罚分的规定有：

(1) 击不中球罚 4 分；

(2) 主球落袋罚 4 分；

(3) 送红球误将彩球入袋，按彩球分值罚分；

(4) 送红球先误着彩球，按分值至少罚 4 分；

(5) 送指定彩球，误着红球或其他彩球，至少罚 4 分；

(6) 送彩球误将其他球击入袋中，按彩球最高分值罚分。

第二节　保龄球

保龄球是英文"Bowling"的音译，起初称为"九柱球"，起源于德国，是一种在木板球道上用球滚击木瓶的室内体育运动，流行于欧洲、美洲、大洋洲和亚洲一些国家。保龄球是集竞技、娱乐于一体的运动项目。它既可以进行比赛，又可以自娱，适合不同年龄、性别和来自不同社会阶层的人士参加，且不受气候、时间的影响，因而很快风靡全球。

保龄球是一项全身性运动，需要具备较好的协调和平衡能力，尤其对人体运动和控制

肌肉力量的能力，掌握动作节奏的能力，调节小肌肉群精细动作的需求较高。保龄球运动具有普及性、娱乐性、趣味性和技巧性，经常打保龄球，不仅可以增进身体健康，还可以锻炼人的意志品质，提高心理素质，增强生活情趣。保龄球运动以通过不断调整掷球方向和力量达到击倒尽可能多的瓶为目的。击球的整个过程充满成功的惊喜、失败的惋惜以及再试一次的渴望，再加上球与瓶的撞击声清脆悦耳，令人兴奋不已。保龄球运动集欣赏性、娱乐性和礼仪性于一体，是一种流行的娱乐形式，一种时尚的文化，一种典雅教养的标志。

一、保龄球基本技巧

1. 握球

用双手将球抱在身体左上腹处，左手把球托住，随后以右手的中指和无名指插入指孔，大拇指深插进拇指孔，掌心贴着球面，把球抓住，然后将球移至身体右前侧，如图12-4所示。

2. 站位

助跑投球前先要站位，即确定助跑的起点。确定站位的方法是：站在第15或第17块板上，离犯规线5 cm处，面向底线，向前走四步半，然后转身180°，面向球道，此处就是四步助跑的起步点，如图12-5所示。

图 12-4

图 12-5

3. 投球助跑（以四步助跑为例）

（1）右脚向前迈出一步，步幅稍小，速度稍慢。

（2）左脚迅速跟上一步，步幅比前一步稍大些，速度也稍快些。

（3）右脚迈出，步幅稍大，速度稍快。

（4）左脚迈出，速度加快，并随着左脚冲力，向前自然滑动20~30 cm，至犯规线7 cm左右处制动。此时左脚内侧必须仍在第17块木板边线上。

（5）助跑时，身体稍前倾，脚步要稳定，保持身体平衡，要使每一步的脚尖都对准标示点，如图12-6所示。

4. 握球摆臂

做该动作时,两手同时把球向前下方45°外推出,至手臂伸直。随后右手在球的重力作用下向下摆动(这时左手已离球),接着后摆至肩平,继而向前回摆。

5. 放球技术

当球回摆时,手臂和手腕不做任何人为的转动,当球回摆至左脚内侧时拇指退出,中指和无名指向上钩提后脱出,将球推离而去,如图12-7所示。

图 12-6

图 12-7

二、保龄球比赛的简要规则

(1)保龄球比赛以局为单位,一局为10轮,每轮可投两次。如果第一次投了"全中球"就不能再投第二次。

(2)每击倒一个瓶得1分,投完一轮将两次所得分相加,即为该轮"得分",每轮依次累计,即为全局的"总分"。

(3)第一次投"全中球",该轮所得分为10分(不投第二次),但应奖励下轮两个球的所得分,其所得分数之和为该轮的"应得分"。

(4)第一球未全中,而第二球将剩余木瓶全部击倒,称为"补中",该轮所得分也为10分。

(5)第10轮全中时,应在同一条球道上继续投完最后两个球,结束全局。第10轮为补中时则在同一条球道上继续投完最后一个球,结束全局。

(6)如果球落入边沟,即为"失误球",得分为0。

(7)如果第10轮中第一球犯规时,该球得分为0,但第二球击倒全部木瓶时,应视为10瓶补中,该球得分为10分,并允许继续投完最后一个球,同时把最后一个球所得分累计在该局总分内。

(8)如果从第1轮第一球开始到第10轮,连续12个球全中,按规定每个全中球应奖励下轮两个球的所得分,即每轮以30分计,最高分达300分。

(9)比赛结束,如出现比分相等时,应从第9轮开始决胜负。

（10）保龄球比赛，均以 6 局总分决定名次。比赛分为单人赛、双人赛、三人赛、四人赛、全能赛以及精英赛等。团体赛常采用五人制。

第三节 轮　滑

轮滑运动始于 1760 年，发明者是比利时人若瑟夫·梅兰。经过一百多年的演变和发展，轮滑鞋由前后各四个轮子发展为四轮前后一字形排列，如图 12-8 所示。

轮滑俗称滑旱冰，是脚蹬四轮特制鞋在坚实的地面上进行的滑行运动，它是一项集健身、竞技、娱乐、趣味、技巧于一体的运动。由于轮滑不受季节限制，便于开展，近年来，在我国开展较为普遍。经常从事这项运动，可以锻炼身体的协调性、灵敏性和平衡能力，提高心肺功能，培养勇敢顽强的精神。由于它把速度、力量、技巧和舞蹈造型等有机地结合在一起，趣味性很强，深受青少年的喜爱。

图 12-8

一、轮滑技术

因为轮滑起源于滑冰，所以滑行技术与滑冰相似。

（一）站立

站立可采取外八字或丁字步站立方法。两脚左右开立，重心在两脚之间，膝部微屈，上体稍前倾，两臂在体侧自然下垂，以控制身体平衡，目视前方。

（二）踏步和行走

1. 踏步

身体成基本站立姿势，上体稍前倾，大腿向上抬起，膝关节弯屈，小腿自然放松，重心移至支撑腿，脚腕用力控制轮子的滑动，以保持抬腿时身体重心前移和平衡；两腿交替进行踏步练习。

2. 行走

练习时，步幅不宜过大，行走时两脚成外八字形，身体重心随摆动腿的上抬而向前移动，落地时支撑要稳，上体稍前倾，两臂自然摆动，目视前方。

（三）滑行

1. 单蹬双滑

左脚在前成丁字步站立，膝部弯屈，以右脚内侧轮向身体侧后方蹬地，重心随之移至左脚，同时右脚自然收至左脚旁成双足着地向前滑行，重复交替进行。

2. 交替单蹬单滑

左脚在前，成丁字步站立，以右脚内侧轮向身体的侧后方蹬地，重心逐渐移至左腿成单足滑行。右脚蹬地后，靠近左脚旁落地滑出，形成右脚单足支撑向前滑行，重复交替进行。

3. 前压步滑行

前压步滑行技术用于转弯，左右脚皆可进行。以向左压步为例，右脚内侧轮蹬地，左脚以外侧轮着地向前滑出，重心偏向左脚外侧，滑行一段后，右脚内侧轮蹬地向前超越左脚在左前侧落地滑出，重心移至右脚内侧轮上，然后左脚用外侧轮在右后蹬地，依次往复，如图 12-9 所示。

图 12-9

（四）停止

1. "丁"字形停止法

用于横滑或后滑时的停止。以左脚在前为例，可以先用右脚滑行，然后，左脚抬起，足尖向外足跟向里，放在右脚后呈丁字形，重心移至左腿，以增加滑行阻力，减速至停止。

2. 减速停止法

用于快速滑行中的逐渐减速，使两脚内侧轮成内人字形，从而停止滑行。

3. 变向停止法

滑行中可采取改变滑行方向来达到急停目的。向左或右转圈，停止滑行。

（五）倒滑

双脚平行倒滑：双腿弯屈，脚尖稍内扣，如用右脚向右蹬地滑行，则右脚尖前轮向前外侧蹬地，重心移向左脚，右脚蹬地腿伸直后，放在左脚旁随滑，然后交替进行下一次蹬地动作。滑行时，上体正直，两臂随摆或伸开，前轮用力。

二、轮滑练习方法

由于轮滑运动具有一定的危险性，所以在初学的过程中，要注意一定的练习方法和顺序，以更好地保护自己，掌握技术，提高技能。

（1）原地做下蹲、起立练习。

（2）扶栏杆进行重心移动练习。

（3）松手进行踏步练习。

（4）扶栏杆进行行走练习。

（5）在同伴帮助下，做牵手行走练习。

（6）由滑行走过渡到滑行练习。

（7）单足、双足交替滑行。

（8）在帮助下进行停止技术练习。

（9）结合站立、滑行、停止的完整练习。

三、轮滑运动的安全注意事项

在享受轮滑运动带来的趣味和惊险刺激时，还应注意以下安全事项：

（1）初学者上场练习时，应穿运动服或长裤长袖衣服，戴上护具。提高自我安全意识，避免受伤。

（2）初学者上场练习时，必须采取正确的练习姿势，要注意上体的前倾和小腿的前伸，切不可在滑行中身体伸展后仰，要提高失去平衡后的自我保护能力。

（3）每次练习前应注意检查场地，检查鞋，必须戴护盔和防护手套。

（4）在练习场上应严禁追逐打闹等，严禁在跑道上顺时针方向滑行。

（5）场地附近应备有常用外伤药品，一旦有外伤情况应及时处理，如有骨折、脑震荡等伤害事故出现时，应及时将伤者护送至医院治疗。

第十三章 定向运动

内容提要

定向运动是利用一张详细精确的地图和一个指北针，按要求到访地图上所指示的各个点标，以最短时间到达所有点标者为胜。本章简述了定向运动的概念、分类和功能等，着重介绍了定向运动的基础知识、基本技能，同时还介绍了定向运动的规则与裁判法。

思政目标

培养勇敢、顽强和积极探索的意志品质，增强团结协作能力。

第一节 定向运动概述

一、定向运动的概念

定向运动就是利用一张详细精确的地图和一个指北针，按要求到访地图上所指示的各个点标，以最短时间到达所有点标者为胜。定向运动通常在森林、郊外和城市公园里进行，也可在大学校园里进行，是一项集智能与体能于一体的时尚运动，在国际上被称为"智者"的运动。世界定向锦标赛冠军奥尔森形象地将定向越野比赛比喻为一个人在同时进行马拉松和国际象棋比赛。

二、定向运动分类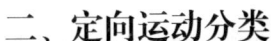

定向运动形式与内容众多，根据不同的分类标准有不同的结果。

（1）定向运动按运动工具的不同可分为两种。徒步定向，如传统定向越野（标准距离、长距离、短距离）；公园定向；接力定向；夜间定向；工具定向，如滑雪定向；山地自行车定向；摩托车定向等。

（2）按性别分为男子组和女子组。

（3）按年龄分为青年组、老年组和少年组。

（4）按技术水平可分为初级组（体验组和家庭组）、高级组和精英组。

（5）按参加人数的不同可分为个人单项、个人双项和集体项。

下面重点介绍几种常见的定向类型：

1. 定向越野（Cross-Country Orienteering）

这是各种定向运动比赛中组织方法比较简便，开展最为广泛的一种。由于其比赛的成败全在于个人的识图用图、野外定向和奔跑能力的强弱，因此定向越野适于各种年龄、性别的人参加。据国外有关资料记载，运动员最小的只有 8 岁，而最长者有 80 岁，真可谓老少皆宜。为增加比赛的乐趣，也可以在判定比赛成绩的方法上有所区别，如可以个人跑计个人成绩；个人跑计团体成绩或个人跑计个人与团体成绩等。

定向越野比赛是国际定向运动联合会（以下简称国际定联）正式承认的比赛项目之一。

2. 接力定向（Relay Orienteering）

接力定向是团体之间的定向越野比赛项目之一，其成绩好坏有赖于每个队员个人能力的发挥。在接力比赛中，比赛的路线分成若干段（国际比赛通常为四段），每名选手完成其中的一段，各段参赛选手的成绩相加为该队团体总成绩。为便于观众欣赏各选手之间的激烈竞争，接力定向的场地必须设置一个"中心"站，各段选手的交接（即"换段"）均在这里以触手方式进行（不使用接力棒），因此，接力定向的观赏性较好，其被国际定向运动联合会（International Orienteering Federation，IOF，简称国际定联）纳入了正式比赛项目。

3. 滑雪定向（Ski Orienteering）

滑雪定向也可以按个人、团体或接力比赛等形式进行。它与个人徒步定向越野赛的区别是选手需要使用滑雪装备（非机动的）。供比赛用的滑道，则需要使用摩托雪橇来开辟。同一比赛路线上的滑道通常不止一条，以便于选手自行选择。

滑雪定向也是国际定联的正式比赛项目之一。滑雪定向在东欧国家十分流行，许多世界高山、越野和速度滑雪选手同时又是滑雪定向的高手。

4. 夜间定向（Night Orienteering）

这是定向运动的一种高难度的比赛形式。由于是在视度不良的夜间进行的，不仅增加了比赛的难度，同时对观众和选手自己增加了吸引力和刺激性。夜间定向已被列入国际定联的正式比赛项目之中。第一届世界夜间定向锦标赛于 1964 年 10 月 27—28 日在匈牙利举行。

5. 积分定向（Score Orienteering）

积分定向通常以个人方式进行。它是在比赛区域内预先设置好许多检查点，并根据地形的难易程度、距离远近、点的位置的相互关系不同而赋予每个检查点以不同分值。选手必须在规定时间内自行寻找若干或全部检查点，以积分最高者为优胜。

6. 专线定向（Line Orienteering）

这种比赛与其他比赛的最大区别是在地图上明确地标出了比赛的路线，运动员必须按这些规定的路线行进，并将途中遇到的检查点位置标绘到图上去。成绩以检查点位置标绘的准确程度和所用时间的长短确定。

7. 五日定向（O-ringen 5-days）

这是瑞典独有的一项特别吸引人的比赛项目。比赛共进行五日，比赛路线由若干段组成，每次都单独记录下个人的成绩，最后再算出总成绩。在几十千米或者一百余千米的多条比赛路线中，除设置了许多检查点之外，还设有若干营地，供运动员与观众休息或参加丰富多彩的文化娱乐活动。近年来，瑞典的五日定向比赛组织得十分频繁，每次来自世界各地的参加比赛的选手超过 15 000 人，大大超过了任何一届奥林匹克运动会的选手人数。

8. 百米定向（100 Metres of Orienteering）

百米定向是由俄罗斯人 Maxim Riabkin 最早提出并实现的。百米定向就是在大约 100 m×100 m 的场地内进行比赛。在比赛过程中，观众可以看到运动员比赛的全过程，而且赛场内还可能会伴有音乐。有意思的是运动员可以在出发区得到一张地图，并且在赛前分析地形和做路线选择。比赛区、起点和终点是有严格界限的，未出发运动员不能够看到别的运动员的比赛过程。比赛地图采用 1∶500 的大比例地图，等高距为 1 m。在比赛区域内的每一棵树都被标注在图上——非常细致。与此同时，组织者还要另外加一些 Control Flag（标志旗）以增加比赛难度。比赛的路线一般为 150~400 m，设置 5 到 13 个点标，预计胜出时间为 1~3 min。

9. 其他（Other Varienties of Orienteering）

作为参加上述比赛活动的预备，目前国际上还流行着一些其他的定向运动形式。

校园定向：在学校的操场上或教室、体育馆内为孩子们设计的一种游戏。

特里姆定向：在一定的区域内设置许多永久性的检查点，不规定完成时间，以寻到点数的多少给予纪念品以资鼓励。

世界（或国际）定向运动节活动：在相对集中的一段时间内连续举办多种比赛及有关的展览、讲座、会议等活动。

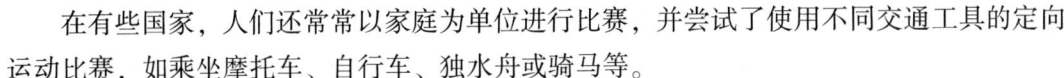

在有些国家,人们还常常以家庭为单位进行比赛,并尝试了使用不同交通工具的定向运动比赛,如乘坐摩托车、自行车、独水舟或骑马等。

三、定向运动的起源与发展

1. 定向运动的起源

定向运动起源于北欧的瑞典。"定向"一词最早出现在1886年的瑞典,意思是在地图和指北针的帮助下,穿越未知的地带。

19世纪末20世纪初,欧洲北部斯堪的纳维亚半岛广阔而崎岖不平的土地上覆盖着一望无际的森林,散布着无数的湖泊。城镇、村庄稀疏散落,人们的交通主要是依靠那些隐现在林中湖畔的弯弯曲曲的小路。在这样的地理环境中生活,理所当然地要比别的地方更需要地图和指北针,否则,要想穿越那茫茫林海是十分困难的。正因为如此,那些经常在斯堪的纳维亚半岛山林中行动的军队,便成了开展定向运动的先驱。他们深知,如果不具备在山林地辨别方向、选择道路和越野行进的能力,就不能完成保卫国家的重任。

1918年,瑞典一位名叫吉兰特的童子军领袖组织了一次叫作"寻宝游戏"的活动,引起参加者的极大兴趣,这便是定向运动的雏形。由于这个活动组织方法简便,不仅对提高野外判定方向的能力及学习使用地图有好处,还能够培养和锻炼人的勇敢顽强精神,提高人的智力、体力水平。开展定向运动不需要其他体育项目那样在场地与器材上支付大量经费,娱乐性与实用性兼备,因此日益受到军队的重视,并且很快在民间流传开来。

1919年3月25日,一次影响深远的定向比赛在斯德哥尔摩南部的Nacka的林中举行,当时的参赛人数达217人。这场比赛的组织模式和规格,标志着定向运动作为一项独立的体育项目的诞生。

2. 定向运动的发展

定向运动本身作为一种体育项目开展是从20世纪初在北欧开始的。到20世纪30年代已在芬兰、挪威、瑞典、丹麦立足。1932年举行了第一次世界定向运动比赛。1943年,驻扎在英格兰的挪威反抗军将定向越野介绍给了英国,1946年美国童子军引进了定向越野。在随后的20年间,加拿大、澳大利亚、法国、德国和日本等国相继引进了这项运动。从此,定向越野在西方国家得到了蓬勃的发展。1961年5月,国际定联在丹麦首都哥本哈根成立,标志着定向越野进入了崭新的快速发展时期,现有成员国10个。国际定联是世界定向运动的行政实体,是国际体育联合会总会之一。

在西方,各地都有专门划出用于定向越野的区域,各种有关定向运动的书籍、音像制品也层出不穷,很多国家甚至将定向越野列入学校的课程之中。据统计,在北欧热爱定向越野的人数已经超过了"世界第一运动"足球的爱好者。在瑞典,800万人口中就有150万名积极的定向运动员和150万名业余爱好者。全国有700多个定向俱乐部,每年组织1 000多场正式定向比赛。瑞典国王是定向运动最权威的支持者和保护人。众多政界要人、商业巨头、媒体名人为定向运动的钟爱者和积极参与者。所有瑞典学校学生及军队服役人员必须学习定向运动，定向运动是一门必修课程，是教育和训练的一部分。对许多瑞典人来说，定向运动已成为一种生活方式。

四、定向运动的主要组织与赛事

（一）定向运动的主要组织

1. 国际主要组织

国际定联 1961 年 5 月成立于丹麦首都哥本哈根，当时只有 10 个国家的组织为正式会员。截至 2002 年年底，其会员已发展到包括中国在内的 62 个国家与地区，其中，正式会员 43 个，准会员 19 个。

2. 国内主要组织

（1）中国定向运动协会。成立于 1995 年，简称"中国定协"，英文名称为"Orienteering Association of China"，英文缩写为"OAC"。中国定协是在民政部注册，由国家体育总局主管的国家级单项体育协会，是代表中国加入国际定联的唯一合法组织。

（2）中国学生定向协会。中国大学生体育协会定向运动分会简称"中国学生定向协会"，英文名称为"Student Orienteering Association of China"，缩写为"SOCN"。成立于 2003 年，中国大学生体育协会定向运动分会是中国大学生体育协会的分支机构之一，本分会在中国大学生体育协会的领导下及授权的范围内开展各项工作。

（二）定向运动国内外主要赛事

1. 国际主要定向赛事

（1）瑞典五日（O-ringen 5-days）：全球最大规模的定向运动赛事/旅游节，每年 7 月吸引世界各国 20 000 名男女老少定向运动员相聚瑞典。

（2）世界定向越野锦标赛：最权威的传统定向比赛，每隔一年举行一次。还有世界滑雪定向锦标赛。

（3）芬兰 24 小时接力赛（Jukola）：全球最大的定向接力赛，每年 6 月 2 000 多个队在芬兰白昼地区持续比赛 24 小时。

（4）瑞典 10 千米夜间定向接力赛（Tio-mila）：全球最刺激的夜间定向接力赛，每年 4 月末在瑞典举行。

（5）定向越野世界杯赛；滑雪定向世界杯赛。

（6）世界青年定向越野锦标赛；世界青年滑雪定向锦标赛。

（7）世界老年定向越野锦标赛；世界老年滑雪定向锦标赛。

（8）世界大师定向越野锦标赛。

（9）世界公园定向循环赛（PWT）：每年在全球各地公园巡回举行的职业精英赛，设总奖金及总排名，只有世界排名前 25 男和 25 女有资格参赛。

2. 国内主要定向赛事

（1）全国锦标赛，是我国水平最高最权威的定向赛事，1994 年开始每年举行一次。

（2）全国大学生定向运动锦标赛。

（3）全国城市定向系列赛。

（4）全国体育大会定向运动赛。2002 年在四川绵阳的体育大会上首次设置该项目，以后每 4 年一届。

（5）全国大学生运动会定向运动比赛。2004 年 8 月首次于第 7 届全国大运会上设置，每 4 年一届。

（6）昆明国际定向节。

五、定向运动的功能

1. 健身功能

作为一项运动，其对人体最突出、最直接的影响就是获得强身健体、增强体质的效果。定向运动对提高人的肌肉耐力有显著的效果。教育部对大学生体质健康的测试结果显示：大学生的体质连续 20 年呈下滑趋势，特别是学生的耐力素质越来越差。但对部分学生的调查发现，有不少原认为不能完成 800 m 的女生在不知不觉中也能跑完直线距离为 3 000 m 的定向越野路线。这是为什么呢？定向运动是一种有氧运动，在风景优美、空气清新的森林或复杂的校园中奔跑，给人带来一种新鲜感和神秘感，由于在运动的过程中需要读懂地图、判断方向、选择线路，在一定程度上转移了承担的生理和心理负荷，使人在不知不觉中锻炼身体，提高机体运动能力。

2. 益智功能

定向越野不仅是一种身体的活动，也是一种智力的活动，它具有积极的益智价值。通过定向越野的学习、锻炼和比赛，人们可以增长相关学科的基本知识和在实践中运用这些知识的能力，学会在运动中使用指北针的知识技能，发展空间思维能力和快速应变能力。

3. 德育功能

定向运动由于在环境、条件和比赛方法上的特殊性，在培养道德品质方面具有独到的作用。在锻炼和比赛中，能够更好地培养坚定的信念、拼搏的精神、坚强的意志以及互帮互助的团队合作精神。此外，还能培养人在新的、陌生的环境下的竞争意识和适应能力，培养人对新事物的追求，对事业的进取心，坚韧不拔的毅力，决不放弃和永不言败的精神。

4. 娱乐功能

定向运动的竞赛性、游戏性、情趣性和神秘性，能给人带来愉悦身心的良好效果。在体验过程中，当处于极度困难，但通过自己的努力与智慧，找到设在无论如何也无法找到的点标时，那种激动和喜悦的心情是极其美妙的。

5. 社交和经济

体育比赛既是一种对抗，又是一种交流和交往。参加定向比赛，能接触到不同人群，如观众、裁判、组织者、志愿者、服务人员等，通过与各类人员的接触与交往，可以积累丰富的社交知识和经验，提高社交能力。

我国定向运动现还处于推广和发展的阶段，随着我国经济的快速、健康、持续的发展和社会的进步，其经济价值还会进一步得到挖掘与发挥。

第二节 定向运动的基础知识

一、定向地图

定向地图是开展定向运动必须具备的工具之一，一张标准的定向地图一般包括比例尺、磁北线、注记、等高距注记、地物、地貌符号、图例说明、检查点符号说明等。在一般的定向活动中使用普通地图即可。但是，在举行比较正式的定向比赛时，必须使用正规的定向地图。定向地图是为了定向比赛专门测绘、制作的精确而详细的地形图。

（一）比例尺

1. 比例尺概念

定向地图中的比例尺通常是指地图上某一线段的长度与相应实地的水平距离之比。其算术表达式为：

地图比例尺＝图上距离/实地距离＝1/L

2. 比例尺的表示形式

在地图上表示的比例尺一般有数字式、文字式和图解式。

数字式：用阿拉伯数字表示，如用 1∶10 000 或 1/10 000。

文字式：用文字注解的方式表示，如"万分之一"。

图解式：用图形加注记的形式表示的比例尺，即图上 1 cm 相当于实地距离 100 m（比例尺为 1∶10 000）。

定向越野地图上的比例尺一般用数字式表示，个别地图用数字式表现外，还绘有图解式比例尺，如图 13-1 所示。

（二）地图上的地物符号

定向地图符号，即图例符号，是一种定向专用地图的语言。

1. 符号的种类（按符号所代表的事物情况来分）

（1）面状符号。地面事物呈面状分布，当实际面积较大，按地图比例尺缩小后，仍能表示出其分布范围时，用面状符号表示，如图13-2所示，如大的湖泊、大片森林、沼泽等。这种符号能表示事物的分布位置、形状和大小。一般又把这种符号称为依比例符号。

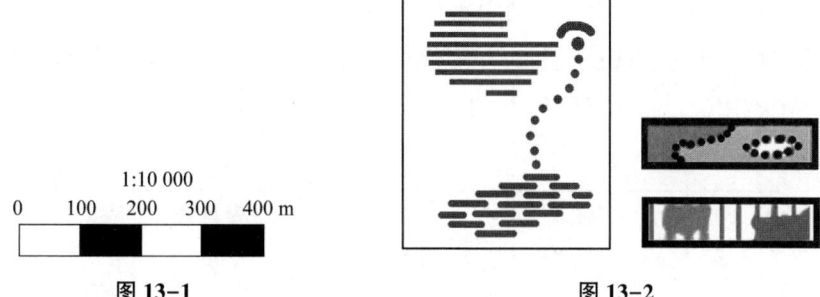

图 13-1　　　　　　图 13-2

（2）线状符号。地面上呈带状或线状延伸的事物，按地图比例尺缩小后，长度可依比例表示，宽度不能依比例表示，在图上用线状符号表示，如图13-3所示，如道路、输电线、河流等。由于这种符号能表示事物的分布位置、长度和形状，但不能表示其宽度，一般又把这种符号称为半依比例符号。

（3）点状符号。客观事物在地面上所占的面积较小，在图上不能按比例尺表示其分布范围时，则用点状符号表示，如图13-4所示，如表示居民点的房屋、小塔形建筑、石块、小树等。由于它只表示其分布位置，不表示事物的形状和大小，一般又称这种符号为不依比例符号。

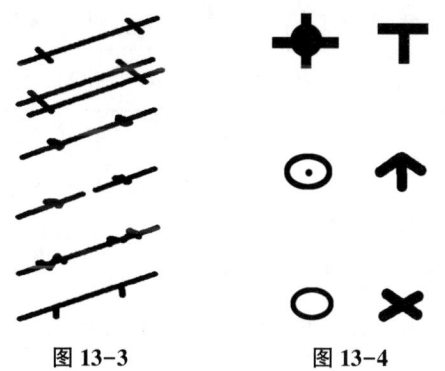

图 13-3　　　　　　图 13-4

2. 符号构成的特点与要素

（1）符号的特点。地图内容是通过符号来表达的，因此符号应该具有下列特点：

符号与实际事物的具体特征有联系，以便根据符号联想实际事物；符号之间有明显的差异，以便相互区别；同类事物的符号类似，以便分析各类事物总的分布情况，以及研究各类事物之间的相互联系；简单、美观、便于记忆、使用方便。

（2）符号的构成要素。符号的上述特点是由符号的图形、大小和颜色表现出来的，因而图形、大小和颜色成为符号的三个基本要素。

符号的图形。符号的图形主要是表示地理事物性质上的差别。面状符号的图形，与事物的实际形状相似；线状符号的图形为不同形式的线画，如双线、单线、实线、虚线和点线等；个体符号的图形多为简单的几何图形和象形图形。符号图形整体具有图案化和系统化的特点。

符号的大小。符号的大小主要反映事物的重要程度及数量差异。一般说来，表示重要的、数量多的事物的符号大些；反之，符号小些。

符号的颜色。符号的颜色主要表示事物的质量差异、数量差异和区分事物的重要程度。定向地图常用颜色符号具体见表13-1。

表13-1

颜色	名称	注释
	白色	表示容易通过的森林区
	绿色	代表浓密、不易通过的森林、绿色越深越难通过
	棕色	表示不同的海拔/等高线：高山、峡谷、低压带、山脊、凹地、小丘、深渊和主干道及坚硬的路面
	黄色	代表开阔地、田野、牧场或空旷区
	蓝色	象征任何有水的地方
	黑色	代表任何人造物体，如建筑物、围栏，还代表小路、小径、输电线，以及岩石、悬崖峭壁和大石头
	黄绿色	是私宅区域，禁入，如民宅、私家花园或草坪
	红色/紫色	表示南北线，地图上指北的粗线及路线

（三）地图上的等高线

等高线是地面上高度相等的点所连成的闭合曲线。假设把一座山从底到顶按相同的高度用一层一层的水平面横截该山，则山的表面与水平面有一条交线，再将这些交线垂直投影到地平面上，呈现出一圈套一圈的曲线图形。因为每条线上各点的高度恒等，所以将这些曲线叫作等高线。

1. 等高线表示地貌的特点

等高线的形状与实地山的形状相似。在同一条等高线上，各点的高度相等，每条等高线都是闭合曲线。在同一幅地图上或同一等高距的条件下，等高线多，山就高；等高线少，山就低；凹地的等高线则表示深浅。在同一幅地图上或同一等高距条件下，等高线间隔密，实地坡度陡；等高线间隔稀，实地坡度缓。

2. 地貌基本形态及其等高线图形

山顶：以等高线中最小环圈表示，有时用示坡线表示斜坡方向，绘在环圈外侧。

第十三章 定向运动

凹地：除环圈形等高线表示外，还必须在环圈内侧绘有示坡线，示坡线在等高线内侧。

山背：等高线向外凸出部分表示山背，各等高线凸出部分顶点的连线为分水线。

山谷：等高线向里凹入的部分表示山谷，各等高线凹入部分顶点的连接线为合水线。

鞍部：通常既是两个山脊的下端点，又是两个山谷的顶点。图上用一对表示山脊和一对表示山谷的等高线显示。

山脊：由若干山顶、鞍部连接的凸棱部分，山脊的最棱线为山脊线。

（四）定向地图方位与磁方位角

定向地图的方位是上北下南、左西右东。图上绘制的若干条相等距离的、平行的、北端带有箭头的红色线条，就是磁北方向线。磁北方向线所指的方向就是地图的北方。可以利用这条线确定地图的方位、标定地图、测量磁方位角、估算距离等。

（五）定向地图上的图例说明

定向地图上的图例注记除了上面介绍过的比例尺标记、等高距标记，还有图例说明、检查点说明以及图名和出版单位说明等。图例说明有助于理解地图上所表示的事物，它采用的是国际通用的语言符号。根据国际定联《国际定向制图规范》，定向地图上的语言符号分为地貌、岩石与石块、水系与淤泥地、植被、人工地物、技术符号、线路符号7个类别，如图13-5~图13-11所示。

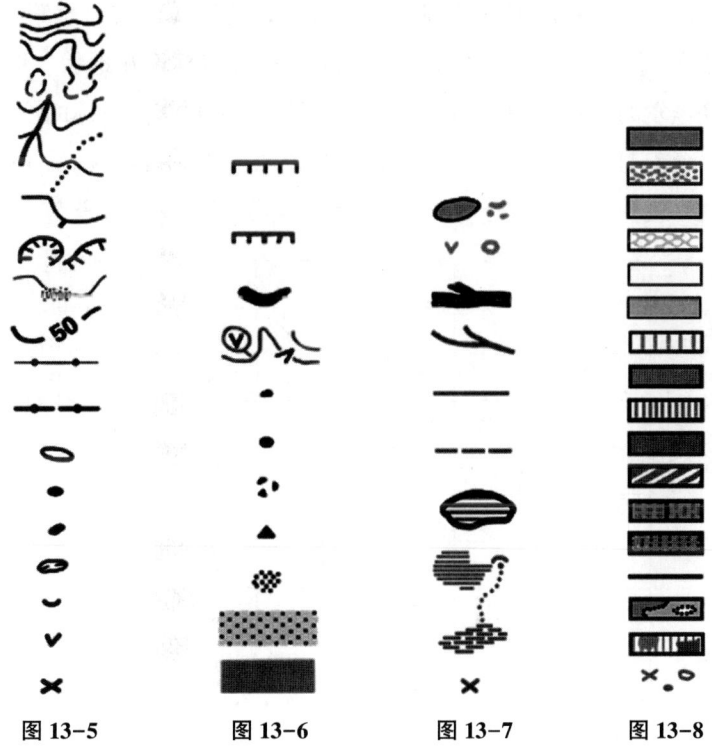

图 13-5　　　图 13-6　　　图 13-7　　　图 13-8

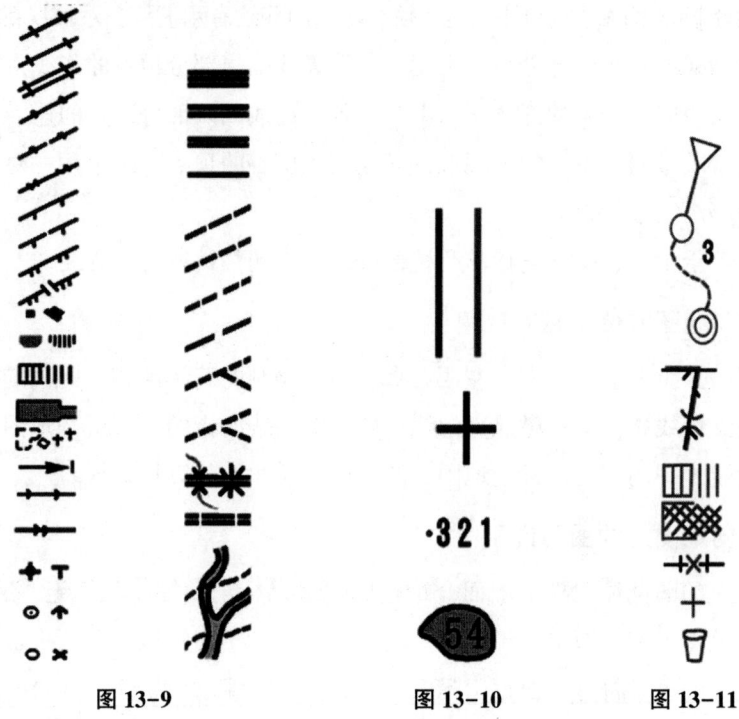

图 13-9　　　　　图 13-10　　　　　图 13-11

(六) 检查点符号说明

在定向地图的一侧，我们可以看到一个以符号表的形式（有时也附有文字）出现的"检查点说明"，如图 13-12 所示，它是为了说明检查点点标设在地貌、地物的具体位置，是根据国际定联颁发的一套"明确的指示检查点特征物、检查点点标的位置与该特征物之间的相互关系"的符号和文字说明系统"检查点说明"（Control Description）设计的。在比赛中，根据这一说明系统，结合地图，可以帮助你迅速地找到检查点。

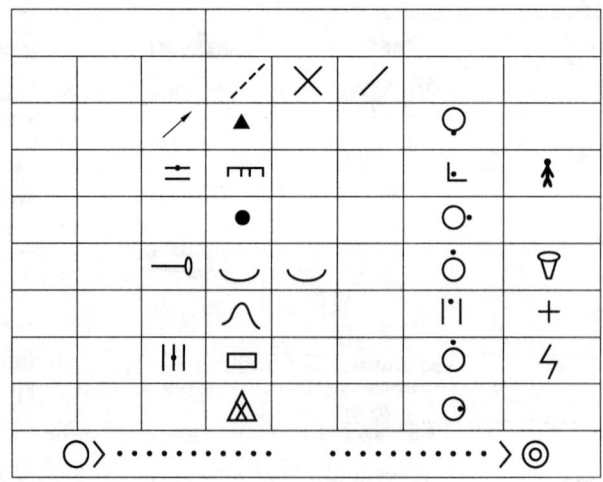

图 13-12

一条完整线路的检查点说明符号表由表头、表体和表尾三部分组成，如图 13-13、图 13-14、图 13-15 所示。

（1）表头：

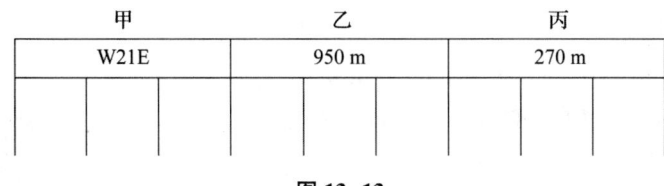

图 13-13

甲：表示组别（分组），乙：表示路线长度（单位：m），丙：表示总爬高量（单位：m）。

（2）表体：

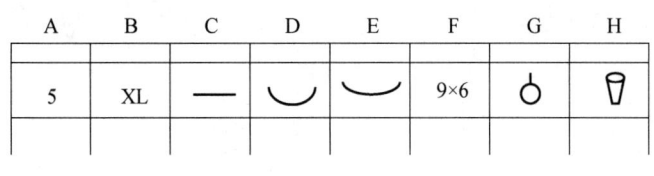

图 13-14

A 栏：检查点序号（按比赛路线的顺序）。

B 栏：检查点点标代号。

C 栏：检查点所在地物（地貌）的方位。

D 栏：检查点所在地物（地貌）的名称。

E 栏：检查点所在地物（地貌）的外观特征。

F 栏：检查点所在地物（地貌）的大小。

G 栏：检查点标志与地物（地貌）的相对位置。

H 栏：其他情况。

（3）表尾：所有标识路段（必经路线）的长度与类型，包括赛程的最后检查点至终点的。

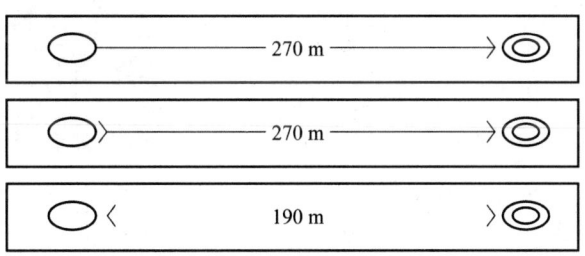

图 13-15

二、指北针

指北针是定向运动中运动员可以使用的合法的辅助工具之一。定向运动员使用的指北针一般以装有磁针的透明有机玻璃盒为主体,根据使用方式上的差异分为基板式和拇指式。指北针为运动员指示方位和标定地图所用。

目前国际上的定向越野比赛经常使用全透明有机玻璃材料制作的指北针,如图 13-16 所示。

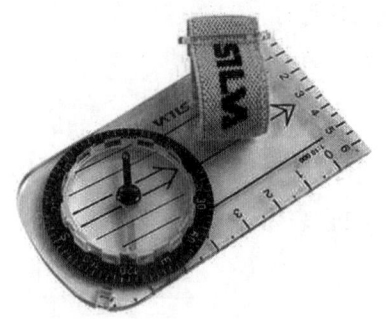

1. 指北针的特点

（1）使用方便、轻巧。

（2）指北针配有直尺刻度、放大镜等,便于运动员测算距离,看清地图内容。

（3）指北针的灵敏度和稳定性较好（指北针周围充满阻尼液体,适合运动中使用）。

图 13-16

（4）配有携带绳或紧固带,能很方便地系在手上。

2. 使用时需注意的事项

（1）尽量保持指北针水平。

（2）不要距离铁、磁性物质太近。

（3）不要错将磁针的 S 端当作北方,造成 180°的误差。

三、点标旗和打卡器

1. 点标旗

点标旗,如图 13-17 所示。主要用于检验运动员是否按规定跑完全程,也是运动员寻找和辨别检查点的主要依据。国际定联对点标的尺寸、颜色、设置方法等都做了较为详细的规定。

检查点标志是由三面标志旗连接组成。每面正方形小旗,沿对角线分开,左上为白色、右下为红色或橙色,旗的尺寸为 30 cm×30 cm,可以用硬纸壳、胶合板、金属板、布等材料制作。标志旗通常

图 13-17

要编上代号,以便于选手在比赛时根据旗上的代号来判断自己是否找到了正确的检查点。悬挂高度一般从标志旗上端计算,距地面 80~120 cm。

2. 打卡器

打卡器包括针孔打卡器和电子打卡系统。它与点标旗配合使用，给运动员提供一个到达位置的凭据。

（1）针孔打卡器，如图13-18所示。针孔打卡器使用弹性较佳的塑料材质制成，一端装有钢针，另一端装橡胶垫。每个打卡器的钢针组合图案各不相同，参与者可以在检查卡片上打孔。这种打卡器价格便宜，使用方便，适用于日常教学与训练，以及一些小型赛事。

（2）电子打卡系统。电子打卡系统由指卡、打卡器和终端打印系统组成，如图13-19所示。其特点是：使用方便快捷，检卡快速准确，能及时将结果打印出来，安全持久，不易损坏。

图 13-18

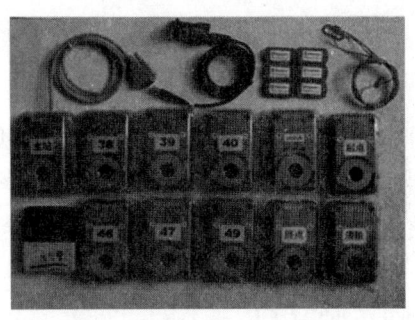

图 13-19

四、装备

（1）服装：对于初学者没有特殊的要求，舒适、透气性好。

（2）鞋：选择一双轻便舒适的鞋子至关重要。

（3）号码布：正式比赛的身份凭证。一般由比赛组委会专门制作，对尺寸、广告位置等都有明确的规定。

第三节　定向运动的基本技能

一、标定地图

在定向运动中，必须首先标定地图，即保持地图方位与实地方位一致。标定地图方位（给地图正确定向）是最重要的定向技能。

1. 概略标定

定向地图上的方位是上北、下南、左西、右东。当我们在现地正确地辨别了方向之后，只要将定向地图的上方对向现地的北方，地图即已标定。这种方法简便迅速，是定向运动中最常用的方法。

2. 利用指北针标定

先使指北针的红色箭头朝向地图上方，并使箭头与定向地图上的磁北方向线重合（或平行），然后转动地图，使磁针北端对正磁北方向，地图即已标定。

3. 利用直长地物标定

利用直长地物（如道路、土垣、沟渠、高压线等）标定地图，首先应在图上找到这段直长地物，对照两侧地形，使图与现地各地形点的位置关系相符，地图即已标定。

4. 利用明显地物地貌标定地图

从地图上找到本人位于明显地形点的位置（即自己所在的站立点）时，可以利用明显地形点标定地图。方法是：先选择一个图上与现地都有的远方明显地形点（目标），然后转动地图，使图上的站立点至目标的连线与现地的站立点至目标的连线相重合，此时地图即已标定。

二、确定站立点

参与者在比赛中能够始终明确自己所处的位置或站立点很重要，它是完成赛程的重要保证。

（一）直接确定

当自己所处位置是在明显地形点上时，只要从图上找出该地形点，站立点即可确定。明显地形点的地物主要有：单个的地物（如房屋、水塔、凉亭、小桥等）；现状地物的拐弯点、交叉点（呈"十"字形）、交汇点（呈"丁"字形）和端点；面状地物的中心或者有特征的边缘。

明显地形点的地貌主要有：山地、鞍部、洼地。特殊的地貌形态：陡崖、冲沟等；谷地的拐弯、交叉和交汇点；山脊、山背线上的转折点、坡度变换点。

（二）利用综合分析确定

利用位置关系法确定站立点主要是依据两个要素，一是站立点至明显点的方向，二是站立点至明显点的距离。当站立点附近无明显的地形点时，可采用90°法、截线法、连线法、后方交会法等。

1. 90°法

当待测点位于线状地形（包括谷底、道路、沟渠、山脊线）上时，如果能够在运动方向上找到一个与该方向相垂直的明显的地形点，此时，线状地形与垂直方向线的交点即为

站立点。

2. 截线法

当站立点在线状地物上时，可利用截线法确定站立点在图上的位置，其方法是：标定地图，在线状地物的侧方选择一个图上和现地都有的明显地形点，进行侧方交会。

3. 连线法

当在线状地物上运动，同时待测的位置恰好是在某两个明显地形点的连线上时，可以利用这种方法确立站立点。

4. 后方交会法

标定地图，选择离站立点较远的图上和现地都有的两个以上明显地形点，现地交会（把地物与图上的相应符号连成一条直线，两条直线的交点就是站立点）。

三、根据地图选择行进路线

定向运动每次出发时（包括途中每一段落出发），首先必须判明出发点的图上位置，明确前进方向和目标点，然后标定地图，选准前进方向，向目标点进发。

1. 拇指辅行法

先明确自己的站立点和将要运动的路线，到达目标，然后转动地图（身体要随之转动），使地图与现地的方向一致，并用拇指压于站立点一侧，再开始行进。行进中要根据自己所到达的位置，不断移动拇指，转动地图，保持位置、方向的连贯性与正确性。

2. 记忆法

一般要按行进的顺序，分段记住路线的方向、距离、经过的地形点、两侧的辅助（参照）物。通过记忆，应该使自己具备这样一种能力：经过地的情景能够不断地与记忆的内容"叠影"、印证，即"人在地上跑，心在图上移"。

3. 借线法

当检查点位于线状地形或其附近时，可以采用此法。行进时要先明确站立点，然后利用易于辨认的线状地形，如道路、围栏、高压线、山背线、坡度变换线等，作为行进的"引导"，使自己运动时更有信心。由于沿着线状地形前进犹如扶着楼梯的栏杆行走，因此国外称这种方法为"扶手法（Handrail）"，如图13-20所示。

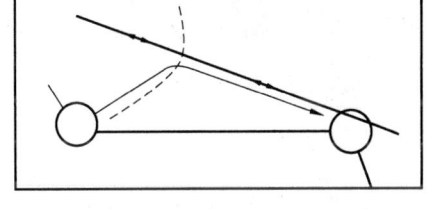

图 13-20

4. 借点法

当检查点附近有高大、明显的地形点时，可用此法。行进前，要先将目标辨认清楚（亦可用其他物体佐证），然后用最快的速度前往检查点，如图13-21所示。

3号点与4号点之间没有路，地形复杂，通行困难。

选择路线：

①鞍部，②建筑物，③丘，④在丘与陡崖之间找点。

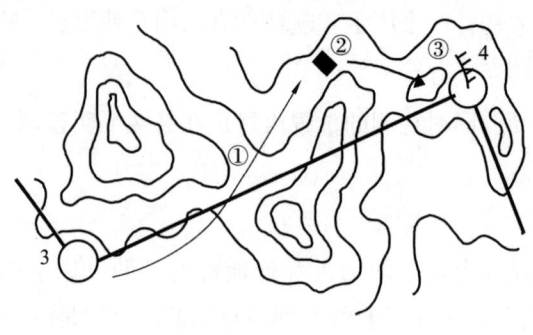

图 13-21

5. 提前绕行法行进

在检查点之间有较大的障碍时，可提前选择最佳路线，如图 13-22 所示。

直线跑：

上山过山顶，下山找目标。

缺点是要艰难地翻过山顶。

提前绕：

A. 沿着山向前跑，虽然路线较长，但不必爬山。

B. 沿着山背向前跑，虽然路线比直线长些，但不需要太多的攀爬。

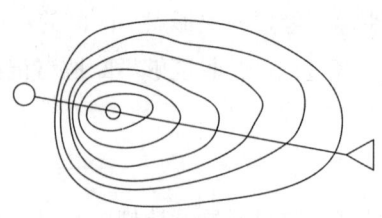

直线跑：
上山过山顶，下山找目标。
缺点是要艰难地翻过山顶。

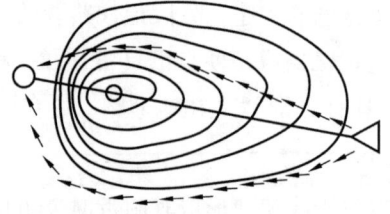

提前绕：
A. 沿着山向前跑，虽然路线较长，但不必爬山。
B. 沿着山背向前跑，虽然路线比直线长些，但不需要太多的攀爬。

图 13-22

四、选择最佳路线的技巧

（一）选择最佳路线原则

最佳路线就是省体力、省时间、最安全、有利于发挥参与者的技能或体能优势的路线。

选择路线时应遵循的原则有：

1. 有路不越野

应尽量选择沿道路行进，这是因为：①在道路上容易确定站立点，使运动员更具信心；②地面相对光滑、平坦，有利于提高奔跑速度。

2. "走高不走低"原则

定向比赛中如果不得不越野，当目标点在半山腰，周围又没有明显地貌地物时，应选择从山顶向下寻找的方法。这就是人们常说的"从上到下法"。

3. "提前绕行"原则

阅读地图时要注意通观全局提前绕，特别是检查点之间有大的障碍，不易穿越时。不能等抵近障碍再做折线绕行，而应该全面分析地貌地形，提前选择好最佳迂回运动路线。

(二) 野外迷失解决办法

(1) 沿道路行进迷路时，首先标定地图，对照地形，判明是从哪里开始发生的错误以及偏差有多大，然后根据情况另选迂回的道路前进。如果错得不多，可返回原路再行进。

(2) 越野行进迷路时，应尽早停止行进，标定地图后选择最适用的方法确定站立点，然后尽量取捷径插到原来的正确路线上去，不得已时再返回原路。

(3) 在山林地中行进迷路时，根据错过的基本方向、大概距离找出最近的那个开始发生偏差的地点，并以此为基础，确定出站立点的概略位置。如果错得太远，确定不了站立点，又不能返回原路，就要在图上看一看迷失地区附近是否有较大型或较突出的明显地形（最好是线状的），如果有，就要果断地放弃原行进方向向它靠拢，并利用它确定站立点。如果没有这个条件，那么就继续按原定方向前进，待途中遇到能够确定站立点的机会后，再迅速取捷径插向目的地。在山林中行进，最忌讳在尚未查明差错程度和正确的行进方向都不清楚的情况下，匆忙而轻易地取"捷径"斜插，这样很可能造成在原地兜圈子。

五、定向运动的体能练习方法

定向运动的体能基础是越野跑。定向运动的水平一般来说是由定向和识图用图的能力决定的，但掌握一定的奔跑技术，更能发挥最大的体能优势，并能避免一切可能发生的危险。

1. 越野跑的特点

定向越野的越野跑实际上是一种长距离的间歇式赛跑（在途中常常需要停下来或放慢速度看图、定向）。这种在野外清新的环境中的奔跑，可以使肌肉的紧张与放松，身体的负荷与精神的专注不断地交替进行。

2. 越野跑的基本要求

定向中越野跑同其他长跑项目一样，要求一方面能够尽可能地减少人体能量的消耗，维持一定的跑速，另一方面又能根据越野路线和地形的情况，具有加速的能力。

3. 越野跑关键因素

(1) 基本跑步姿势：上体微向前倾，善于利用惯性。

(2) 呼吸：自然、平稳、有节奏。

(3) 体力分配：因人而异。

(4) 行进速度：不宜过快，根据地形，合理安排。

(5) 行进节奏：保持体能，使动作协调。

(6) 距离感：提高找点速度、合理分配体力。

(7) 间歇时采取的正确方式：放松慢跑比走好；走比停下来好，不要坐下。

4. 越野跑技术

越野跑时，由于跑的地点和环境在变化，所以跑的技术也要因条件的改变而随之变化。下面介绍的仅是在几种常见地形上的越野跑技术：

(1) 在道路上时，采用基本上与中、长距离跑相同的技术，并尽量注意在路面平坦的地方奔跑。

(2) 在草地上时，用全脚掌着地，同时留心向前下方看，以免陷入坑洼或碰在石头上。

(3) 上坡时：上体应前倾，大腿高抬一些，并用前脚掌着地，小步跑上去。遇到较陡的斜坡，可改用走步的方法或用之字形跑法（走法）。必要时可用单手或双手辅助攀登。

(4) 下坡时：上体应稍后倾，并以全脚掌或脚跟着地的方法进行，遇到较陡的下坡或坡面很滑的斜坡，可用侧脚掌着地，甚至采用蹲状的并用手在体后牵拉（草、树）、撑（地）方式行进。到达下坡的末端（一般 8～10 m），便顺坡势疾跑至平地。

从稍高的地方（1.50 m 以下）往下跳时，可用跨步跳的动作：踏在高处的腿（支撑腿）必须弯屈，另一腿则向前下方伸出，跳下，两脚着地并以深屈膝来缓和冲击的力量。同时，在落地时，两脚应稍微前后分开，以便继续前跑。从很高的地方往下跳时，应设法降低下跳的高差，根据情况采用坐地双手撑跳下或侧身单手撑跳下的方法，落地时要注意两腿伸屈。

在树林中奔跑时，注意不要被树枝、树叶、藤蔓等剐伤，特别要防止被树枝戳伤眼睛。此时一般都用一手或两手随时护住脸部。

通过独木桥等狭窄悬空的障碍物时，应采取使脚面外转成八字的跑法。如果这类障碍物很长，就不应该跑，而应平稳地走过。

遇到小的沟渠、壕坑、矮的灌木丛或倒伏树木时，要增加跑速，大步跨跳而过；在落地的同时，上体稍向前倾，以便保护腰部，便于继续前跑。在通过较宽的（2.5～4 m）的沟渠时，需用 15～25 m 的加速跑，采用大跨步跳和跳远的方法越过。应注意做好落地动作，防止后倒。遇到大的倒伏树木、其他矮障碍物，可以用踏过它们的方法越过。遇到较高的障碍物（不超过 2 m），如矮围栏、土垣等，可用正面助跑蹲跳和一手或双手支撑的方法翻越。

六、定向运动的练习手段

1. 安全方位练习

安全方位练习是定向运动中最重要的练习手段,它既是最基本的指北针技能练习手段,又是最基本的运动安全措施和保护手段,可以在室内或操场,利用指北针走方形的路线。

2. 持图走练习

持图走练习是指在地图上标出行进路线,检查点设置在沿着行进路线的特征上,练习者沿着行进路线在实地行走,在行走中将看到的检查点在地图上准确标出的一种练习手段。这种方法有助于让初学者迅速理解地图符号、掌握标定地图和拇指辅行技术等。

3. 星形定向练习

星形定向练习是指以星形定向为组织形式进行的一系列练习。在星形定向中,将练习的起点和终点放在一起,设置在练习场地的中心,教师在场地的中心指导。参加练习者同时从起点出发,各自完成一个检查点或一条线路回到终点。回到终点后,可与老师交流练习中遇到的问题,然后,练习者交换地图,继续练习,直至完成所有检查点。这种方法在练习时间的利用率上较高,练习质量高、效果好。

4. 盲跑练习

当参与者的定向运动的基本技术与技能有了一定水平后,盲跑技术的练习就相当重要。参与者在训练前用几分钟看图,在一定的时间内,尽可能多地记住几个检查点,然后跟着记忆去寻找目标。这种方法有助于提高参与者的记忆能力和快速读图能力。

5. 多个假点迷惑练习

在几个相似或相近的地物周围,设置多个假点来迷惑参与者,让他们在最短的时间内找出与地图中对应的检查点。这种方法有助于增强参与者的信心并提高其识图能力。另外,对增强参与者的方位感与熟练运用指北针也有帮助。

6. 接力定向

将参与者分为几组,每组 3~5 人进行定向接力比赛。这种激烈的竞争形式有助于增强参与者的紧张程度与兴奋性,调动积极性,提高他们在紧张激烈的比赛情景下识图、用图和快速奔跑能力。

7. 制图练习

让参与者自己动手制图,从而提高其识图能力。

8. 路线设计训练

让参与者在地图中自助设计检查点,并画出最佳行进路线。这种练习方法能让参与者快速选择路线和识图、用图能力。

第四节　定向运动的组织与裁判

一、定向运动的赛前组织工作

定向路线设计是组织定向比赛最重要的环节之一，路线设计的好坏直接影响到比赛目的的实现和任务的完成。

1. 设计定向运动路线的一般原则

（1）路线设计要体现定向运动的特点。使"定向"因素和"奔跑"因素保持平衡，不能使定向运动仅仅成为越野赛跑。

（2）路线设计要具备体育比赛的公正、公平性。排除路线当中的"侥幸"因素，路线中要设置足够数量的"定向"问题，使"定向"技能在比赛中占主导，以至于能够真正考查出运动员定向运动技能的掌握程度。

（3）路线设计时要注意避开危险地段，预防伤害事故发生。同时也要注意环保，尽可能减少对野外自然环境的破坏。

（4）为非竞赛型参加者设计定向路线时，要充分体现定向运动的趣味性、娱乐性和锻炼性，为参加者提供享受野外乐趣、锻炼身体和满足心理刺激的机会。

2. 定向比赛路线的基本形式

（1）定向比赛路线的构成：一条定向运动路线一般由一个起点、若干个检查点和一个终点构成。

（2）定向路线构成的形式主要有以下四类：闭合形、线形、弓形、交叉形式，如图13-23所示。

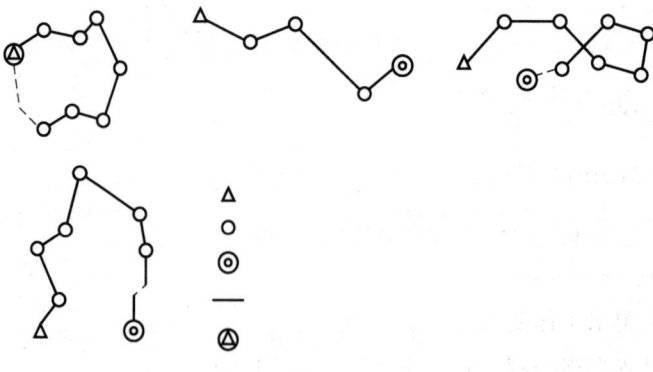

图 13-23

3. 定向比赛场地设置（示例）

（1）定向比赛起点设置，如图 13-24 所示。

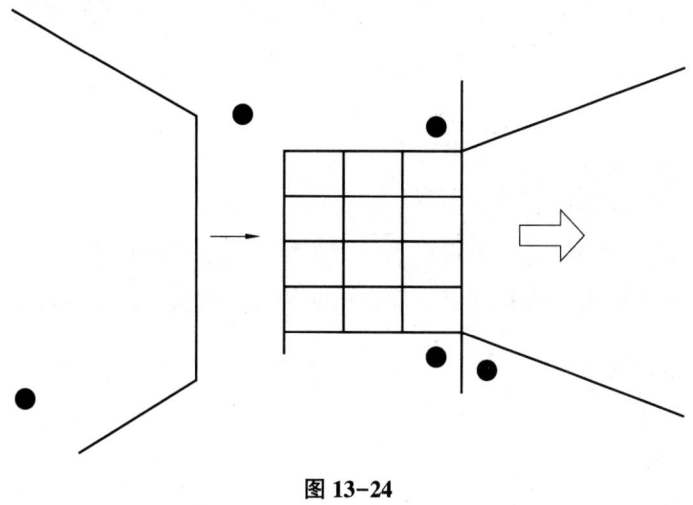

图 13-24

（2）终点示意图，如图 13-25 所示。

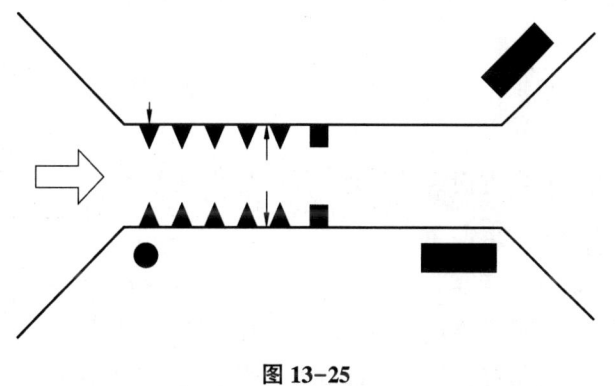

图 13-25

终点与起点可设在同一场地内，也可单独设置。最后一个检查点到终点的路段尽可能开阔，方便观众参观比赛和裁判人员工作。

二、定向运动的裁判组织

定向运动裁判组织由裁判委员会负责。裁判委员会由总裁判长、副总裁判长、起点裁判长、场地裁判长、终点裁判长和成绩统计裁判长组成。各裁判的工作职责如下：

1. 总裁判长工作职责及工作重点

（1）对裁判员提出工作要求及布置工作任务。

（2）对竞赛过程严格控制，对工作进行统一调度。

（3）根据规则，对竞赛中出现的违规现象做出处理。

（4）对参与者成绩单签字并最后确认。

2. 副总裁判长的工作职责

全面配合裁判长工作，并总协助裁判长监督裁判员工作。

3. 起点裁判的工作职责

（1）竞赛前排列出运动员出发顺序表。

（2）备齐打卡器、地图等竞赛用品，并负责起点地区场地布置、区域划分。

（3）运动员进入预备区后，负责点名、宣布竞赛规定及注意事项。

（4）组织运动员出发，维护起点秩序，适时传呼运动员，分发地图，负责发令和监督犯规行为。

4. 场地裁判的工作职责

（1）准备检查点标志、通信工具等器材，并按路线设计图准确布点。

（2）视情况在检查点附近隐蔽设置检查点裁判员，监督犯规行为，并保护检查点标志不被破坏。

（3）及时与指挥台联络、报告竞赛进展情况及发生或发现的问题，保证竞赛顺利进行。

（4）终点关闭后，组织检查点裁判员撤回，并清点器材，收容迷路、退赛、超时或受伤的运动员。

（5）裁判员不得在竞赛方面给予运动员任何帮助和暗示。

5. 终点裁判的工作职责

（1）备齐终点所需各类竞赛器材，布置终点场地，维持终点秩序。

（2）准确记录运动员通过终点线的时间，验证运动员是否经过规定的检查点。

（3）收集运动员犯规情况，提出处理意见，报总裁判长裁决。

（4）负责竞赛成绩的统计和公布。

（5）回收地图和运动员的号码布。

（6）宣布终点关闭，通过指挥台通知场地裁判组，清点终点器材。

三、犯规与处罚

1. 下列情况给予警告处罚

（1）代表队成员擅自出入预备区，但未造成后果者。

（2）在出发区提前取图和抢先出发者。

（3）接受他人帮助者。

（4）为他人提供帮助者。

(5) 为从对手的技术中获利，故意在比赛中与对手同跑或跟跑者。

(6) 不按规定佩戴号码布者。

2. 下列情况判运动员成绩无效

(1) 受到两次警告者。

(2) 比赛中丢失检查卡、地图、号码布者。

(3) 冒名顶替参加竞赛者。

(4) 竞赛中使用交通工具者。

(5) 在比赛中妨碍裁判员正常工作者。

(6) 未通过全部检查点者。

(7) 竞赛结束前（指终点关闭），未到达终点者。

3. 下列情况取消比赛资格

(1) 弄虚作假者。

(2) 有意妨碍他人者。

(3) 蓄意破坏点标、打卡器和其他竞赛设施者。

(4) 通过技术和不正当手段伪造成绩者。

(5) 未佩戴大会颁发的号码布者。

(6) 丢失检查卡者。

4. 其他处理

(1) 运动员途中因伤病不能继续完成竞赛时，以退赛论处，退赛后应尽快向就近裁判员报告。

(2) 出发前运动员因故退赛，领队或教练员应向起点裁判说明情况。

(3) 运动员迟到且按竞赛顺序下批运动员已进入出发线时，该运动员按弃权处理。

(4) 运动员在竞赛中损害群众利益，视情节给予处罚，影响竞赛由本人负责，造成的后果及经济损失由本队负责。

思考题

1. 试述定向运动的基本技能。

2. 试述学习定向运动的价值。

参考文献

[1] 邱建国. 大学体育[M]. 北京：高等教育出版社，2023.

[2] 唐艺. 新时代大学体育与健康[M]. 北京：高等教育出版社，2022.

[3] 钱建龙. 体育运动与身心健康[M]. 武汉：武汉大学出版社，2006.

[4] 赵斌，姚鸿恩. 体育保健学[M]. 北京：高等教育出版社，2011.

[5] 冯连世. 运动处方[M]. 北京：高等教育出版社，2020.

[6] 刘建国. 田径运动[M]. 北京：高等教育出版社，2016.

[7] 林宏牛. 大学生体育与健康导读[M]. 重庆：重庆大学出版社，2012.

[8] 朱笛，温宇红. 游泳运动教程[M]. 北京：高等教育出版社，2015.

[9] 吴松伟. 体育与健康[M]. 长沙：国防科技大学出版社，2010.

[10] 王家宏. 球类运动：篮球[M]. 3版. 北京：高等教育出版社，2015.

[11] 蔡向阳，王崇喜. 球类运动：足球[M]. 4版. 北京：高等教育出版社，2021.

[12] 黄汉升. 球类运动：排球[M]. 3版. 北京：高等教育出版社，2015.

[13] 编写组. 球类运动：乒乓球 手球 垒球 羽毛球[M]. 3版. 北京：高等教育出版社，2017.

[14] 程杰，郭立亚，赵月. 网球运动[M]. 北京：高等教育出版社，2018.

[15] 张惠红，陶于，李俊. 定向运动与野外生存[M]. 3版. 北京：高等教育出版社，2020.

[16] 钟元飞，雷鸣. 大学体育与健康[M]. 2版. 北京：高等教育出版社，2023.

[17] 戴俊，王士赵，张纪春. 大学体育与健康教程[M]. 西安：西安交通大学出版社，2017.

[18] 毛振明. 大学生体育文化与实技教程[M]. 沈阳：东北大学出版社，2013.

[19] 侯德红. 大学体育与健康[M]. 4版. 北京：高等教育出版社，2022.

[20] 方慧. 强健体魄 享受快乐：大学体育与健康教程[M]. 上海：上海交通大学出版社，2020.